U0068934

台灣受虐症候群
下冊/台灣受虐症候群的延燒
埔農 著

序

台灣這塊土地上的人民，原本謙虛、好客又善良；勤奮、節儉而樂與天地共榮。雖經鄭成功集團、清朝的壓迫與統治過，文明、文化被摧毀，但仍能於逆境中求生存。在中國蔣幫集團的侵台以前，大多數也可以繼續維持自己的生命尊嚴和民族本質記憶。

鄭成功集團、清朝侵略台灣期間，以安全掌控爲目的，清廷更視台灣爲敵境。他們全面摧毀台灣原有文書、文化及工業文明設施，限令台灣族人僅能從事農耕，台灣文明一時俱毀。台灣族人歷經二百多年持續的被迫漢化。被河洛人鄭、清官員管控的台灣人民，被迫經河洛語系漢化；被客家人鄭、清官員管控的台灣人民，被迫經客家語系漢化。執行漢化者更依姓氏建立其中國祖宗堂號，強制台灣族人敬拜。更悲慘的是，台灣族人於被迫漢化中重新建立起的台灣自有文化，竟在不到三百年間，再遭受中國蔣幫壓霸集團侵略。台灣重新建立起的文化，又再一次被徹底消滅。這次他們更陰狠，把台灣人民洗腦、篡改台灣歷史、消滅台灣人民的良知與文化傳統、呆奴化台灣人民的心靈。

台灣人崇尚自然；重人倫；敬天地；樂與天地共榮，和諧分享是台灣人的信念；戒慎爭鬥，不重視功利文明。這本是好事，更是世外樂土的條件。但是，當有外來的功利主義民族入侵時，缺乏足夠的裝備和有效的戰略、戰術經驗去抵抗，註定成了劣勢。

在接受漢文化的過程中，或順勢、或被迫而受漢姓、取漢名。但仍保留不少台灣傳統風俗，如先生嬤及拜地基主的習俗等；而在演算上優於阿拉伯數字的台灣數字，直到三、四十年前還有不少老一輩台灣人在使用，稱「台灣數字碼」，簡稱「台灣碼」。計算機發明前的通用算盤是史上和台灣數字同時發明的台灣算籌。鄭成功集團降清，被趕回中國時，將「台灣數字」、「台灣算盤」傳入福建、廣東沿海。福建、廣東沿海漢人即學會使用「台灣數字」(卻稱之為番仔碼)；也逐漸捨棄拙於高等運算的中國算盤，改使用「台灣算盤」。另外，在四千多年前，台灣就已有世界上最早的煉鐵工業。直到今天，被迫漢化的台灣族人，仍奉行著不少台灣自己的幾千年傳統禮俗。例如：祭祖應同時敬拜「地基主」；在節氣「大寒」當日整修先人墳墓；行結婚儀禮時，以母舅為尊，須請坐大位；新添人口、新墳於新年陪墓；不於清明掃墓等。樸實不忘本的台灣族人，至今仍奉行不斷。但是，現在台灣人民之中，有多少人知道有很科學化的台灣數字呢？有多少人知道計算機發明前的通用算盤是史上和台灣數字同時發明的台灣算籌呢？有多少人知道台灣五千年前就有很進化的橫寫式文書呢？有多少人瞭解台灣抵抗鄭成功海盜集團、清廷、蔣幫中國壓霸集團等壓霸外族侵略的眞正血淚歷史呢？又有多少人知道在四千多年前，台灣就已有世界上最早的煉鐵工業呢？又有多少人知道在五千多年前，台灣就已在向中國輸出科技文明與文化呢？這些事實，在正常的國家和人民，是不可能不知道的。

由於台灣在被迫漢化過程中請來的唐山師，不論是文學或工藝，都是正統師匠，能不受中國各地方的俗雜變異所影響，反而更能保有漢學、漢藝優雅的本質。直到六十多年前蔣幫侵台，爲逞其永遠坐享霸王地位之獸慾，用厚黑學經周密的陰狠設計，手持槍炮爲工具、以恐怖極權爲手段，將台灣土地上的人民洗腦、篡改台灣歷史、消滅台灣人民的良知與文化傳統、呆奴化台灣人民的心靈，塑造侵台的蔣幫集團爲「當然貴族」之印象，這些蔣幫惡徒自稱爲「高級人」，使台灣百姓多數逐漸自卑喪志。一些人則變得寡廉鮮恥，以附貴求榮自滿。歷經二至三代六十年的強塑，台灣人民還有本質記憶者，已經稀有、罕見了。這時要喚醒台灣人民的良知本性已難上加難，有識者共同努力吧！

宇宙之內的大自然現象與變化，人類原本能理解的不多，人力所能掌握的更少。人對無知與無力的境界，都有存在一種原始的恐懼，恐懼會轉爲敬畏，敬畏會衍生出乞求與依賴，這是人類會祭拜神明與信仰宗教的由來。正常情況之下，這是有正面的意義。但有時人類對惡霸也有這種心理效應，由恐懼轉爲敬畏，若自信心不夠堅強，就會由敬畏轉爲崇拜。所以偶爾會有受虐者對施暴者產生神明式的崇拜現象。輕度的這種心理扭曲，常會發生而少被注意。如神棍、官僚與幫派頭子的作威作福。而嚴重的這種典型心理扭曲，較少出現，偶發時則會引起震驚。但眞正經過分析確認，而舉世聞名的，則始自1973年的斯德哥爾摩症候群。當年在瑞典首都斯德哥爾摩，有一群持槍搶匪侵入一家大銀行搶劫，與警方對峙數日，期間搶匪對人質數度凌虐。但搶匪歸罪於警方包圍，告訴人質，人質之所以在此受苦，是因爲警方包圍所致，否則他們早已逃走，大家都可得安樂，何須在此受苦。後來警方攻堅，結果危機解除，受盡凌虐的人質們竟未因得救而高興，反過來同情凌虐他們的搶匪，自以爲大義凜然地爲搶匪辯護，且出錢出力，要救搶匪。精神科醫師才驚覺出這種心理扭曲的現象，遂將這種扭曲的被迫害心理與精神病態，首次命名爲斯德哥爾摩症候群。隨後，世界上亦發生過幾次這種典型心理症候群。較有名的是美國駐中東大使的女兒，被恐怖份子綁架案。該名遭折磨得奄奄一息的大使女兒，被救回美國。她康復後，竟偷偷出國，投向該恐怖集團頭子。1974年報業大亨威廉·赫斯特的孫女派蒂被左派游擊隊從家中綁走，被凌虐數月，後來竟加入該游擊隊，並參與持槍搶劫。這種精神與心理的變態，在世界上都是偶發的獨立個案。可憐在台灣，卻是被設計出來的全面性慘況，使得台灣人民在幾十年之後，多數人不知不覺地認賊作祖、認盜作父，且已延續達六十年之久。全面性地歷經二至三代，已成劣幣驅逐良幣的「習呆奴生活爲常態」，進入難以康復的窘境。遂成陰狠下的絕世悲慘——「台灣受虐症候群」。

在人類歷史上，一個強權國家侵略另一個國家時，以武力燒殺擄掠、奴役另一個民族是時有所聞。但是，侵略者使用槍炮武力爲工具，有計劃地消滅當地的語言與文化；毀壞當地人民的人格與尊嚴；去除民眾的理性與邏輯思考能力，再僞造其歷史，在這世界上卻僅見於蔣幫集團的侵略台灣，陰狠而特意地將全體台灣住民呆奴化。特別悲慘的是：在今日，台灣人民已由「勉強久了」變「習慣」；習慣久了成「自然」的情況下，已難有「被呆奴化」的自覺。缺乏「被呆奴化」的自覺，就難從「呆奴化」中脫身。要找回固有文化、還原歷史眞相、恢復人格尊嚴的本質、重建理性邏輯思考的能力，就更加不容易了。

初看本序，多數人必不以爲然。但是，不論您本是台灣人；或是來自中國的華裔移民台灣人；或者否認自己是台灣人民的「自稱高級」中國人，都請仔細看完本書，重回頭再看一遍本序，相信您會有一番新的正確認知。

本書分爲上、下兩冊，上冊是「台灣受虐症候群的煉製」；下冊是「台灣受虐症候群的延燒」。這才是一部眞正的台灣史實。除了第二章有關蔣介石的幼年成長，係節錄自蔣介石一位妻子的敘述；以及第六章有關蔣經國與覺性和尚的對話，係摘錄自陽春所著的《蔣經國外傳》，其餘均由作者親自查察相關典籍資料，證實無誤後，才收錄本書。本書所記述，均有十足事實根據，作者本人絕對負全責。歡迎指教。

上冊

目次 CONTENTS

下冊【本冊】

CONTENTS 目次

下冊【本冊】

目次 CONTENTS

下冊【本冊】

CONTENTS 目次

第 17 章

台灣平民當選台灣總統，引發猛爆型「中國躁鬱症」 (2000)

2000年3月18日，台灣第二次民選總統結果，陳水扁以多出三十一萬票贏了宋楚瑜，連戰則輸了兩百萬票。

3月18日晚上，落敗的中國國民黨中央黨部前，聚集了一些無法接受台灣首次政黨輪替事實的「中國躁鬱症」患者和被蔣幫壓霸集團家奴化的華裔移民。他們並不在意連戰的落選；他們是無法接受宋楚瑜的失利。因爲這些「中國躁鬱症」患者，認爲宋楚瑜才是眞正的貴族中國人。這些人群將景福門周邊道路占據，將不滿情緒指向李登輝。

馬英九爲台北市長，看到這群違反他所制定之集會遊行法的群眾，「違法集會」，竟上了指揮車，肯定群眾的「愛國心」。選舉前，馬英九疾呼選民要集中選票支持中國國民黨的連戰，而這些群眾不能接受的是宋楚瑜的落敗，不是李登輝所支持之連戰的敗選。於是，一顆雞蛋丟向馬英九，正中他的下巴。馬英九發現「奴氣」可用，擦掉蛋汁，竟與群眾振臂高唱起「團結就是力量」。同樣這批人，早在李登輝繼任總統和中國國民黨主席時，就早已恨得牙癢癢的。馬英九自告奮勇，願意去總統官邸，轉達群眾要把李登輝從主席位置趕出中國國民黨的「心聲」。這個李登輝就是馬英九選台北市長時，高舉馬英九的手，稱馬英九為新台灣人，高呼台北市民要支持馬英九的那個李登輝。

一些患了「中國躁鬱症」的蔣幫壓霸特權勢力，竟假造李登輝正準備攜帶大量美鈔落跑的消息。這些「中國躁鬱症」患者，本身就是慣於「事敗則捲款潛逃」。也許是自以為別人也可能會有像他們一樣低賤的人格；也許是因為找不到其他汙衊李登輝總統的惡毒藉口，只好把自己的慣常伎倆，用來假造打擊別人的罪名。後來更膽大妄為地把他們自己的幻想，編寫成有聲有色的故事，在家奴化的電視與報紙上散播，用以汙衊李登輝，順便糟蹋台灣。

李繼宗：「太棒了，陳水扁當選台灣總統，台灣國家正常化的時候不遠了。值得慶祝一下。」

洪阿土：「要慶祝一下也可以。但這可不是件喜事！」

李繼宗：「不是喜事？你難道希望宋楚瑜來當總統？」

洪阿土：「當然不能讓宋楚瑜當選，若宋楚瑜當了台灣總統，台灣的國家正常化至少會延後五十年。但現在就由台灣的民主自救人士當總統太早了。因為這些民主自救人士都只是半醒覺，都只知道要抗暴救台灣，並無「被呆奴化」的自覺。在李登輝技巧地把台灣帶向民主化時，這些民主人士只想到趁此時機爭取政治自主權，完全專注在表面上的政治成就，根本就無人意識到「台灣眞正危機在民眾心靈的被呆奴化」。何況得意的時候容易忘形，表面上的政治成就無助於心靈上的復健。台灣人民心靈上不完全康復，則台灣邁向國家正常化之路將不但漫長，且會障礙重重。」

曾吉木：「從陳水扁此次的得票數就可看出，有逐漸從呆奴化中覺醒的約僅三分之一。而這三分之一還只是在初步醒覺呢！」

曾阿淡：「這應該就是李登輝力挺連戰的原因。李登輝心想：『把連戰扶上總統大位，可爲台灣人民爭取早日全面覺醒的時間。』」

洪阿土：「李登輝充分睿智，技巧地把台灣帶向民主化，台灣人民應該永遠感念他。可惜他沒能看透蔣幫集團『把台灣人民呆奴化』惡毒之深，沒有及早重建台灣文化，尋回台灣眞實歷史，進而恢復台灣人民心靈人格的尊嚴與理性思考的能力。現在陳水扁又提早當選總統，這個從釜底抽薪的對症下藥，恐怕又要延宕了。」

曾吉木：「這也是沒辦法的事。中間殺出了一個練就了蔣經國厚黑武功祕笈的大內高手——宋楚瑜。若宋楚瑜當選了，那才更慘呢！」

洪全示：「可笑的是，這些被蔣家父子調教成家奴的失根中國移民，竟然把中國國民黨丟失政權的罪過，全歸咎盡力輔選連戰的李登輝。任何人都知道，若非宋楚瑜這個大內高手攪局，在李登輝力挺下，連戰是穩當選的。害中國國民黨這麼早丟失政權的罪魁禍首是宋楚瑜啊！」

曾阿淡：「這也沒什麼奇怪的，大部分中國移民既已被蔣家父子教化成有躁鬱症的失根浮萍，沒有在台灣落地生根做個完全的台灣人，又不願回去再當原來的中國人，在潛意識的家奴心理下，早認定李登輝非其族類，連戰又是半山的假中國人，所以宋楚瑜雖然叛離中國國民黨，還能得到他們的死忠擁護，當然不可能怪罪屬於主子近身階層的宋楚瑜，只好拿李登輝出氣了。」

李繼宗：「可笑的是，這些患有『中國躁鬱症』的蔣幫壓霸集團的遺留特權勢力，竟幻想出李登輝總統正進行『捲款潛逃美國』的惡毒汙衊。」

曾吉木：「『見事將敗即捲款潛逃』是蔣幫壓霸集團的習慣做法，有低賤人格者，會自然地把自己骯髒的一面往別人身上投射，以為別人可能也會有和他們類似的低賤人格。」

洪全示：「也許是一時找不到其他汙衊李登輝的更惡毒藉口，他們首先想到的是自己的一貫劣行。想到如果是他們自己，他們必然這樣做。於是就用來僞造出陷害別人的罪名。」

李繼宗：「這些蔣幫壓霸集團遺留的特權勢力，更狂妄地把他們的幻想，編寫成故事，放在已被他們家奴化的電視、報紙上傳播。眞是無恥至極，前所未見。」

洪阿土：「由於這些蔣幫壓霸集團遺留的特權勢力，自信在『台灣受虐症候群』的旺燒下，能看清他們詭計的台灣人民不會很多。這種以他們自己的惡行，用來假造汙衊別人的罪名之事件，以後必然只會層出不窮的。」

洪全示：「可憐的是，不少中國裔移民被蔣家父子搞成心如浮萍的家奴，心靈上沒有認同台灣，又不願回去當中國人，這種心理上的煎熬也夠慘了。蔣家父子對這些中國移民的罪孽，並不亞於其對付台灣人民。」

曾吉木：「眞正悲慘的是，不論這些被家奴化的中國移民，或被呆奴化的台灣人民，全都缺乏被害自覺，要想從心靈上康復、覺醒，恐怕還需一段漫長的痛苦掙扎。」

洪阿土：「這種多數台灣人民的呆奴化，加上多數中國移民躁鬱失根的家奴化，就是悲慘的『台灣受虐症候群』。」

陳水扁既已當選，李登輝就繼續穩定政局，協助當選得有點意外的新手陳水扁，平穩順利地接掌政權。在這段時間，施明德正如鄉野所料，帶著「爲何不是我」的妒恨，甩離民進黨。

李繼宗：「眞是天佑台灣，好在有睿智的李登輝帶領，陳水扁才能平順接任總統，沒起風浪。」

曾阿淡：「除了李登輝的睿智外，也由於李登輝成了蔣幫集團核心人物與被害成家奴的中國移民之洩恨對象，轉移了大部分對陳水扁的敵意；另外，也由於他們認爲陳水扁當總統只是一時的，四年後只要中國國民黨不再自起內訌，他們自信會重掌大權的，所以他們暫時不把陳水扁總統太放在眼裡。」

曾吉木：「在李登輝將台灣帶向民主化與國家正常化的過程中，最重要的是他『鴨子划水』式地慢慢使軍隊與警察國家化，讓司法獨立自主。」

李繼宗：「警察國家化的效率較顯著；軍隊雖稍緩，除了一些與宋美齡關係密切的躁鬱高階軍官外，軍隊國家化的進展也還順利。較困難而成效不佳的是司法系統。」

曾阿淡：「由於司法系統必須朝向獨立自主才可，所以李登輝不願施以影響，僅希望司法系統能從獨立自主開始，受民主化與國家正常化的陶冶，而逐漸從中國國民黨黨國體制的惡習中自我覺醒。只是，如同被呆奴化的台灣人民一樣，司法人員已習慣成自然了，要自我覺醒也就較困難。」

洪阿土：「不過，據我所知，司法界仍有一些清明人士，以往是有『獨力難以逆勢』的無奈。李登輝執政後，得以逐漸拾回司法人的尊嚴，一步步在重建司法正義。這些人加上一些新進而有理想的人員，乃是司法界的希望。」

洪全示：「不幸的是，有不少司法界舊勢力，以前就從『對上卑躬屈膝、對下作威作福』中獲得滿足的快感。要這種人自省自覺是極困難的。」

李繼宗：「更糟的是，這種司法人員服侍蔣幫集團慣了，現在若要堅守司法公理，等於承認以前是為虎作倀。在擔不起這種心理扭曲的情況下，只怕會變本加厲，更加狂妄地曲解司法，殘害公義，再以他是獨立辦案、獨立審判唬人。」

曾阿淡：「這將是台灣民主自救之路上，另一個艱困的環結。我一想到，1995年許水德公開大言『法院是中國國民黨開的』時，李登輝已朝民主化執政七年，竟然還是沒一個司法人員敢吭一聲，就知道蔣幫集團把司法系統汙染得有多黑暗與難以救藥了。眞是可怕。」

洪阿土：「其實另有兩個大危機是存在民進黨自己內部

的。」

洪全示：「民進黨自己有哪兩個大危機？」

洪阿土：「其一是，民進黨過早執政，免不了一時得意，得意的心境下，就更難早日自覺『台灣人民被呆奴化』的嚴重性與可怕度。沒有這種自覺，自然不會懂得『不必急於政治上的較量。利用執政之便，溫和地重建台灣文化價值。催醒台灣人民理性思考的能力，尋回台灣歷史眞相，進而恢復台灣人民心靈人格的尊嚴，才是根本之道』。專注於政治上的較量，只會將部分已躁鬱的蔣幫特權集團更趨向歇斯底里。台灣人民會更無法早日脫離『呆奴化』的枷鎖。」

曾吉木：「就這一點，在今日全體台灣住民的心靈都被嚴重扭曲的情況下，想要他們有這種自覺，恐怕難度很高。」

曾阿淡：「所以囉！民進黨這四年執政，本應該是能縮短台灣自救之路與減少自救過程之苦難的良機，若民進黨人士不能體會『應先重建台灣文化、喚醒台灣人民理性思考的能力，尋回台灣史實，進而恢復全體台灣人民的本質心靈尊嚴』才是當務之急，台灣人民即不能早日完全覺醒，那不但不能縮短台灣自救之路，更不利於使『在台中國移民』從『被家奴化』中覺醒。『在台中國移民』不能從家奴心態中覺醒，必然仍深陷於『不是中國人也不是台灣人』的失根浮萍躁鬱症中，這種躁鬱的痛苦，會激發不理性的敵對行爲，會如刺猬般的滿身長刺。這時，台灣自救過程中的苦難必有增無減。」

曾吉木：「就這點而言，我們恐怕無能爲力了。」

洪阿土：「是啊！從當年的黨外，經美麗島到民進黨，這些台灣自救人士一路辛苦奮鬥，都只見在訴求：『指責中國國民黨的貪贓枉法、黨庫通國庫；控訴蔣幫集團侵犯人權、迫害政治異議人士、追殺反對者、數十年無止境的戒嚴、壓制言論自由、中國來的萬年假國會。主張廢除戒嚴、釋放異議人士、讓台灣人民有權出入境、國會全面改選、解除報禁、黨禁。』這些都只是在爭取政治空間，從未見有人要爭取：『恢復台灣固有優良文化、重建理性思考能力的社會與學校教育、還原歷史眞相，進而重拾台灣人民心靈與人格的尊嚴。』沒人瞭解到『還原歷史眞相，重拾台灣人民心靈與人格的尊嚴』才是從呆奴化中挽救台灣的根本之道。也是促使中國移民從家奴化中覺醒、在台灣誠心做個眞實的華裔台灣人、安心認同台灣這個國家的原動力。」

曾阿淡：「有什麼辦法呢？大部分華裔移民都已成了不同程度的自然型家奴；大部分台灣民眾都已成了不同程度的自然型呆奴，哪會有被奴化的自覺？沒有被奴化的自覺，就難理解被奴化的過程。不理解被奴化的過程，怎會曉得急需治癒被奴化的心靈呢？」

李繼宗：「這才是台灣今日最大的困境啊！」

李繼宗：「第二個危機呢？」

洪阿土：「由於台灣人民在被呆奴化的過程中，是被施以高壓剝削的，現在的民進黨檯面上的人士與全體台灣同年代人民一樣，自幼兒期即嗷嗷待哺，由於生活艱困，人人全力爲今天的生存打拚，沒人有心情想到以後的事，在這種大環境裡成長，若非有相當的慧根與宏觀的心胸，容易養成急功躁進且缺乏深遠眼光的習性。他們又大多數是從標準教科書的呆奴化學校教育中脫穎而出的所謂「優秀學生」，習慣於「全心全意努力用功，以便勝過同儕」。既能脫穎而出，必是常勝者。更由於習慣於直銷式的填壓學習，心靈上較缺理性自省的思考能力。努力競爭中的常勝者，又缺理性思考與自省能力，若非本來就有相當的智慧與無私的心胸，易有自戀傾向，更會磨損「欣賞他人之美」的怡然心境。1998年民進黨在提名此次總統大選候選人時，除許信良外，無人與陳水扁力爭，並非全是因為信服陳水扁，有不少人是因為看不出民進黨有執政機會。及至宋楚瑜確定出來攪局時，才隱約看出勝算的可能，此時由陳水扁參與大選已成定局。以前在辛苦抗爭時期，人人都在努力中付出，較少見人格膨脹的心理問題。今陳水扁既坐上總統大位，許多人在「呆奴化」教育訓練中被塑造出的「與人爭」心理，就可能逐漸顯現。這種潛在的「你只是僥倖」之不信服心理，即使受陳水扁總統的重用，也會覺得「不夠受到重用」，即使受到陳水扁尊重的，也會覺得「不夠受到尊重」。何況陳水扁以一個新手上任，整個國家機器都還是由舊勢力事務人員運作，舊勢力又都虎視眈眈。陳水扁總統能任命的就是那幾位政務官，行事也得小心翼翼。同樣都被「呆奴化」影響的昔日戰友，若沒設身處地體會，必生不滿，更難有信服別人之心。這些自己人將會在執政黨內逐漸自亂陣腳。這就是民進黨自己的第二個危機。」

李繼宗：「第一個危機我是認同，同時也甚悲觀，第二個危機我就存有樂觀的希望。不談許信良、施明德與陳文茜三人，這些民進黨人士都有爲台灣自救運動長期奉獻心力過，表示他們應該有稍微從『呆奴化』中醒覺，共患難較容易，同享成果是較難，這點我同意。但是，要說會嚴重到自亂陣腳而重傷自己出過力的民主自救成果，我就有點保留了。」

曾阿淡：「繼宗，正如你所說的，他們有稍微從呆奴化中覺醒，表示你也同意他們的覺醒程度並不是很多，殘留的呆奴化效應，會使寬闊的心胸窄化，一些人會不自覺地醞釀瑜亮心結，進而生出『想要看自己人笑話』的心理。阿土的憂慮我也有。」

曾吉木：「其實，這所有的危機憂慮，都來自『心靈未完全從呆奴化中康復』，就早一步取得表面的成果，表面的成果，反而延緩心靈的康復。」

李繼宗：「最氣人的無奈是：『我們也只能在這裡爲他們乾著急』。」

第 18 章

「台灣受虐症候群」毒化下的「得意忘形」

輕忽又不知戒慎的陳水扁；開始膨脹、三八的呂秀蓮；出現自戀、得意忘形的民進黨聞達人士

2000年4月11日

呂秀蓮當選副總統後，首度赴立法院拜訪，呂秀蓮當著眾人的面說：「我就像是被打入冷宮中的怨婦。」

李繼宗：「完了，這些民進黨人士，所受呆奴化的影響比我們想像的嚴重多了。」

曾阿淡：「他們都是接受蔣幫集團所設計的呆奴化標準教育過來的，也都是填鴨(壓)式的努力讀書，才能從考試中出人頭地。要不受『呆奴化』也難。」

李繼宗：「但呂秀蓮一直是被稱讚爲才女，又留學美國多年，我本來以爲她會從呆奴化中康復多一點的。」

曾吉木：「你是說呂秀蓮講出『深宮怨婦』那句袒胸露肘的情緒話啊？」

李繼宗：「是啊！呂秀蓮就像一隻餓狗，沒搶到一塊肉，流著口水、懷著恨意，到處狂吠。」

洪全示：「是她向陳水扁要求，必須比照連戰，讓她由副總統兼任行政院長。陳水扁則向她解釋，清新的政府，不可再學舊的惡勢力，應讓政府正常地制度化。何況民進黨剛開始執政，新手上路，各人必須小心堅守各自崗位。沒有同意她。呂秀蓮自認是陳呂配能當選的重大功勞所在，陳水扁怎可不論功行賞，她生氣了、怨嘆了，所以狂吠。」

曾吉木：「其實，內心暗藏像呂秀蓮這種『怨婦』妒狹心胸的民進黨聞達人士，在『台灣受虐症候群』遺毒的影響下，應該還有不少，只是還未顯現明顯痕跡，沒多少人警覺到罷了，以後會有得瞧了。」

曾阿淡：「這種因台灣人民缺乏被呆奴化的自覺所帶來的自亂陣腳，以後眞有得瞧的。眞是情何以堪。」

李繼宗：「連呂秀蓮這種老將都有這種心態、這樣放肆，其他民進黨成員可想而知。民進黨眞是太早取得政權了。」

洪阿土：「這種在被壓迫下掙扎得來的小成就，即引發自我膨脹，得意忘形，是被呆奴化的副產品，沒辦法完全避免的。但還是有部分民進黨檯面上人物，沒這麼得意，人格膨脹應該不會太厲害，所以應該也不會忘形得這麼嚴重。不過，就整體民進黨而言，這次提早獲得政權，仍會是台灣民主自救之路的一段阻礙。」

李繼宗：「令人憂傷的是：『我們只能在這裡爲台灣人民嘆惜，爲台灣民主自救之路擔心』。」

在李登輝總統的帶領與協助之下，陳水扁有驚無險的繼任台灣總統之職。但在2000年5月20日就職演說，卻出了驚人之語，只要中國不改變現狀，他會執行四不一沒有的原則：

四不：一不，不宣布獨立
二不，不更改國號
三不，不推動兩國論入憲
四不，不推動改變現狀的統獨公投
一沒有：沒有廢除國統綱領與國統會的問題

李繼宗：「陳水扁總統受『呆奴化』影響比我想像的嚴重，眞是可惜！」

洪全示：「你是指他在就職演說時，講出四不一沒有這句話？」

李繼宗：「是呀！我知道，他是想安定那些蔣幫集團及被蔣幫集團『家奴化』中國移民的心。他眞的以為這樣講就能安撫他們的躁鬱心？未免也太無知了。他們這些人的躁鬱心及不能眞正在台灣落地生根，全是被特意家奴化所製造出來的，任何形於外的作為都改變不了。只有慢慢以各種制度的正常化與維護社會正義，來潛移默化，才能加以挽救。現在只要不去刺激他們即可。現在講這些，只有留給那些已嚴重躁鬱的人，將來多一個攻擊陳水扁與民進黨的藉口。」

洪全示：「但阿扁總統已先提出條件說，前提是中國不改變現狀。」

曾阿淡：「什麼叫不改變現狀？世界情勢每天都在變，改變多或改變少而已，何況若現在中國不變，他眞要放棄走台灣自救之路了嗎？」

曾吉木：「也許陳水扁也有注意到這點，所以他覺得，反正他也不會躁進地在短時間內去做太劇烈的變革，沒關係的。」

曾阿淡：「既然他知道短時間內不能躁進而做太多變革，那就平穩地做即可，做的比說的有說服力。再慢慢伺機改革。又可免於被歪曲事實，以做攻擊藉口。這樣說眞是畫蛇添足。」

曾吉木：「你們有沒有想過，也許陳總統是在美國壓力下這樣說的。」

曾阿淡：「這個可能性當然更大，以美國過去爲了西太平洋防線的利益，不顧台灣人民死活而與蔣幫勾結的情形看來，美國當然認爲，維持台灣現狀對美國是有利的，美國可以穩定美中關係，又可隨時利用台灣。」

洪阿土：「在美國壓力下，阿扁就得要講出『四不一沒有』這樣的廢話嗎？還眞是擺脫不了『呆奴化』的影響。美國永遠是那種老大的心態，你當然不能激烈挑戰美國，否則他會無情地回擊；但也不可卑躬屈膝，那不會得到美國尊重的。若是在美國壓力下，正確的做法是：『向美國保證，台灣暫時絕不會改變現狀；在任內也不會有挑釁的言行。而不是在就職典禮上，說出那“四不一沒有”的三八話來』。」

曾吉木：「總的來說，由陳水扁來當總統，總還是比其他民進黨檯面上人士來當好得多。在呆奴化影響下，他算是比較穩定而清明的。陳水扁是有些不符台灣人民的期待，還好的是，他不至於如呂秀蓮的膨脹到三八而忘形。」

洪全示：「但是，只要頭腦稍微清醒的人都知道，民進黨執政只是換上幾個政務官而已，眾多事務官仍是幾十年來習慣於舊中國官場主僕文化之人。民進黨執政團隊，理應人人戒慎小心才對。但我們所見的民進黨團隊卻得意多於戒慎。」

曾阿淡：「難道他們不知道人民對他們會有過高的期望；蔣幫特權勢力則正等著吹毛求疵？」

洪全示：「他們雖然過去一直反抗蔣幫的壓霸特權，但理性思考的能力並未完全恢復，對人格尊嚴也只是反彈式的維護而已，對『恢復台灣固有文化、尋回歷史眞相、重建理性思考的能力與重建台灣人民心靈尊嚴才是重要的根本之道』全然不覺，當然難以沉穩地深思了。」

曾吉木：「那怎麼辦呢？」

洪全示：「我們還是得多失望四年吧！」

洪阿土：「有什麼辦法呢？全台灣人民被呆奴化的問題(包括不自認是移民的中國人、已是台灣人民的中國裔移民和原本的台灣人)要心靈復健，原本就困難重重了，現在又讓這些自救人士在尚未多清醒一點前即取得政權。台灣要國家正常化，時程上會停滯好些年了。」

李繼宗：「又有什麼辦法呢！唉！」

李繼宗：「看來連美國都似乎傾向希望由蔣幫特權集團繼續在台灣維持無道霸權，不樂見台灣邁向國家正常化。民進黨的執政似乎讓美國有些困擾。」

洪阿土：「當然了，美國自從羅斯福總統爲了西太平洋防線的私利與蔣家勾結，杜魯門總統繼之在1951年對日舊金山和約之後，不顧和約中言明日本放棄台灣主權，讓台灣自主復國。更繼續出賣台灣，容忍並資助蔣幫集團繼續壓霸台灣。至今已五十年。美國一向以世界老大與世界警察自負，對於台灣的荒謬境遇一向推說是歷史時勢所造成的無奈。任何人當政主掌美國，當然都希望在他任內，台灣人民暫時不要有覺醒的機會。因爲若台灣人民完全覺醒，必可看出美國爲了一己之私，持續出賣台灣五十年的歷史眞相，美國就顏面無光了。」

洪全示：「所以陳水扁的當選總統，令美國大感意外，也就不得不盡力加以打壓。同時還能藉以對中國示好，眞是一刀兩刃。」

李繼宗：「台灣啊！悲慘的台灣啊！人民何時能醒覺啊？何時才能見天日啊？」

第 19 章

重症「中國躁鬱症」與精神分裂症的情結(2001-2002)

新國民黨連線與新黨

自從1988年李登輝依法繼任台灣總統之位後，以趙少康、郁慕明、郝柏村爲首的高傲份子即開始躁鬱症發作。他們堅認特權統治台灣是他們的專利，怎可被一個台灣呆奴爬到頭上來？於是憤怒地向李登輝總統叫囂。然而因大多數既得利益者眼裡，李登輝總統並未妨礙他們既有的威權，另一方面，覺得李登輝是依彼等所訂法理繼任總統，認爲這只是暫時的過渡時期，並不會太過在意。到了1990年，由於這群壓霸特權集團並無可信服的共主，李登輝的推動民主化也未動聲色，李登輝順利的被他們正式擁爲總統，李登輝又技巧地選任郝柏村爲行政院院長，郝柏村暫時得意地接受安撫。趙少康、郁慕明等人見狀更是氣惱難耐，憤而於1990年5月組新國民黨連線。趙、郁兩人是精明人士，特意學蔣中正父子利用黃朝琴、連震東兩位假中國人當台灣樣板的手法，也拉了個假中國人陳癸淼來裝飾個小小的台灣牌遮陽板。

到了1993年，因見李登輝總統穩健地帶著台灣朝向民主化與國家正常化前進，又眼看中國國民黨內既得權勢者對李登輝總統的容忍，趙少康、郁慕明、王建煊、李慶華、周荃等人憤而脫離供奶水養他們長大，並讓他們仗勢的中國國民黨，另組新黨。當然，他們也沒忘了在陳癸淼之外，再拉個高侵略性的假中國人李勝峯，叫他拿著以台灣爲名的盾牌當馬前卒。

李登輝總統在位時，他們就以「王者中國」的霸道心態，以李登輝和民主人士爲目標，惡化了一些中國移民的躁鬱心症。他們自己站在高亮處文嚇；再策動一群中華統一促進黨、中華愛國同心會、中國統一聯盟等團體，在低暗處武攻。這些重躁鬱症患者，在陳水扁當選總統後，到了一個高峰。

2001年拆國旗、丟國旗、禁國旗

2001年3月10日，中國國民黨立法委員吳克清在立法院舉行「兩岸商業管理論壇」，因有中國人士參加，吳克清特意拆下主席台後上方的木製「國旗」，翻過來丟在地上，藉以向中國表示臣服諂媚。

李繼宗：「這些在台灣自認是貴族統治者的人，眞是下賤加三級。只因爲有一個非他們圈內的人當了台灣總統，就向與他們誓不兩立的敵人卑躬屈膝，連他們一向假裝珍重如生命的所謂『國旗』，見到一直說是『不共戴天的共黨仇敵』，就拆下來丟在地上，還硬拗說：『爲了讓中國來的人看起來漂亮』。若非人格分裂，怎會一夕之間變得那麼快？」

曾吉木：「那些蔣幫壓霸集團遺留的特權勢力不是最愛那面『青天白日滿地紅』旗的嗎？不是都說愛國旗愛得比他們的生命還重要嗎？怎麼做出這種辱『國』喪格的事來？」

洪阿土：「這也難怪，他們這幫人自知這面所謂『國旗』的青天白日滿地紅旗，並非眞正他們心目中的國旗，那只是用來騙取在台政權的招牌；只是他們特意掛起來麻醉台灣民眾的『羊頭』，他們賣的是下了毒的狗肉啊！棄之如敝屣於他們何損？」

曾阿淡：「主要是他們認爲不小心讓台灣呆奴當上了總統，雖然他們也自信這只是暫時的，但還是非常地不甘心。所以現在既然是陳水扁在當所謂的『中華民國總統』，那侮辱這面假的中華民國國旗，他們就認爲等於是侮辱陳水扁總統和台灣呆奴。他們才樂呢！」

李繼宗：「我知道。但是這樣一來，他們不是就把狐狸尾巴露出來了嗎？」

洪全示：「他們不怕因而可能刺激台灣人民的加速覺醒嗎？不怕有尊嚴的台灣人民反彈？」

曾吉木：「他們怕什麼？他們自信已把大多數台灣人民呆奴化，且已進入自然型呆奴的階段，能洞察他們心思者能有幾人？他們當然敢肆無忌憚！」

曾阿淡：「反正會覺得受辱的只有被耍得團團轉的已被奴化之台灣人民。他們自外於台灣人民，而且他們本來就知道那是一面假國旗，他們才無所謂呢！」

洪全示：「這就是他們這群自認在台灣是特權階級之人

的心態——尊嚴與利益寧給敵人，也不給親友或呆奴。」

曾吉木：「因為這些中國國民黨人，近百年來，一向只敢在自家圍牆內欺負弱小，對敵人當然低聲下氣。相反的，他們對內的心態是：『利益與尊嚴怎可給自己親友呢？親友有了利益與尊嚴，他們在自家人面前，自鳴得意的機會不就降低了嗎？在圍牆內作威作福的氣焰不就減弱了嗎？』。」

李繼宗：「另外，在他們這種壓霸之人的想法裡，不論是利益、尊嚴或榮華若給了敵人，他們還是有容易使喚的呆奴。但若給了呆奴，他們認為，有尊嚴或飽足感的呆奴怕會不易使喚。所以有『寧給敵人，不給呆奴』的心態，對這種蔣幫特權集團的人物來講，是再自然不過的事了。」

曾阿淡：「太沒人性了，太壓霸了！」

洪阿土：「他們一直被教訓成自大又自卑的躁鬱症，我早知他們會如此。較令我難過的是司法系統，司法系統比我想像的還更嚴重呆奴化。依照他們在台灣訂的法律，汙損或不敬那面所謂的『國旗』都可是重罪，怎不見有檢察官依法逮捕、查辦？」

洪全示：「經過李登輝十二年加上陳水扁一年的朝民主化與國家正常化邁進，給予司法系統獨立自主的覺醒空間與時間，司法系統覺醒的程度竟然比一般台灣人民還緩慢。」

李繼宗：「哈！法院的法官、檢察官多還是當初自認『法院是中國國民黨開的』那群法官與檢察官啊！他們慣於受蔣幫特權階級所用，被使喚的人怎會、怎能對主人查辦呢？你眞是異想天開！」

曾吉木：「是呀！若是哪一個台灣人民，敢在蔣幫集團面前拆下他們那面『國旗』，丟在地上，不被這個司法系統抓去判個重刑才怪！」

李繼宗：「雖然阿扁當總統了，法院還是原來中國國民黨開的那個法院，這些司法系統的人有哪個敢辦他的主人啊！」

曾阿淡：「哈！會有的。這次司法系統沒跳出來裝腔作勢，是因爲這同類型事件上，在民進黨人士找不到可吹毛求疵的地方。若是有的話，我保證司法系統會輕拍一下中國國民黨的吳克清，再重打民進黨人士或台灣人民，藉機裝一下正義英雄，再向蔣幫集團求饒。」

李繼宗：「嗯，我相信，以後有其他事件時，這個可悲的司法系統，一定會找機會輕拍一下老主人，再重打老主人的對手。心理上可揚眉吐氣來自爽嘛！不信的話，大家等著瞧。」

洪全示：「我們當然相信啦！只是這樣的人格眞是悲哀！」

李繼宗：「哈！我們替他們悲哀？他們才覺得自爽呢！」

洪阿土：「在執政的民進黨聞達人士仍無法從『台灣受虐症候群』覺醒的情況下，這種事有人開了頭，必然會有人學樣。以後見到中國來的人，就會習慣地拆下那面所謂的『國旗』。這種現象，我看只有等到這群蔣幫壓霸集團遺留的特權勢力再度在台灣掌權揚威時，才知道是否有改變的可能。」

2001年12月初

白秀雄副市長：「報告市長，亞洲盃女子足球賽就要在台北舉行了，主辦的教育局與體育處，要在場外拆下所有的『國旗』，還要命令警察局派足夠的員警，幫忙取締攜帶『國旗』或穿戴印有近似『國旗』衣物之人進場。特請示市長。」

馬英九：「這種事你們辦就好了。」

副市長：「大家是在想，是不是由市長加開記者會直接下令？好讓市長在中國政府面前表示忠心，讓中國更肯定市長是中國自己人。」

馬英九：「這種事我還是不要直接下令的好，反正是市政府在做；我代表市政府，公文當然以市長名義發出，中國方面會瞭解我的心。假若將來有人在台灣拿這件事批評我，我還可以照樣推說『我不知道』。」

副市長：「其實市長不必顧慮那麼周到，才九個月前，我們的吳克清立委更親自於中國官員面前，在立法院拆下國旗丟在地上，這些台灣呆奴還不是沒什麼有效的反應！」

馬英九：「什麼？你竟然拿我跟吳克清相比？我將來是志在當總統的，不然也是台灣區特首。怎可像他一樣粗魯？」

副市長：「是！是！我等愚昧，市長英明，我即刻吩咐照市長意思辦理。」

2002年4月3日，台北市議會剛通過調整里鄰條例，馬英九就急著宣布，要將原訂6月8日即將到來的里長選舉，延後至2003年1月才舉行。行政院以「里鄰調整方案都還沒擬妥，何時能調整好里鄰區劃都未定」，台北市怎可濫權延後既定的選舉。何況每次調整行政區，還不是都有舊的首長在。以此做爲延後地方選舉，根本不倫不類。行政院多次要求按時辦理里長改選，馬英九全部置之不理，甚至後來行政院以上級機關撤銷這個延後選舉案，馬英九也違抗，甚至於12月20日大法官解釋，「行政院有權撤銷台北市的里長延選決定，市府如有不服，應提行政訴訟」。馬英九還得意洋洋地說：「我們在6月8日沒有選舉，並沒有天下大亂。」馬英九的意思是說：「我不遵守憲法或法律，還不是沒人能奈我何。」

李繼宗：「馬英九眞可笑，竟以里鄰可能調整爲藉口，延後里長選舉。」

洪全示：「是呀！未延後里長選舉是在下屆里長任內調整里鄰劃分；延後里長選舉是在這屆里長任內調整里鄰劃分。就行政作業來講，有何不同？」

曾吉木：「行政作業是沒有任何差別，對市議員選舉就有差別了，這叫做政治綁樁。」

曾阿淡：「當然囉！首先，這屆里長靠馬英九平白多了半年多的里長，自然會貼馬英九代表之中國國民黨的心。再來，馬英九任市長這幾年，已下工夫買好了這些里長的心，若在市議員選舉前先選舉里長，就需擔心有新里長當選，鄰里長是選舉時重要的柱仔腳，馬英九爲了避免多出一項不利因素，就硬要延後里長選舉了。」

洪阿土：「把里長選舉延到市議員選舉之後，還可讓這些現任里長在市議員選舉時更全力效忠呢！因爲現任里長爲了將來里長選舉時得到較佳挹注，必然在市議員選舉時盡力向主子力求表現。市政府當然也會依各里得票數的成績行賞回饋，這種政治綁樁，馬英九他們怎麼可能放棄。」

曾吉木：「但是，同樣的里鄰調整，去年嘉義市與台中市就因此被行政院制止而沒能延後里長選舉。馬英九這次竟將橫柴入灶。」

李繼宗：「馬英九父親參與過呆奴化台灣的設計，馬英九當然比別人瞭解呆奴化後會有的反應，自然信心滿滿地違抗到底了。如此更可塑造他硬得起來的個人英雄形象。」

曾阿淡：「令人歎息的是，行政院並沒對馬英九的違法抗令做出任何有效處分。蔣幫壓霸集團執政時，若有人敢做這種事，早被撤職查辦了。行政院應當展現執政魄力的時候，卻顯露出虛弱無力的執政姿態。看來民進黨執政團隊要不被看衰也難了。」

洪阿土：「這也是民進黨人士未能擺脫呆奴化影響，所造成的後遺症之一。」

曾吉木：「在大法官會議指稱，馬英九違憲、違法時，馬英九還大言不慚：『我不按時辦選舉，並沒有天下大亂』。對法治與執政黨輕蔑的嘴臉，表露無遺。」

李繼宗：「眞是在悲慘的台灣受虐症候群裡，台灣人民的悲哀。」

2002年6月6日

行政院院長游錫堃到汐止視察基隆河疏濬工程，台北市長馬英九覺得，這又是一個配合家奴媒體，化裝自己；炮打中央，以讓自己出風頭的機會。

馬英九趕赴現場，高分貝大罵：「中央不補助台北市政府整治基隆河的經費，導致基隆河連年成災，傷害人民的生命與財產。」

游錫堃當場指出：「行政院院會討論基隆河整治時，馬市長不是故意不來，就是搶先講幾句話之後，立即掉頭走人，馬市長有提過基隆河的確實整治方案嗎？有參與過基隆河整治經費預算計劃的討論嗎？馬市長現在還好意思說：『中央不補助基隆河整治經費？』現在行政院不是只好自己來做了嗎？請問到底是誰在關心人民的生命與財產安全？」馬英九才無言以對。

次日家奴化的台灣媒體，不是只刊播馬英九的罵聲，而故意掩蓋游錫堃重視基隆河疏濬工作的事實；就是大篇幅報導馬英九關心基隆河成災的問題，而只輕描淡寫游錫堃視察基隆河一事。對於馬英九的有意或無意地忽略基隆河整治，一字不提。

洪全示：「馬英九這幫缺德、無能的中國國民黨權貴，到處放任爛攤子，再藉以臭罵別人的行徑，眞是膽大又可惡！」

李繼宗：「就如不但隨地大小便，還將自己的屎尿往別人身上潑，再以光鮮亮麗的外表，罵別人髒兮兮。」

曾吉木：「他們之所以敢這樣做，還不是因爲看準在呆奴化台灣民眾的過程中，已拔除了台灣人民客觀、理性思考的能力，能看穿他們詭計的人不多，可以應付這種陰狠的人更少了。」

李繼宗：「還有家奴化的眾多台灣電視與報紙，爲他們化裝得漂漂亮亮的，難怪他們玩弄得超爽的。」

洪阿土：「其實，馬英九玩弄基隆河整治一事，應該是學自宋楚瑜。所以馬英九並沒如宋楚瑜耍得漂亮。」

曾阿淡：「怎麼說？」

洪阿土：「記得宋楚瑜當省長時，有次宋楚瑜視察雲嘉沿海因颱風海水倒灌成災之事嗎？」

洪全示：「我記得，電視播出時，我正在吃晚飯。」

洪阿土：「記得他當時對著電視媒體的鏡頭說什麼嗎？」

洪全示：「還記得，他當時高聲叫著：『中央眞是可惡，完全不顧沿海居民的生命與財產。沒有撥來足夠的補助經費給我。不然，我早把堤防做好，把抽水站換新，這些沿海居民就不會受到這麼嚴重的災難了。見到人民受苦，我心裡在淌血啊！』當時還感動了不少人。而我當時噁心得差點想吐。」

洪阿土：「是啊！但當時有誰聽出宋楚瑜的狡猾了？有誰揭穿他幸災樂禍之心了？」

李繼宗：「他之前到各地做散財童子，濫用政府錢財，收買基層政客。宋楚瑜若眞關心沿海居民，只要用那些錢的一點尾款，早就把雲嘉地區的堤防與抽水站修建好了。與中央的補助款多少何干？」

洪阿土：「精明奸巧的宋楚瑜，眼見沿海居民因他的擺爛而受苦，不但毫無愧疚之心，還掛上菩薩面具，輕巧地將罪孽往別人身上套。眞是敢啊！」

曾吉木：「有家奴化媒體的配合，他有何不敢？他才得意呢！」

曾阿淡：「主要也是因爲宋楚瑜瞭解台灣人民的呆奴化，已進入自然型階段，他才能放心這樣玩弄台灣。」

曾吉木：「就這件事而言，事實上，能看穿他的台灣民眾，確實也很少。」

洪阿土：「現在的馬英九已練好蔣經國的武功祕笈，又正在吸收宋楚瑜的精髓，不必太久的，馬英九必會『九出於瑜，而勝於瑜』了。」

曾吉木：「哈！九當然出於『一』，而勝於『一』了！哈！」

李繼宗：「看來同樣是壓霸特權養大的兩個人，後來的馬英九，肯定會推倒先到的宋楚瑜。」

洪全示：「其實，宋楚瑜比馬英九精明多了，宋楚瑜早看到了這個事實。只是宋楚瑜先失了地利，只能暗自鬱卒了。」

曾阿淡：「無論如何，悲慘的代價，還是台灣這塊土地與人民在付出。」

2002年9月10日行政院準備向立法院推出「政黨不當取得財產條例草案」。有意向中國國民黨追討過去貪贓而來的黨產。中國國民黨的特權壓霸舊勢力，推由較凶狠的高侵略性假中國人(任發言人)蔡正元出面叫囂：「中國國民黨在兩蔣時代哪有錢？是前主席李登輝任內才開始有錢，也是在李登輝時代才被批爲黑金，一切的疑惑都發生在李登輝時期。」

李繼宗：「蔡正元眞是無恥又混蛋！」

洪全示：「你是在說『蔡正元替中國國民黨高掛遮羞布』這件事啊？」

李繼宗：「是呀！只要用心讀過近代史的人都知道，早在蔣中正先後派陳儀與陳誠占領台灣的初期，即將大部分的原日本政府財產，及一些台灣人民私有財產，強行登記在中國國民黨名下。蔣經國來到台灣後，爲了壯大中國黨的聲勢，以及爲了收買忠黨的中國徒眾與台灣假中國人，又連續近四十年，由政府直接挖錢供中國國民黨揮霍。這些事，蔡正元這種高侵略性假中國人會不知道？」

洪阿土：「這種事，一些民主、正派的華裔移民，以陶百川、雷震爲代表，他們原本都是中國國民黨黨員，早在1960年以前，即不惜冒生命危險，罵過蔣幫特權集團多次，說：『國庫不應該是中國國民黨的私囊』。尤其雷震等人，還因此遭受迫害、拘禁，差點命都沒了。」

曾吉木：「蔡正元眞是不要臉得可以了，蔡正元能在台灣嶄露頭角，不正是李登輝任總統之後，提拔他上來的嗎？現在蔡正元卻拿中國國民黨的屎尿來倒打李登輝一把，眞是狠毒到家、厚顏至極。」

李繼宗：「李登輝已任滿，也不會再主政了，蔡正元現今依附在中國國民黨遺留的舊特權集團，大吸台灣養份，壯大自己。不要說把李登輝賣了，這群舊特權集團叫他把父母、妻女賣了，他都會毫不遲疑地立即行動。」

洪阿土：「明眼人都知道，李登輝主政時，並沒再放任黨庫通國庫。李登輝只是把中國國民黨歪搞來的黨產，部分攤在陽光下。不像以前擺在暗處，讓各方黨內黑手可以伸進去亂抓一把。其實，中國國民黨在國內外，還有不少贓產，是暗藏在個人名下，非以中國國民黨名義登記，這些是李登輝查不到的。」

李繼宗：「所以囉，他們現在又可以任意上下其手了。」

洪全示：「其實，只要看一下蔡正元的經歷，對蔡正元精於利用政商黑手，惡質圖利自己的習性，就能瞭解個大概，就可以看得明白。蔡正元學的是企管與經濟，由於久經浸淫成高侵略性假中國人，不將所學用於正途，全只用來快速攫取他人的成果。」

曾吉木：「蔡正元早期任職花旗銀行金融業務主管。因是外商銀行，哪能任由他上下其手。後利用政商通路，出任慶豐半導體總經理，就被蔡正元搞得由銀行列爲拒絕往來戶。他也入主阿波羅投顧公司任負責人，阿波羅投顧之前身爲阿波羅投信；再前爲慶豐投信。蔡正元以10%股份先強行出任總經理，上下其手。公司撐不下去時，不得不改組、改名，得利的又是蔡正元，最後還據爲己有，成爲阿波羅投顧公司的負責人。等他吸乾後，再藉其政治權勢，轉給他人承擔。這是蔡正元的一貫權謀，先依附權勢，再利用權勢，伸入工商，榨乾之後，再一腳踢開。其狠勁絲毫不讓其蔣幫壓霸特權的主子前輩。」

曾阿淡：「看來，在台灣受虐症候群的局面下，還得眼看蔡正元繼續興風作浪一陣子了。」

曾阿淡：「蔣幫壓霸政權所遺留下來的特權集團也眞夠狠、夠奸巧的了，懂得利用這些台灣的假中國人當馬前卒，叫這種馬前卒出來說一些可能連他們自己都說不出口的無恥之語。」

曾吉木：「這些壓霸特權集團才不會說不出口咧！只是有這種假中國人爭著當馬前卒，他們何苦不用呢？」

洪阿土：「這種由蔣經國一手打造的『台灣受虐症候群』所生產出來的高侵略性假中國人還眞不少，蔡正元只是其中較厚顏無恥的典型，就如早期輔助陳儀武力鎭壓、搜刮台灣的黃朝琴與連震東。」

李繼宗：「現今檯面上就有蔡正元的前輩吳敦義與吳伯雄等人。」

曾阿淡：「吳敦義是有蔡正元的狠勁與超高侵略性。相較之下，吳伯雄顯得較溫和。」

洪全示：「所以，這些蔣幫壓霸特權集團，對吳敦義與蔡正元等人懷有較大戒心。更以『白賊義』稱呼吳敦義。對吳伯雄的顧慮就少多了。將來這些壓霸特權核心，需要時會把吳伯雄抬出來當重要招牌，而不會讓蔡正元或吳敦義這種人靠得太近身的。也許有時爲了利用他們，不得不給個高位，但也只有當走狗、當馬前卒的份，不會放給實權的。」

曾吉木：「這是必然的。但是，這些壓霸特權核心仍會樂得在需要時，繼續拿他們用做擋箭盾的。」

洪阿土：「其實，吳敦義與吳伯雄兩人，除了有台灣受虐症候群形成的假中國人特質之外，他們兩人和另一位中國難民後代，更有『斯德哥爾摩症候群』的特性存在。」

洪全示：「眞的嗎？」

李繼宗：「這個中國難民後代是誰？」

洪阿土：「是洪秀柱。」

李繼宗：「洪秀柱不是『歇斯底里型』的狂傲中國人嗎？」

洪阿土：「是的，但那也有部分是由『斯德哥爾摩症候群』所引發。」

李繼宗：「這樣啊？」

洪阿土：「洪秀柱和吳敦義幼年時都是蔣幫集團白色恐怖時期的受害者，兩人的父親都是因批評壓霸的特權暴政而被抓走。洪秀柱的父親被關在火燒島多年；吳敦義的父親則是被拘禁了二年九個月；吳伯雄的伯父吳鴻麒是位正直法官，因爲審理案件時不接受中國高官關說，在228事件時被蔣幫軍警特務騙出，慘遭槍殺。吳伯雄父親吳鴻麟不知是得了『斯德哥爾摩症候群』還是純爲賣兄求榮，竟立即轉身投靠中國國民黨，兒子吳伯雄繼承父志，當起了假中國人。他們三人在幼年時期都被列入監視、掌控的名冊中。由於壓迫勢力超乎想像的巨大，深層的恐懼轉爲敬畏，由敬畏延生出乞求憐憫與渴望護衛；乞求依賴再產生認同的心理；對加害者有了認同心理之後，若是激進性格，就易期待得到加害者接納；一旦得到接納，爲求得讚賞與想要邀功，其作爲會比原加害者更有狠勁。這是典型的重症斯德哥爾摩症候群。這一種嚴重的偶發性精神、心理疾病，是在蔣家父子利用武力強權，在台灣特意製造台灣受虐症候群之後二十多年才被精神科醫師確認的。現今之台灣受虐症候群與斯德哥爾摩症候群症狀類似。不同的是，斯德哥爾摩症候群是少見的偶發案例；台灣受虐症候群是全面性的、是陰狠地特意製造出來的。」

李繼宗：「我知道了，在斯德哥爾摩症候群與台灣受虐症候群雙重作用下，洪秀柱、吳敦義和吳伯雄三人才會這麼狂妄地欺壓台灣，替壓霸特權集團打前鋒而毫無羞愧之心。」

向中國國民黨追討其貪贓黨產的法案，在立法院仍由中國國民黨特權壓霸集團占多數的情況下，不意外地被封殺出去了。

第 20 章

藉由SARS要台灣焦頭爛額的陰狠(2003)

2003年2月間

香港、新加坡、越南相繼傳出不知名的嚴重呼吸道疾病，並逐漸擴散、傳染，已有多名患者死亡。此時衛生署就已提高警覺，注意此病情的發展，並獲悉病源來自於中國，立即呼籲國人，如非必要的緊急，不要前往中國。同時，衛生署邀請專家學者研商對策。討論後，認爲此病雖可確定爲傳染病，但原因不明，傳染途徑未明，防疫與診斷準則無法確立，不宜急著宣布爲法定傳染病，先視同「準法定傳染病」，通知各醫療機構必須立即通報疑似病例，嚴加防患。

3月8日，一位自中國回來的勤姓台商發病，到台大醫院就診。3月14日，衛生署依台大醫院的通報與診斷，公布爲台灣第一個可能病例。隨後勤姓家人相繼發病。

3月15日，世界衛生組織將此嚴重呼吸道傳染病定名爲「嚴重急性呼吸道症候群」(SARS)。並確定病源來自中國，且早於四個月前，中國廣東即已因此病造成很多死亡案例，中國刻意隱瞞，才造成難以收拾的國際災難。

3月23日台北市衛生局長邱淑媞晉見馬英九市長。

邱淑媞：「就WHO所發布的訊息看來，SARS傳染力強，病情嚴重，恐造成世界性災難。衛生署已全力注意和準備。但每天自中國回來的台商人數多，台灣恐仍難倖免。因SARS乃新興傳染病，本人及各市立醫院恐無力應付。台大醫院半個月前即開始有收治病例，然未見在院內擴散。他們似乎已有一套較佳對策。若不向衛生署與台大醫院求救，台北市立醫院恐招架不住。但我認為不宜這麼做，以免長他們志氣，滅自己威風。」

馬英九：「那妳有何良策對應？」

邱淑媞：「衛生署現在還不會宣布SARS為台灣法定傳染病，因一發布為法定傳染病，必須要立即有診斷準則與防疫規範出來，所以台灣與美國的防疫專家天天一直密集開會研究，等診斷疑似病例的準則與防疫規範一出來，衛生署會立即宣布SARS為法定傳染病，並隨之通告防疫規範。所以我們必須搶先大罵衛生署不立即發布SARS為法定傳染病，那麼，將來台北市有任何閃失，就可把全部責任推給『衛生署未及早發布SARS為法定傳染病』，都是中央政府的錯。我們可站在高處，觀看他們焦頭爛額。」

馬英九：「妳眞是精明又狡猾，我沒看錯人，太好了。」

此時，衛生署建議行政院下令，嚴格檢疫由中國入境的旅客，並規定未發病者，做居家管理。

3月24日邱淑媞向記者高分貝談話：「對於SARS的應

對，衛生署眞是半吊子、無能，不當機立斷地發布SARS爲法定傳染病。只要中央公告爲法定傳染病，地方就有權限，進行指揮、調度、強制的防疫工作，讓台北市防疫體系發揮最大效能。相關疫情可由中央發布，否則若有任何一位醫護人員對外發布疫情，將面臨無法源依據、無法約束的窘境而處於混亂的狀態。」

3月26日邱淑媞再說：「衛生署疾病管制局防疫慢半拍，我認爲衛生署只要做一個公告的動作，就可以給人民更多的保障、減少恐慌。政府卻只知漠視我的建議，而不知防疫。」並批評衛生署：「只重視境外移入，對從中國入境者較嚴，是本末倒置。」

衛生署疾病管制局立即通知邱淑媞：「SARS疑似病例的診斷準則與防疫規範即將出來，很快即可發布爲法定傳染病。但並不是沒宣布爲法定傳染病，就不必做防疫工作。已宣布爲準法定傳染病，請妳不要大放會造成恐慌的言論。請台北市政府衛生局，立即就所轄衛生機構與醫院，督促全面加強防疫工作，確實按傳染病防治規範小心執行，以免遇有可能病例時，造成一發不可收拾的擴散。而SARS已確定是由中國擴散出來的，當然必須以『對從中國入境人員小心管理』爲立即防疫措施。邱局長若有更佳良策，請向衛生署提出，衛生署會請專家、學者研究討論。」

邱淑媞置之不理。

3月26日，台北市立和平醫院通報首例SARS病例。但卻保密，醫院其他醫護人員未獲告知，也沒有執行防疫流程。

3月27日，衛生署發布將SARS列爲法定傳染病，並定出發高燒者爲首要隔離對象，並通令各地方政府確實督促所轄衛生單位與醫院，全力做好隔離防疫措施。

不知是因爲邱淑媞毫無防疫知識，還是在等著讓SARS在台北市氾濫，想看衛生署難以收拾，用來當笑話。馬英九與邱淑媞僅用嘴巴喊一句「台北市進入全面警戒狀態」，台北市政府並無任何動作，故意讓所轄市立醫院仍維持平常作業流程，無視傳染病防疫規範的流程與監督。

3月31日、4月9日、11日台北市立和平醫院各再通報一例SARS病患，但台北市政府與市立醫院仍未嚴格做防疫管制措施，且對和平醫院院內人員隱匿疫情，使得醫院內醫護人員與清潔工作人員仍依平時工作流程做事，全無防疫警戒心。

4月2日，台北市衛生局副局長許君強感覺台北市政府與各市立醫院的做法太過危險，獨自邀集各市立醫院院長加開會議，決議各醫院應確實嚴格執行防疫措施，並清查各醫院的呼吸道隔離病房數目及病床數，排除非SARS疑似病患，盡可能空出床位，以利做爲隔離SARS疑似病患之隔離使用。後來衛生局長邱淑媞知道後，竟硬加否決。邱淑媞更以「極機密」公文發給各市立醫院，謂：「市醫團隊以收治結核病患爲主要任務，沒有收治SARS病患的責任，SARS疑似個案，應轉送其他醫學中心治療。」

4月9日，一位劉姓院內洗衣工發病住院，但院方沒做隔離。當天一位和平醫院的曹女士，被診斷疑似SARS後，轉送新光醫院。她並未有「接觸史」，後來驗出大量陽性病毒反應。引起國家衛生研究院臨床組主任蘇益仁的注意，15日打電話提醒邱淑媞，和平醫院可能已開始有院內傳染，非嚴格督促和平醫院做疫情感染管控不可。邱淑媞不置可否。

4月14日，洗衣房的員工童建榮，看到一只紅色塑膠袋貼著一張「疑似SARS」字條。連洗衣房的童建榮都知道，疑似SARS病患之衣物應先確實消毒過，才可送入洗衣房。童建榮大爲緊張，連忙報告這種荒唐疏失，原來在4月9日，劉姓洗衣工就是被這種未消毒的SARS疑似病例之衣物傳染的。市衛生局與醫院均未加以理會。

4月16日和平醫院三醫護人員受到感染而發病。

4月21日和平醫院才將9日住院的劉姓洗衣工隔離，此時院內感染已又增加三、四例。

4月22日童建榮發病，因童建榮曾於4月14日抗議院方故意不做防疫，且隱瞞院內感染事實。醫院主任向上請示後，竟決定派專車送童建榮回家休息，以免由童建榮在院內走漏消息。童建榮心裡有數，堅決拒絕上車，院方才只好讓他住院。同一天(4月22日)，衛生署疾病管制局接獲和平醫院醫護人員密報，說院方與市政府故意漠視防疫，並隱瞞院內感染事實。疾病管治局立即突擊檢查和平醫院，發現和平醫院的散漫非同小可，大吃一驚，當場建議封院，並做分區分級隔離管制。

邱淑媞竟謂：「醫院本來就有院長嘛，它本來就是個運作中的醫院，你何必去接管它呢？就讓它自己繼續運作。」

從4月21日深夜至4月24日凌晨，台北市立和平醫院突然增加十多例的院內感染，多數是因其他疾病住院的病患、病患家屬、醫護人員。和平醫院院內感染確定已爆發，疫情危急(後來各地發病的案例，大多數與和平醫院有關)。

和平醫院在爆發嚴重院內感染前，到底院內發生了什麼事？高階主管不講，其他人員則沒人知道！台北市政府和衛生局一個多月來做了什麼？完全沒有。

4月23日晚上，在SARS委員會上，蘇益仁建議快速封院。並提出封院前三項必要配套措施，現在應立即執行：

一、A棟沒有感染的病患，立即送至陽明醫院處置(他已接洽好了)。

二、從各市立醫院調派人力支援B棟(SARS汙染區)之醫護工作。並在A、B兩棟間設立行動線管制。

三、立即在附近找一個旅館，安置和平醫院醫護人員，並進行隔離。

台北市市政府與衛生局局長邱淑媞置之不理，全部拒絕配合。

4月24日，陳水扁總統早已得知相關訊息，他去電行政院院長游錫堃，指示全力主動協助台北市政府防疫工作；同時去電馬英九，強調「防疫不分中央與地方」。總統府與行政院，決定介入台北市的疫情控制。

4月24日中午，行政院與台北市政府共同宣布關閉和平醫院，病患分區分級治療，召回全數員工並進行觀察與隔離。

當天，邱淑媞以視訊會議進行她所謂的「指揮防疫工作」。與會主管反映和平醫院急需的醫護人力支援與防疫、醫療的必要配備。邱淑媞竟回答：「愛莫能助，無能爲力」。有人當場抗議她這種「置之度外」的旁觀火災心態，是嚴重失職行為，邱淑媞仍舊盛氣凌人地立即當面指責院長：「吳院長，你是這樣管束你下屬的嗎？讓他們習慣於大膽頂撞直屬上級長官嗎？」

台北市立和平醫院封院時，蘇益仁與防疫專家，見封院前的三個必要配套措施邱淑媞全未進行，蘇益仁即認為台北市政府及衛生局不是不願處理，就是完全的無能。隔天(4月25日)晚上，蘇益仁陪邱淑媞進入和平醫院，他看到和平醫院在全無心理準備與全無後援的情況下，整個醫院如癱掉了一般。讓蘇益仁更加確定，一定要中央立即出面強制接手處理，不然必將無法收拾。

當天(25日)晚上，行政院院長找來七大醫學中心研究協助事宜。會後請來馬英九市長，請蘇益仁向馬英九簡報，蘇益仁才發現馬英九對整個已經轟動國際的和平醫院事件全然無知，馬英九根本漠視到從未進入狀況的地步。馬英九在簡報後還說：「未來幾天，我將空出行程來關心和平醫院事件。」他之前從未真正關心台北市SARS防疫工作的心思，此時表露無疑。馬英九見中央已介入，覺得這是換他出場表演的時候了，馬英九一派強勢指揮官的姿態，大言：「防疫視同作戰。有抗爭行為，就如同敵前抗命，依傳染病防治法，市府絕對會做強制處分，最重將予開除免職。」咦！抗命和怠忽職守最嚴重的不就是你馬英九和邱淑媞嗎？

和平醫院封院後，中央介入，多次專家入院協助，這些專家個個穿著從頭到腳密包的隔離衣。和平醫院的醫護人員看在眼裡，一陣鼻酸。因為已經一個月了，他們這些第一線的醫療工作者，連一個N95口罩都要不到，才會有今日的大災難。等看到邱淑媞時，這批醫護人員崩潰了。因爲這個過去對他們大叫「無能爲力，愛莫能助」的邱淑媞，此時竟是神通廣大，不知從哪一個特權管道，弄來了一件看起來像太空裝外加防毒面具的無敵裝備，穿在她那自命高貴的身上。和平醫院的醫護人員，無不感覺：「她是人啊？我們竟是豬狗不如？」

中央強行介入後，醫療團隊與志工開始進駐和平醫院，連絡好北部地區幾處有能力的醫院，騰出床位，收治SARS病患。4月25日起，原和平醫院醫護人員開始分批撤出，並隔離。人員情緒漸穩定，內部控管逐漸上軌道。

和平醫院封院期間，有消化科的主治醫師周經凱拒絕被召回醫院，他所持理由是：世界衛生組織建議，未發病的可能接觸者，應做居家隔離。延至5月1日警方找上門後，始返院。

4月29日台北市私立仁濟醫院亦爆發院內感染。

馬英九：「邱局長，妳看起來很不開心的樣子，是不是在擔心那些衛生署的醫師與學者？怕他們說出我們故意把和平醫院擺爛的惡質做法？」

邱淑媞：「是呀！他們進入和平醫院協助處理後，已瞭解我們兩個月來，把市立醫院當芻狗的狠毒內情，只要他們說出實情，我們的馬腳就要露出來了。」

馬英九：「這個妳大可放心。兩個多月來，我們家奴化的報紙與電視，一直配合我們演出，利用SARS鬥臭執政的中央。以後也會一直爲我們化妝的。」

邱淑媞：「但是，等這些衛生署調來的醫師與學者一說出實情，我擔心再厚的紙也包不住火了。」

馬英九：「其實妳暫時可不必擔心。他們正在爲和平醫院忙得焦頭爛額的，哪有閒工夫來道出實情，何況SARS是新興的嚴重、高傳染性疾病，世界衛生組織都無有效辦法了，和平醫院已擺爛到這種地步，我就不信這些台灣的醫師、學者能在短時間內加以完全控制。等他們精疲力盡，再發動我們家奴化的報紙、電視，把他們罵得狗血淋頭的，有誰還會注意到我們當初有心擺爛市立醫院的內情？」

邱淑媞：「但是，我可看出，這些醫師與學者都是確有實力、也是盡責的人，我很擔心這疫情眞的很快會被他們控制得宜，病患會多數被他們治療成功。到時功過突顯，馬腳再也藏不住。」

馬英九：「哈！妳過慮了。和平醫院有個堅持居家隔離而未返院的醫師周經凱；私立仁濟醫院有個也爆發院內感染的院長廖正雄。我就拿他們兩人當替死鬼，用來轉移市立和平醫院被擺爛的焦點。我前面盛氣凌人地大言：『防疫視同作戰，違令就是敵前抗命。』現在正可以不斷放話：『要嚴厲懲處這兩人』，還可彰顯我的威風。我們家奴化的報紙、電視會跟著我不斷加以追剿。我們擺爛和平醫院的惡行不就被模糊了嗎？安啦！」

邱淑媞：「但那只能瞞過一般台灣呆奴化的民眾。等這些醫師與學者忙完了這次SARS事件，衛生署必會召集各有關醫院開檢討會議，以便做爲以後類似事件的因應規範。會議一開，我們當初存心擺爛市立醫院的惡行，一定會全部被攤開來的。到時我們不被追究才怪？」

馬英九：「這個問題我老早準備好了。衛生署署長涂醒哲不是已派人去海關查扣各醫療機構進口的防疫器材了嗎？」

邱淑媞：「是呀！因爲現在衛生署要緊急進口已來不及，所以涂醒哲要先留下進關的防疫器材與配備，再按各醫療單位的實際需要，做重點分配，以發揮這些防疫器材的最大效用。並且已通知各單位，能獲得這些器材與配備的時間和數量。這是明確的做法，對我們反而更不利呀！」

馬英九：「哈！政治鬥爭方面，妳的資歷尙淺，我可是練過蔣經國武功祕笈的。」

邱淑媞：「謹聽教誨。」

馬英九：「民進黨執政三年了，他們確實全力在爲台灣打拚，但仍然被我們要來耍去，耍得事倍功半，還被我們的家奴罵得臭頭。妳知道爲什麼嗎？」

邱淑媞：「他們是政治菜鳥呀！」

馬英九：「也對，但不全然是。他們執政，只能換上幾個政務官，全國的事務官全是我們原來養大的，有不少更是幾十年的家奴了，當然還能爲我們所用。尤其在他們多數的意識裡，民進黨只是一時僥倖當政，不少人還爭相向我們這些老主子效忠呢！以望將來論功得賞。要扯現今當局政府的後腿，還不是輕手一揮即成。」

邱淑媞：「我明白了！但是，這與我們要想全身而退，有何奧妙關連呢？」

馬英九：「好吧！就讓妳開一次眼界吧！微妙處就在這

裡。涂醒哲不是派人去海關監督進關的防疫器材了嗎？」

邱淑媞：「是呀！」

馬英九：「去的人是不是衛生署的事務官？」

邱淑媞：「是呀！啊！我知道了，你是要他把這些防疫所急需的器材暗藏起來，讓他們上戰場沒子彈！」

馬英九：「哈！妳眞的還需調教才能成器。怎可粗魯莽撞呢？我已知道，這些防疫器材的原來進口者，以長庚醫院爲最大宗，這個事務官會全部『依法』放行。」

邱淑媞：「那豈不是害慘了這個事務官？在國家重大災情時，公然違抗命令？」

馬英九：「我們集團都已沙盤推演過了，就說他又沒手握尚方寶劍，人家是取回自己的東西，他如何阻擋？」

邱淑媞：「民進黨政府會就這麼輕易被敷衍？」

馬英九：「我們就是這麼輕易敷衍他們。台灣被李登輝與陳水扁朝國家正常化帶上了這麼一段路，雖不能再說『法院完全是中國國民黨開的』。但我們還是暗地裡握有至少90%股份的大股東。而且民進黨這批人並沒完全破除呆奴化的影響，還沒有大膽嚴厲執法的魄力與精神。若他們有這種魄力與精神，哪會有2001年吳克清立委在立法院拆下『國旗』丟在地上，以迎接中國來客；以及亞洲盃女子足球賽時，我們連會場外的國旗都降下，還不准衣物上有任何『國旗』圖樣的人進場。這些已受過呆奴化影響的民進黨人士，若能有這種魄力與精神，這兩件事早受處分、受追訴了。有嗎？去年我違法抗命，故意不舉辦鄰里長改選，我有受到處分嗎？況且，這次我們抗拒疾病管制局『嚴格警戒，做好

SARS防疫措施與防疫流程』的命令，不做任何反應，亦沒看到任何查辦動作。假若是我當政，這群台灣呆奴有誰敢這樣做，我們不下令司法系統把他們抓來以叛國罪審判才怪！」

邱淑媞：「但是，這樣我們就能全身而退嗎？」

馬英九：「妳還眞有點傻。各防疫重點單位已獲衛生署保證『何時能領到多少數量的防疫器材』。SARS的疫情已令各醫療防疫機構緊張得可以了，等待的防疫器材又一再落空，他們必會聯合起來炮轟衛生署。這時，我們特意擺爛市立醫院的焦點就被轉移了。在我們家奴化報紙與電視協助下，SARS的失控罪責就全歸衛生署的『延誤分配防疫器材』了。我告訴妳，涂醒哲會是在SARS事件中，做爲我們最後一位替死鬼。這全在我們集團的掌控之中，安啦！」

邱淑媞：「長官英明！」

馬英九心裡想著：「哼！全身而退？能全身而退的只有我這顆『帥』。已搞成這種地步了，不棄妳那顆『車』，我這『帥』能全身而退嗎？我能保妳不死已不錯了，我哪保得了妳的安樂？」

果然眞如馬英九所想，對和平醫院的院內眞實辛苦情形，外人無法窺知。社會大眾跟著家奴化的報紙、電視，與台北市政府站在一起，一起譴責醫護人員與衛生署。完全不覺馬英九與邱淑媞的無能與惡毒。

這只是台灣受虐症候群延燒台灣這塊土地與人民中，所竄出的一段火焰。

所幸，在全體醫護人員配合衛生署與學者的努力下，於

7月5日獲得世界衛生組織認可，將台灣從SARS疫區除名。台灣此次受SARS感染的可能病例達六百六十四人，其中醫護人員就有七十四人；總死亡人數則爲七十一人。

正如馬英九所設計，邱淑媞在壓力下，還是在沒受傷情形下「全身」離開台北市衛生局；涂醒哲也眞的擔著馬英九的SARS罪責，從衛生署署長之位下來。

馬英九還是光鮮亮麗、抬頭挺胸、走路有風。

邱淑媞則恨她放的一把陰火，竟輕易被撲滅，沒對台灣造成更大的傷害(在2007年4月20日公視的「穿越和平」紀錄片中，邱淑媞一臉凶悍地說：「我覺得很討厭！爲什麼我還要再來講這些東西？」「你說誰做的決定？誰怎麼樣？又能怎麼樣？」。馬英九則早於3月8日宣布邱淑媞出任他總統競選辦公室的發言人)。

李繼宗：「馬英九與邱淑媞眞是狠毒得可怕，只因爲陳水扁當了總統，竟想利用SARS毀滅台灣。」

洪全示：「不會吧？我不相信這世上有人的心會這麼毒！馬英九與邱淑媞應該是無知又無能所致吧！」

李繼宗：「那請問，馬英九與邱淑媞爲什麼要以政府僅發布SARS爲準法定傳染病爲藉口，而故意讓各市立醫院對政府防疫命令不予理睬？」

曾阿淡：「是呀！疾病管制局早已通知各醫療機構，必須以『準法定傳染病』將SARS疑似病例寬以認定並通報，且嚴格執行防疫措施與流程，馬英九與邱淑媞卻指示市立醫院，僅通報可疑病例而不做任何警戒，尤其還對醫院內人員隱瞞。不是故意要讓SARS在台北市立醫院爆炸開來是什麼？」

李繼宗：「尤其在行政院公布SARS爲第四類法定傳染病之後，馬英九與邱淑媞仍只是口頭上說一句：『台北市進入全面警戒狀態』。裝成他們很慎重其事、很負責的樣子唬人，實則故意欺瞞市立醫院內的其他醫護人員『院內有SARS病例』的事實，特意鬆懈醫護人員的警戒心，這和故意殺人有何差別？」

曾吉木：「但是，若SARS眞的在台北市全面失控，馬英九與邱淑媞有把握自己能倖免嗎？所以我認爲馬、邱兩人應是無知、無能的成分大些。」

李繼宗：「那是因爲馬英九與邱淑媞認爲他們的特權管道暢通，他們自信可以得到完善的保護，所以才敢故意讓SARS失控。這可由邱淑媞竟能弄來一套如太空裝加防毒面具的獨有無敵裝備，即可窺知。」

洪全示：「我還是難以相信，馬英九和邱淑媞敢那麼有自信。」

曾阿淡：「當然，這裡面，馬、邱兩人的無能與無知仍占有一大部分因素。看他們一開始就大罵：『政府過度小心管理從中國入境人士』，即可看出他們的無知。」

曾吉木：「那是因爲他們自命爲中國貴族，只要看到有損『中國』二字的言行，即暴跳如雷。他們想要否定SARS是由中國擴散開來的事實。」

李繼宗：「但是，所有國際SARS病例均是由中國傳染出來，已是舉世皆知的事實啊！」

曾吉木：「那是因爲馬英九與邱淑媞認爲，已成自然型呆奴的台灣民眾是唬得住的！」

曾阿淡：「好吧！那爲什麼當行政院已如他們所願，已發布了SARS爲第四類法定傳染病，馬、邱兩人還是執意把市立醫院擺爛，你不要又說是因無知與無能。因爲連和平醫院洗衣部的職工都知道，嚴重傳染病患的衣物，均需密封消毒過後，才可送洗，他們會不知道？」

曾吉木：「是有可能啊！用慣特權便宜行事的人，怎麼會對知識與能力下工夫呢？」

李繼宗：「好吧！那請問，當台北市衛生局副局長許君強發覺台北市政府與各市立醫院的做法太危險、太不可思議了，邀各市立醫院院長開會，決議立即確實嚴格執行對SARS的防疫措施時，邱淑媞硬加否決，更以「極機密」暗中命令各市立醫院，謂：「台北市立醫院的任務是收治結核病患，不必處理SARS」。是誰定了「市立醫院只需負責收治結核病患」的規矩？是哪條法律准許台北市立醫院不必防治SARS？爲何要用「極機密」而怕洩漏她的狠毒陰謀？」

洪全示：「我是往好的一面去想啦！也許馬英九與邱淑媞是怕被人看出他們的無知無能，爲了遮掩自己的醜態，只好出此下策。」

曾阿淡：「那是說不通的。把市立醫院擺爛，不是更不可收拾嗎？」

洪全示：「一個外表狂妄、內在心虛的人，有時其做法會難以常理想像的。」

李繼宗：「好吧！那爲何當疾病管制局發現市立和平醫院已被擺爛到可怕程度，非封院、接管不可時，馬英九與邱淑媞還說：『醫院本來就有院長嘛，它本來就是在運作中，何必接管它？就讓它自己繼續運作。』還有，後來已決定封院，蘇益仁強調，在封院前，市政府須趕快執行三項配套措施。馬、邱兩人竟也大膽地置之不理？」

曾吉木：「也許是他們惱羞成怒，失去了理智。但我仍不願相信會有人能這麼狠毒！」

曾阿淡：「那在和平醫院主管們要求支援人力與防疫器材時，爲何邱淑媞竟仍以落井下石的姿態說：『愛莫能助，無能爲力』，悍然拒絕？」

李繼宗：「阿木，請不要再拿『無能』來解釋這個。你看，她竟然神通廣大，替自己獨自一人，弄來了一套看起來像太空裝加防毒面具的無敵裝備。」

曾吉木：「那只是他們一貫的狂妄壓霸特權行徑之一，與有知、有能扯不上關係吧！至於悍然拒絕給予和平醫院任何支援，也許是因爲看到和平醫院已經爛過頭了，在『一不做，二不休』的變態心理下，才有的瘋狂行爲。」

洪阿土：「其實，縱觀這次SARS事件侵入台灣的前後過程，馬英九與邱淑媞兩人是『無知、無能』與奸猾狠毒各半，你們剛剛所論述的都是實情的一部分。」

洪全示：「不過，平心而論，馬英九算是奸巧、精明得厲害。馬英九不但能全身而退，更掌握了在『市立和平醫院被封院、接管』的最佳時機，高喊『防疫視同作戰，有抗爭行爲，就如敵前抗命處理』。裝出一副他是有能力、又有魄力的英雄指揮官姿態，無數鎂光燈聚焦在他身上，再一次吸引到了無數的欽羨目光。」

李繼宗：「馬英九敢這樣大言不慚，無非是因爲他練就蔣經國的武功祕笈，知道台灣全民奴化已進入自然型呆奴的階段，能看穿他假面具的人不多；加上家奴化報紙與電視不遺餘力地爲他化裝，讓他把戲演來輕鬆愉快。就像在伸展台走秀一樣，這根本沒任何智能成份在裡面。」

洪阿土：「可惜的是，民進黨政府未能體認『委曲並無法求全』，以致沒能在適當時間，對玩弄台灣之人，展現魄力，做出明快處分。使得馬英九這群特權壓霸的舊勢力，有機會繼續站在高處嘲諷台灣。」

曾阿淡：「這又是一項深層的『台灣人民的悲哀』。」

五人齊聲：「唉！」

洪阿土：「我們似乎忘了另兩個也做了馬英九與邱淑媞替死鬼的可憐人。」

曾阿淡：「沒忘啦！只是大家一直在討論馬英九與邱淑媞的擺爛SARS是奸猾、狠毒，還是無能、無知，所以才沒提到。」

李繼宗：「是啊！首先，周經凱醫師在市立和平醫院封院前已離開，是屬於有過接觸而未發病者。按照SARS防疫原則，做居家隔離是對的。台灣特權集團的報紙與電視，竟爲了配合馬英九與邱淑媞的轉移焦點，把周醫師當作十惡不赦的魔鬼般，不斷追殺。」

曾吉木：「仁濟醫院院長廖正雄醫師也是一樣，只因廖院長沒在第一時間診斷出SARS疑似病例，造成院內數人感染，也被無情追剿。廖醫師是警覺性不足，但面對的是全新傳染病，他眞的罪該萬死嗎？任何一位受過良好訓練的醫師都知道，醫師非神，沒有一位醫師眞的有把握，面對每一個病患，均能在第一時間立即做出正確診斷。也沒有人能如超人般二十四小時無休地救人，今天的超支體力，就容易在明日因身心疲憊而出差錯。所以，將心比心，絕不忍苛責醫界同仁。只有自己內在空虛之人，才會藉著貶抑別人來抬高自己。葉金川在和平醫院被封院、被接管後，突然出現，戴著和平醫院人員所欠缺的N95口罩進和平醫院『察看』，裝出如馬英九的英雄狀。再裝英雄姿態，苛責周經凱與廖正雄兩位醫師，用來抬高自己，並藉機替馬英九與邱淑媞的擺爛和平醫院轉移焦點，眞是可惡！葉金川若眞是人的話，他自己也是醫師，既已進了和平醫院，就應留下來直接面對面照顧SARS病人。」

曾阿淡：「葉金川是典型家奴化的人，不談他了。台灣的醫界才是悲哀。周經凱醫師是和平醫院的醫師，要居家隔離或召回隔離是兩可的事，也不談了。香港、越南、新加坡與台灣，有多少SARS病患沒被早期發現？爲何只有仁濟醫院的廖正雄醫師特別被無情追打？」

曾吉木：「因爲仁濟醫院也在台北市，又非市立醫院，用追打廖正雄來轉移馬英九和邱淑媞擺爛和平醫院的焦點，效果是最好的啊！」

李繼宗：「醫師公會呢？台灣醫界的知名人士呢？他們都睡著了啊？竟沒人出來爲廖正雄說句公道話！」

曾吉木：「阿宗，你以爲醫界就能完全擺脫『台灣受虐症候群』的現象啊？」

李繼宗：「唉！」

第 21 章

國際友人看台灣

2003年底，加拿大一化工企業業主Mr. Harman來台接洽業務，接待的台灣企業家於晚宴時邀請洪阿土參加，晚宴後與陳廠長、姜經理、林課長等一起小酌。

姜經理：「Harman先生，我有些感慨，爲什麼世界各主要民主國家都不講公平、正義？」

Harman：「怎麼啦？我覺得現代各民主國家都是以追求公平、正義爲目標的。當然各民主、自由國家的主政者，都僅是有任期的執政，執政者是替國家做事，在國際上要主持正義，必須以不傷害自己國利益爲前提。」

姜經理：「那爲何世界上沒有一個主要的民主國家在聯合國大會上力挺台灣入聯合國，使台灣成爲一個會員國呢？也不力挺台灣入世界衛生組織。難道世界各國都不認爲台灣夠格成爲一個國家？」

Harman：「喔！你是在講這方面啊？其實就我所瞭解，世界各主要國家都對台灣很友善，也都在力挺台灣。是你們台灣自己不認爲自己是一個國家的啊！」

林課長：「Harman先生，你怎麼可以這麼說？」

Harman：「林課長，請你先別生氣。我自己也一直不能瞭解而大感奇怪，但我說的是實情。」

姜經理：「有哪一個台灣人民不認爲台灣是一個國家呢？台灣有領土、有人民、有主權，還不是一個國家嗎？」

Harman：「領土、人民、主權只是成爲國家的必要條件，不是完備條件。要國際上承認一個國家，必須該國國民先自己確認自己是一個國家。」

林課長：「Harman先生，你是說，我們自己沒確認台灣是一個國家了？」

Harman：「是的，在外國人看起來，確是如此！」

姜經理：「什麼？」

洪阿土：「姜經理、林課長，兩位先別生氣。Harman先生是好意才這樣講的。Harman先生，記得我以前向你解釋台灣的特殊情況時，你覺得不可思議。現在你應該有些認知了吧！我想趁此機會，以你一個外國人的旁觀者，請你給大家做個理性的客觀分析，肯定會比由我來講，對台灣人民更有說服力得多，拜託了。」

Harman：「好吧！首先，我想請問大家，什麼叫民國？」

姜經理：「民國就是民國，還要解釋啊？」

Harman：「你們對詞與字的組合都不用瞭解它的意思啊？」

洪阿土：「對不起，Harman先生，這是因爲我們自小接受被設計成的『故意忽略思考式教育』所致。請你繼續解釋，大家會聽得懂的。」

Harman：「民國是republic，是人民共和國的意思。」

林課長：「我也懂英文，republic是共和國的意思，不必是人民共和國吧！」

Harman：「對，你的英文不錯，但中文教育就有問題了。你再想想看，民國的『民』不是指人民的簡稱嗎？」

林課長：「是啊！有什麼不對？」

Harman：「那民國不就是人民共和國的簡稱？」

林課長：「是呀！」

Harman：「那中華民國不就是與中華人民共和國的意思完全相同？都可簡稱中國？」

姜經理：「不對！不對！這是名稱，是專有名詞，你不能說意思相同就是同名。就如同『阿好』與『阿佳』意思相同，但是不同的人名。」

Harman：「對！哇！姜經理，你似乎比一般台灣人民還清楚。但是，中華民國與中華人民共和國不僅意思同，字也相同，僅是簡化而已。」

林課長：「英文總不同了吧！」

Harman：「People's Republic 與Republic有何不同？Republic不是People's Republic，難道是Aristocrats' Republic？」

姜經理：「R.O.C.是當年蔣家父子由中國帶來強加在台灣之上的，我們現在暫時尚無可奈何，但我們一直在解釋R.O.C.是台灣，是與中國不同。我們以後會解決名稱問題的。」

Harman：「但是，在國際認知上，中華民國已被中華人民共和國所取代，是已被取代，所以在國際認知上，中華民國國格已消失，沒有了。」

林課長：「所以我們才要申請新加入聯合國，重新在國際上確立國格。」

Harman：「好吧！既然你們這樣講，那就連台灣有中國石油、中國學校、中華郵政、中國銀行、中國時報、中國造船、中華航空、中國國民黨都略過，我僅就你們現在自己就能決定台灣是一個國家的事實來說明。」

姜經理：「什麼是我們現在就能決定台灣是一個國家而沒做的？」

Harman：「多著呢！到處都是。我就簡單舉幾個例子。你們還有不少人，每次提到中國就說中國大陸，甚至直接說大陸。你們不覺得很矛盾很奇怪嗎？」

林課長：「中國大陸就是中國大陸，有何奇怪與矛盾？」

Harman：「唉！既然台灣稱中國爲大陸，那即自己表示台灣偏遠而小。如果是一個國家，國家就是國家嘛！哪有偏與不偏的，小與不小的，只有某一個國家的屬地或外島才會稱本土爲大陸。不是嗎？所以，只有像夏威夷是美國的一州，夏威夷人才會稱美國本土爲『大陸』或『美國大陸』？」

姜經理：「唉呀！我怎麼沒想過這個？」

Harman：「你們在台灣國內官式場合都稱爲『中華民國』，可是在選舉時連自稱是中國人的一些候選人也改稱爲

「台灣」了；不論是中國國民黨當政或民進黨當政，在面對世界各主要國家時，別國稱你們爲台灣，你們也是自稱台灣，而在面對用金援換來邦交的少數極端落後、弱小的國家時，你們又稱爲『中華民國』；在面對以千顆飛彈瞄準你們的敵人(中國)時，『中華民國』又不使用了；還拿中國發的台胞證當護照；想參加國際性組織，連中華台北、中國台北、台北這些名稱，你們也都心甘情願地掛在胸前、貼在臉上。你們有沒有想過？這些情況看在一個普通的外國人眼裡，人家不會覺得『眞是不可思議』嗎？如果你看到一個不熟識的人，先說他姓張，又說他姓李，一下子又改回姓陳，現在又見他叫一個姓曾的爲爸爸，你們說，你會對他有何印象？你會看得起他嗎？」

林課長：「哦？對呀！」

Harman：「還有呢！你們現在已完成民主化了，還稱來自中國的移民爲外省人。中國人移民台灣時，被作弄與欺騙，不認同台灣，不在台灣落地生根，他們自稱外省人已夠可憐了，那也算了。台灣人民更可憐，稱中國移民爲外省人，自稱本省人而不謂本國人。還說台灣是一個國家，豈不是天大的矛盾。」

姜經理：「唉呀！我怎麼幾十年來都沒想過這個？」

林課長：「喔？對呀！」

Harman：「一群中國人已移民來台灣六十年，多已三代同堂，甚至四代同堂，大部分人還是不願自稱是台灣人。他們既不自認已移民台灣，卻在台灣選舉時去投票，還出來參選台灣的市長、縣長甚至總統，有的還當選了。他們自認是外省人或中國人，那麼應該是回中國去參選、去投票才對，你們台灣(不論台灣或中華民國)還讓外國人或非台灣人在台灣投票、參選，這豈非很奇怪與講不通的嗎？就拿我弟弟來講好了，我弟弟因公司需要，十多年大部分時間都住在美國紐約，他不願當紐約人或美國人，當然自稱是加拿大人，所以雖然他在紐約繳稅，不論紐約的選舉或美國總統選舉他都不會去投票，美國人也不會讓他去投票。而加拿大選舉時，他一定回加拿大投票。我弟弟的同事——Charles，是北卡州人，也住紐約十多年了，也在紐約繳稅，他一直無心做紐約人，所以從未在紐約的選舉投過票，其實也無權投票。他因工作關係，北卡州的選舉他也只回去投票兩、三次。這是正當而合理的法律與行爲準則，舉世皆然。會讓自認非台灣人在台灣參選與投票的，在這世上僅有台灣了。你們從不覺得奇怪嗎？我知道你們的思考邏輯一定在哪裡出了問題。但是，你們看起來又似乎滿聰明的。我曾告訴過洪先生說，我一直想不通這個矛盾。」

姜經理：「這是過去六十年來，台灣在被壓霸外來政權欺壓的結果，雖然是有大部分台灣人民連這個理性認知也沒有，我是知道的。但這是我們的無奈。」

Harman：「好吧！那就僅談談你們台灣人民自己奇怪的想法好了。你們不是常說台灣要獨立嗎？」

姜經理：「是呀！」

Harman：「台灣是某一個國家的屬地嗎？」

姜經理：「不是！」

Harman：「那你們爲何說要獨立。」

姜經理：「我們要獨立於中華民國或中國之外。」

Harman：「所謂中華民國是一群中國逃亡者，逃到台灣，霸占台灣後成立的政權，他們只是用中華民國這個名稱來欺騙人民，在台灣用的不是中華民國國旗，唱的不是中華民國國歌。所以中華民國只是這個政權用來代替台灣的虛假名稱。何況無論你們走到哪個國家，別人都稱你來自台灣，有誰承認你來自中華民國。中華民國在國際上，早已是非法組織，是騙子。你們不論說是要建國或是要國家正名、恢復自由主權都可以，怎麼會說是獨立呢？這在外國人看來，是不倫不類的。既然台灣說要獨立，就表示台灣不是一個國家。」

林課長：「事實上，我們是要獨立於中國之外。」

Harman：「那就更奇怪了，台灣被那個中國政府占領了嗎？甚至連曾被占領過都沒有，何來需要獨立？」

林課長：「但是，中國一直說：『以前清廷占領過台灣，中國政府推翻清廷，接收清廷，所以也要接收台灣』。」

Harman：「那就更奇怪了！你們仔細想想看，一個假乾兒子宣稱要繼承假乾爸爸遺產，合法嗎？就算他的繼承合法好了，這個假乾兒子硬要將他假乾爸爸生前偷來，且已賣掉的東西也據為己有，這合理嗎？合法嗎？講得通嗎？若硬要這樣講，那日本更有權說台灣是屬於現在的日本所有。」

姜經理：「Harman先生，你怎麼這樣講呢？」

Harman：「你們仔細想想看，台灣雖是清廷強搶來的，但清廷把台灣讓給日本可是有白紙黑字的讓渡書在。日本可就沒有簽任何讓渡書把台灣讓給中華民國或中國政府的。」

姜經理：「對喔！我們怎麼都沒想到這點？」

林課長：「喔！對呀！」

Harman：「還有呢？不但清廷投降中國政府之前，早已喪失台灣擁有權。三百年前，清廷還是從侵占台灣的鄭氏東都王國手中把台灣搶來的。所以無論從哪個角度硬拗，中國、甚至清廷都沒有權利來正當地擁有台灣。」

姜經理：「東都王國？鄭氏不是占領台灣想要反清復明嗎？怎麼來個東都王國？」

Harman：「你們歷史是怎麼讀的，我一個外人都知道的歷史，你們卻自己不知道！」

洪阿土：「對不起！Harman先生，有一件事，你不知道，大概也不會相信。我們六十年來在台灣讀的課本只有一套標準教科書，而這套標準教科書是蔣幫集團用來將台灣人民洗腦及呆奴化所特意製作的。所以我們這一代台灣人民所知道的，都僅是蔣幫政權特意要說給台灣人民聽的。至於事實，台灣人民是一概不知的。」

Harman：「難道你們都沒有其他不同書籍或資料可以看嗎？」

洪阿土：「被發現藏有不同書籍或資料，有五十年都是要被蔣幫政權以叛國罪處死的，怎麼可能會有其他資料？甚至連講出與教科書內容不同的話，人都會失蹤呢！」

Harman：「竟有這種事！」

姜經理：「是眞的！」

林課長：「是眞的，我們以前都是這樣經歷過來的。」

Harman：「好吧！那我簡單講一下這段眞實歷史給你們聽。蔣氏父子當年被中國共產黨追打，逃亡到台灣占地稱王，其實是三百年前歷史的重演。三百年前鄭成功父子也是被清廷追打，逃亡到台灣占地稱王。所不同的是，蔣氏父子是靠與美國勾結，偷得台灣。而鄭氏父子原是海盜，則是靠自己打敗當時也是強占一部分台灣的荷蘭人，建立東都王國，自稱東都王。哪裡有什麼反清復明之事。」

洪阿土：「Harman先生，蔣幫壓霸集團早就利用標準教科書，硬把滿清據台時台灣人民爲求自立而抗清的活動說成是反清復明；更把1895年的『台灣民主國』建國說成抗日護清；還把所有台灣抗日活動都僞造連結牽到中國；更可惡的是，在蔣幫侵台後，更把蔣渭水先生爲抗日建國所組的『台灣民眾黨』黨員逮捕虐殺，以完全消滅台灣意識。以上種種篡改台灣歷史、僞造台灣歷史的手段，都是蔣幫壓霸集團呆奴化台灣人民，在台灣煉製『台灣受虐症候群』精神之毒的第一步啊！」

姜經理：「但是，大部分的台灣人民都是漢人總沒錯吧？」

Harman：「你又錯了！」

林課長：「怎麼可能？」

Harman：「我看過一份西南太平洋族群DNA與HLA(人類淋巴球抗原)報告，林媽利醫師等多人做過相同研究， 台灣人民不論是河洛語系或客家語系幾乎全是南島語族DNA特徵。且河洛語系台灣人與客家語系台灣人在體質DNA上並無差異，只是因引進漢文化對象不同而語音有別而已，這和中國客家人與中國河洛人間有體質基因差異是不同的。你們是應稱爲台灣平地族人。事實上，就民族血緣上來講，台灣平地住民有漢人血緣的不到百分之一，而這不到百分之一有漢人血緣的台灣住民所擁有的漢人血緣也不到百分之一，所以台灣住民，不論河洛語系或客家語系，都只是漢化了的台灣平地原住民。其實，在尚未看過DNA分析報告前，我即已知你們台灣人民是自成一族的。」

姜經理：「眞的嗎？」

Harman：「我因業務的關係，中國、台灣兩地跑，初到台灣，我即看出你們台灣人民與中國人不同。」

林課長：「是呀！我們自小即可一眼辨識出百分之九十九以上的中國人。」

Harman：「林課長，你知道最大差別在哪裡嗎？」

林課長：「不知道耶！就是看得出不同，但說不上來。」

Harman：「是眼睛與臉型，尤其眼睛的眼皮最明顯。」

姜經理：「眼皮？」

Harman：「是的，台灣人民很少看到單眼皮的。」

姜經理：「不對，台灣人民大都是單眼皮的。」

Harman：「你仔細張大眼睛再抬頭照鏡子看看，你們是非典型雙眼皮，是內雙眼皮或是不同程度的隱藏性雙眼皮。」

林課長：「是喔！姜經理，我一直以爲你是單眼皮，你是隱藏性雙眼皮。」

姜經理：「林課長，你也是內雙眼皮，只要你張眼抬頭，就可看出來了。」

陳廠長：「是沒錯啦！台灣『有唐山公，無唐山嬤』是幾百年來流傳的諺語。但民族與國家認同沒有直接的關係。現代化的國家都是以國家認同爲國民要件。」

Harman：「你說得很對。剛剛是在談歷史眞相時才談到民族的。重要的是，不論是國家認同或民族事實，你們都無知得奇怪。」

洪阿土：「Harman先生，你這樣講很傷人。正確的說法應該是『被騙得糊裡糊塗的』才對。」

Harman：「對不起，我正是這個意思。」

姜經理：「你們兩人都說得對，台灣人民是被騙成無知了。」

Harman：「其實，你們若曾理性地思考過，應該早就知道你們台灣人並非漢人，是台灣平地原住民；是受被僞造的歷史所蒙騙了。」

姜經理：「怎麼講？」

Harman：「你們想想看：在1661年，荷蘭人據台末期在台灣的調查統計，台灣的平地原住民就已有六十五萬人，漢人才三千二百人而已。漢人都聚居交通、交易便利之處，所調查出的數目應較準確；平地原住民則散居全台灣，在四百多年前缺乏方便的陸地運輸工具之情況下做調查，較易有所遺漏，所以確實的台灣平地原住民應該是七十萬人至八十萬人。台灣在荷蘭人做完人口調查後，隨即爲鄭氏所占領，海面則有清朝政府封鎖。鄭氏侵台時帶來三萬七千漢人，病死六千人。二十年後滿清政府占領台灣，又把鄭氏帶來台灣的漢人及所生後代共四萬二千人驅趕回中國，連墳墓都挖走。甚至只要與漢人沾上一點邊，都會被趕到中國。滿清政府一共從台灣趕走十多萬人。隨後滿清政府又禁止漢人移居台灣達兩百多年。所以，台灣人民只不過接受了漢文化，接受了漢人姓氏、文化和傳統而已。漢化了的被清廷稱爲民，未漢化的被清廷稱爲番。」

洪阿土：「因爲原始的台灣史料六十年來都成了禁書或被銷毀，我們能讀到的書籍、文獻都是被僞造過的，所以我們根本就不知道這段眞實歷史。不過，我早就一直懷疑台灣人民多是漢人移民後代的眞實性。因爲我們小時候聽老一輩都稱中國人或漢人爲唐山人，根本視中國人或漢人爲異族。另外，河洛語系的台灣人祖籍多依姓氏記爲泉州、漳州或鄰近少數鄉里；客家語系也僅記載兩三處祖籍，這幾個少數地方怎麼可能來了大量移民呢？即使把這幾個地方的人全搬來台灣，也不可能有這麼多人。何況在中國這幾個地方也從未見有人口大量外移的記錄。而且，在三百多年前就已有七十萬至八十萬人的台灣平地住民又到哪裡去了？所以，我早就不相信這些蔣幫壓霸集團的鬼話了。」

林課長：「但是看看美國，美國不是移民多過原住民了嗎？」

洪阿土：「美國的情形和台灣完全不一樣，美國原本地廣人稀，英國則地狹人稠。所以原先英國是有計劃的大量移民美國，後來又加入了很多世界各國人士的移居。台灣情況則相反，中國地廣而台灣狹小，台灣可耕地在相對上更是較少的。加上中國小老百姓並無堅固大船，又黑水溝(台灣海峽中)海流險惡，渡海失敗而喪命海中的比率很高，所以不會有(歷史上也從未有)計劃性的移民。來到台灣的一些少數漢人，都是因逃避迫害或追殺，才會冒著生命危險渡海而來。所以，漢人在三百多年前能成功上岸定居台灣的，有三千二百人已算很多了。」

姜經理：「聽洪先生這樣一分析，我才眞的恍然大悟。」

林課長：「今天我才曉得我的無知，眞是悲哀。」

Harman：「還有一點時間，我再講一件不可思議的事。請問，中國是不是所謂『中華民國』的敵人。」

林課長：「李前總統已取消動員戡亂時期的法條，應該不算是了吧！」

姜經理：「但是，中國一直放話說要武力解放台灣，而且瞄準台灣的數百顆飛彈還不斷在增加。應該說是『台灣不把中國當敵人，但中國一直把台灣當敵人』才對。」

林課長：「對！對！所以應該算是敵對狀態。」

Harman：「哪請問，在敵人面前降下國旗是不是投降？」

林課長：「是呀！」

Harman：「哪在非被迫情況下，以自由意志向敵人投降是不是叛國？」

林課長：「當然是叛國了！」

Harman：「哪台灣的立法委員在立法院，於中國官員面前拆下國旗丟在地上，爲什麼沒有任何人逮捕這個叛國現行犯或加以制止？更不見任何檢察官加以起訴？」

洪阿土：「那是因爲台灣的司法系統原來是中國國民黨開的一大缸黑墨汁，現在雖然已漸漸加入不少清水，但要看見它澄清，還需一段時日才能夠顯現。」

Harman：「好吧！那爲何台北市政府舉辦亞洲盃女子足球賽時，自動降下『國旗』，還禁止帽子或衣服有『國旗』圖樣的人進入觀賽？連政府也把國家丟掉了？也叛逃了？」

林課長：「馬英九市長說，那是奧運規定的。」

Harman：「奧運規定的？你們台灣人民理性認知的能力到哪裡去了？第一，奧林匹克委員會是在中國脅迫下羞辱在台灣的所謂中華民國，是規定台灣代表隊在奧林匹克運動會不能用那面假國旗當國旗，不能用那首假國歌當國歌。亞洲盃女子足球賽並非奧運，何來奧運規定？第二，即使是奧運會，也只規定台灣代表隊在奧運會內，不能用那面假國旗與那首假國歌。奧林匹克委員會還沒可惡到敢禁止在你們國家自己土地上的會場外，使用任何國旗或國歌。因爲會場外是你們自己的國家呀！第三，奧運委員會也不敢規定進入奧運會場觀眾的服飾不可有何圖樣，何況是一個你們自辦的亞洲盃女子足球賽。這全是你們拿別人的屎尿往自己身上淋的。奧委會是有違公義，但並沒有那麼混蛋。」

洪阿土：「Harman先生，我不同意你的說法，那面國旗並不是中華民國國旗，更不是台灣國旗。應該說是『馬英九那群患了重中國躁鬱症的人，拿別人的糞尿往他們自己身上淋』才對。那是他們自己珍愛的『國旗』。」

Harman：「對不起，洪先生，你們一直把『中華民國』和台灣混淆在一起，使得我有時也把『來台中國人』與『台灣人』說錯了。對不起！」

姜經理：「我以前是有聽說過『在台灣所謂的中華民國國旗是假的，所謂的國歌也是假的』。是蔣幫集團用來騙台灣人民的。我仍一直沒去相信。現在聽你們一說，才恍然大悟。原來『青天白日滿地紅旗』只是他們用來欺壓人民的假招牌。他們只是叫別的人民必須珍愛、尊敬國旗，他們自己根本就棄如糞土。所以他們大膽地羞辱所謂的『國旗』，自己一點也不覺丟臉了。」

洪阿土：「就如假國歌一樣。姜經理，記得你以前也是中國國民黨的活躍黨員，你記得中國國民黨唱過國歌嗎？」

姜經理：「對呀，中國國民黨黨內從未唱過國歌，都是大叫『唱黨歌』。原來他們叫人民唱他們的黨歌為國歌，只是在消遣人民。他們自己根本不在意什麼國旗、國歌的。」

Harman：「對不起，講到這裡，我又覺得好笑。這些中國來的移民，既然自己不承認是華裔移民的台灣人，怎麼常常在台灣發言，要把台灣給中國？他們既然不自認是台灣人，怎麼有權利把別人的台灣，主張要給另一批的他人呢？這就像是，我不是姜經理你的家人，我強占你家一個房間，但我主張『姜經理你的房子要登記給林課長』一樣。」

姜經理：「不對，這更壓霸呢！即使Harman先生你是我的家人，你要把我房子給林課長，怎麼可以不先跟我商量？不先徵求我的同意呢？這到哪裡都是不合法的！」

Harman：「所以囉！想到這裡，我就覺得好笑！」

洪阿土：「這也是台灣受虐症候群之一啊！」

Harman：「我不懂的是，現在台灣這麼開放，這麼民主、自由，雖然全體人民都有被洗腦過，但總會逐漸清醒的。這些中國國民黨特權份子，爲什麼不趁早承認在國旗、國歌及台灣的歷史上做假，早日讓台灣人民知道『台灣人民本質上是眞正的台灣平地原住民』之眞相，將台灣正名，和台灣人民共同決定實在的國旗與國歌；早日在心靈上認定自己是已移民台灣的台灣人。不然，如果現在仍死不承認，將來全體台灣人民都腦子清楚了，他們哪有臉再住在台灣。就說現在好了，現在他們仍不承認已是移民的台灣人，說什麼『是中國人、也是中華民國人、也是台灣人』這種不三不四的話。哪一國人就是哪一國人嘛！連小學生都應該懂的。有誰說他是英國人，也是美國人的。他們像現在這樣，不願回中國去當中國人，又不願當個道地的台灣人，這在心理上多難過啊！難怪他們看起來都有躁鬱症與精神分裂症的複雜精神問題。如果是我自己處在這種心理衝突下，我肯定瘋掉。」

洪阿土：「其實他們這群自以爲是『在台灣當中國貴族』的人士，本身也是受害者。他們和台灣人民一樣都歷經過奴化的洗腦，所不同的是他們是被奴化成家奴罷了。」

Harman：「但是，現在他們可自己選擇恢復自由之身啊！雖然台灣的民進黨在執政，民進黨人所擔任的只是一些政務官而已，大部分的政治資源仍在他們手上，這時正是他們自己選擇恢復自由之身的大好時機。不論選擇回去中國當一個眞正的中國人，或是在台灣落地生根，成爲一個華裔台灣人，會有任何困難嗎？」

洪阿土：「主要是因爲大部分中國移民被家奴化了，蔣幫特權份子近六十年來，在這些中國來之移民的內心埋下了躁鬱和狂傲的心魔，再加上澈底消滅了台灣固有優良文化，以及損毀了台灣民眾的歷史根基與心靈尊嚴，使大多數中國移民的內心深處，隱含著『成爲華裔台灣人有貶低自己的感覺』。這種躁鬱、狂傲的心理，加上貶低台灣人的偏差心態，從根本上阻礙了中國移民落地生根、在台灣安身立命、認同這塊土地的心路。另一方面，今日在台灣的中國移民，多已是第二代、第三代，中國對他們而言，僅是虛幻的海市蜃樓，只是不自覺地拿來虛張家奴化心靈的聲勢，又哪能眞正回身去當中國人呢？」

Harman：「所以，就心靈上來講，大多數的中國移民和大多數台灣民眾，是一樣的悲哀了？」

洪阿土：「是的。只是這些大多數的中國移民，也和台灣民眾一樣，因爲被奴化已進入第二代和第三代，已習慣成自然，對『被奴化』的底細渾然不覺。」

Harman：「人必須能自我瞭解，才能自我救贖。一個人若沒能看清自己心靈上的病原，要求療癒康復，何其困難啊！」

洪阿土：「這就是陰狠下的絕世悲慘啊！」

第 22 章

台灣人民的兩難 (2004)

2004年2月

洪全示：「陳水扁和呂秀蓮的連任競選就要到了。最近我三餐一直食不知味。」

曾阿淡：「我知道。不希望陳、呂續任台灣總統、副總統，更不願連、宋當選。是這種兩難在折磨，對吧！」

李繼宗：「怎麼會不希望陳、呂連任呢？」

曾吉木：「看看這近四年，民進黨執政團隊眞正爲台灣這塊土地與人民做了什麼？」

李繼宗：「那是因爲中國國民黨壓霸集團在立法院仍是多數，且所有事務官仍是舊人員、舊心態、舊思維。民進黨執政團隊每要施展作爲，就被惡意扯後腿，當然事倍功半了。」

曾阿淡：「但是，已經近四年了，民進黨團隊裡面，竟然沒有一個人能看清，爲何一個壓霸集團，在今日這麼開放與民主化的台灣，仍能從人民手中騙得在立法院的多數席位？」

曾吉木：「是『台灣受虐症候群』在作祟啊！」

洪阿土：「台灣人民想要自救，基本上必須要全體多數台灣民眾的心靈，早日從『台灣受虐症候群』中康復。這種心理疾病要眞正的康復，則必須從恢復台灣人民心靈與人格的尊嚴開始。要恢復台灣人民的尊嚴，則必須從還原歷史眞相、重建台灣固有傳統文化與台灣民眾的理性思考能力做起。這些眞正根本而重要的工作，不但李登輝主政十二年未做，陳、呂近四年來更是一事無成。如果陳水扁以及這些民進黨的聞達人士能多清醒一些，利用執政之便，早日溫和地重建台灣文化價値；還原歷史眞相；從社會與學校教育中催醒台灣人民理性思考的能力，進而逐漸恢復台灣人民的心靈與人格的尊嚴，必能加速台灣人民從『台灣受虐症候群』這種心理殘疾中康復。而這方面的作爲，受到蔣幫特權集團遺留勢力的阻礙也會較小，可以展現魄力爲之。在『台灣受虐症候群』繼續延燒的今天，仍只知一味地浪費時間與精力在註定徒勞無功的政治角力，眞是可悲！」

曾阿淡：「可恨的是，這些民進黨的聞達之士，非但沒有在重建台灣文化價値上出過一點力，還隨同躁鬱的蔣幫集團遺留勢力，一起在羞辱台灣文化而不自知。」

洪阿土：「是呀！就連最輕易可做的『彙整現在台灣語言漢文字』一事都沒做，還跟著別人把台灣語文亂寫一通，自己繼續貶抑已幾乎被蔣幫集團消滅的今日台灣文化。把『歪搞』寫成『歪哥』；把『沒啥麼』寫成『無蝦米』；把『敢有影』寫成『甘有影』；把『相摮』寫成『相拱』；把

『乎焦啦』寫成『呼乾啦』；把『拍拚』寫成『打拚』；把『嬪」寫成『水』；把『翁婿』寫成『尪婿』；把『囥佇佗位』寫成『放置多位』；把『掠狂』寫成『抓狂』。幫助在台灣的壓霸勢力打擊自己的文化而不自知。我們這些才疏學淺的村夫，都還懂一點台灣語言的漢文，這些聞達之士卻這麼無知，更是可悲！」

洪全示：「我覺得是可恨，我眞想踢每位民進黨聞達之士的屁股，那些壓霸特權勢力，對內不知羞恥地自稱中國國民黨，面對台灣民眾，再以簡稱國民黨催眠台灣民眾。就和『對內是他們的黨歌，對外是別人的國歌』一樣。而這些民進黨聞達之士，還跟著國民黨、國民黨地叫著。也跟著稱中國爲大陸；稱兩國爲兩岸；更還外省、本省地叫著，眞是不三不四的大呆奴。」

曾吉木：「這些聞達之士，都是從呆奴化的標準教科書教育中，埋頭用功，才能脫穎而出的，這方面當然無知了。無知之人，當然會做出可恨之事。」

曾阿淡：「可是，若是我們同年齡以上的人，總記得台灣原本到處有『漢學堂』吧！自己無知，不會請教懂漢文的耆儒啊？台灣各角落還有不少懂漢文的耆儒，現在不搶救，再過幾年，現在台灣語言的漢文恐將眞的被蔣幫集團所滅絕了。到時，台灣文化尊嚴亦將無從拾回了。」

李繼宗：「阿土，我們都是同年齡，而且是一起上學讀書的，你怎麼懂這些台灣語言的漢文字？」

曾阿淡：「我們小時候偶爾會替老一輩的跑腿、送信，看過他們用漢文寫的便條和信件。雖然時間久遠，記得的已不多，但至少我們知道，台灣語文(包括河洛語和客語)原是很優美的。就連通俗話也是留有最多漢文的語言。就拿最簡單的「你、我、他」來說，這些是由北方土音俗造的字。漢語原是『汝、吾、伊』，就是台灣語言現用的原音字。」

洪全示：「其實，任何語言與文字沒有一成不變的，都會隨著時間而逐漸變遷。我們原本不必計較語言文字的消長，能學習其他語言與文化也是好事。只是人類歷史上，還未見像蔣幫集團這種壓霸無道的狠毒陰謀，用武力消滅別人較優秀的語文和文化，並將之呆奴化，之後再藉以譏貶，以逞其永保尊榮的狂妄野心。」

洪阿土：「奴化的『台灣受虐症候群』已是事實的結果，所以要使台灣民眾能從已奴化的『台灣受虐症候群』心靈殘疾中康復，唯有儘速經由重拾台灣文化、更正歷史的眞相，進而重建台灣人民心靈上的尊嚴，再加上恢復台灣人民理性邏輯思考的能力。要使多數台灣人民從『台灣受虐症候群』的心靈殘疾中康復，才能指日可待。不思從這些根本做起，以先排除『台灣受虐症候群』的毒害，只沉迷追求政治上的成就，就如不先打好地基，就在空地上蓋起樓房，只要一有地震或風吹雨打，不倒塌才怪。」

李繼宗：「只是，這得要這些台灣聞達之士能早日清醒，推動起來才有力量與功效啊！可是，這些台灣聞達之士，看起來不像有能早日完全清醒的樣子。怎麼辦？」

洪阿土：「怎麼辦？我們辦啊！」

洪全示：「我們辦？二、三十年來，我們這幾個鄉野村夫，不是一直在試圖帶動周遭的親友，拾回台灣眞實歷史、維護台灣文化本質、重建台灣人民的心靈尊嚴與台灣民眾理性邏輯思考的能力嗎？我們這些人在社會上有如螻蟻，努力的成效也如螻蟻。」

曾阿淡：「如螻蟻的成效也是成效。先聚砂，再加鋼筋水泥才能成塔。像我們在付出這種螻蟻之力的人，台灣必定到處多有，只是常被無意間踩死罷了。」

曾吉木：「眞是悲哀，我們這些鄉野村夫看得清楚明白，這些台灣聞達人士卻懵懂無知。」

李繼宗：「難道這些台灣聞達人士之中，沒有人能看得出來，台灣民主化已十年，而台灣人民自救之路之所以仍困難重重，都是『台灣受虐症候群』的延燒在作祟？」

洪全示：「這些台灣聞達人士怎能看得清楚呢？他們之所以能聞達，仍是多數從蔣幫集團設計的洗腦訓化中脫穎而出的，不受『台灣受虐症候群』的影響也難。看他們在民主自救奮鬥中一路走來，不全都僅是在致力於追求政治上的成就嗎？」

李繼宗：「是沒錯啦！但是，若不在政治上求得一點成就，又哪有力量進行台灣人民的自救呢？」

曾吉木：「但是，在這些人獲得一些政治成就之後，卻迷失在政治成就的追求之中，所以更不容易清明了。」

曾阿淡：「這些聞達之士，還是難脫『台灣受虐症候群』的毒害。」

李繼宗：「所以我猜，陳、呂應無連任的機會。」

曾吉木：「不，陳、呂再次當選的機會應該有百分之五十。」

洪阿土：「我的看法和阿木相同。因爲這些蔣幫壓霸集團的遺留勢力，對『台灣受虐症候群』的呆奴化台灣民眾，信心滿滿；加上2000年連、宋選票加起來遠遠超過陳水扁的選票，他們並不擔心2004年的總統大選，他們以爲穩操勝算，所以委由患有權力飢渴症的交際女人——陳文茜，及一些躁鬱症的既得利益者，對台灣隨便謾罵、羞辱。並未眞正全力用下心機，醜化陳水扁與民進黨的效果不會太明顯的。而在陳水扁與民進黨這方面，雖然有點得意忘形，但比起中國國民黨舊官僚，仍是和人民親近多了。雖然仍無法擺脫『台灣受虐症候群』的心靈之毒，但是，親切感仍會表現在選票的支持上。」

曾阿淡：「還有，這些蔣幫壓霸集團的遺留勢力，根本忘了連戰當年所得選票，其實大都是看在李登輝的面子投下去的。這些選票，今年多數應會轉給陳水扁。」

李繼宗：「但是別忘了，有不少台灣人民對陳、呂和民進黨近四年來的表現失望，他們有可能不會出來投票。」

曾吉木：「所以陳、呂能當選連任的機會，才只有與連、宋相當。」

李繼宗：「那我更吃不下飯了，我不願看到連、宋這些中國國民黨壓霸特權遺留勢力在台灣主政。但是，若陳、呂再當選，執政團隊更會得意忘形；民進黨內，因民進黨的成就而更加自我膨脹的人必會更多，過度自我膨脹的人不會信服他人，更會喪失成人之美的情操。前四年主要是躁鬱的舊特權勢力在扯前腿。若陳、呂連任，必會加上更多所謂的自己人在扯後腿了。」

洪全示：「更糟的是，2000年陳水扁當選總統，那些中國壓霸特權遺留勢力認爲只是意外，就已有嚴重躁鬱症了，今年陳水扁若再連任，被蔣幫特權集團家奴化的人必惡化爲重躁鬱症與精神分裂症的複雜情結；而瞭解蔣幫集團奴化台灣陰謀和過程的蔣幫傳人則會更用心操弄『台灣受虐症候群』使之烈焰燃燒。再配上部分民進黨聞達人士的膨脹、忘形和自扯後腿。我敢說，若民進黨再執政四年，台灣自救之路，以及台灣人民想從『台灣受虐症候群』中康復，都會倒退至少十年。」

曾吉木：「但也不能眼看連、宋在台灣執政啊！」

李繼宗：「所以我才會食不知味、食不下嚥。」

第23章

台灣佛教界的
台灣受虐症候群

2004年3月9日，惟覺和尚在他那金碧輝煌如宮殿般的中台禪寺爲連、宋造勢，他帶領信眾反扁、反公投。

(2005年7月，惟覺更在那超級豪華、以佛寺爲名的宮殿裡，勾結南投縣政府水利工程技士林學徽，硬將用於灌溉、排水雙功能的國有重要水利保育區土地，僞稱爲廢水區。即使在農田水利會漁池工作站人員提出糾正時，仍大膽出具僞造證明，惟覺「和尚」順利將此國有的水利要地變更爲專用區，以供其開發利用，完全不顧上、下游幾萬公頃土地和無數人民的安全與生計。事後因造成災害而被舉發，但受到地檢署起訴的卻只有被指使、被收買的林學徽，主謀惟覺「和尚」和整個中台禪寺卻能運用權勢靠山，免於被司法追訴。)

李繼宗：「蔣幫集團的奴化台灣人民(家奴化中國裔移民，呆奴化台灣本地民眾)，連宗教也畸形了。」

曾吉木：「兩蔣時代，在所謂黨國的恐怖統治下，宗教爲了生存，不得不爲其黨國服務，四、五十年下來，久了成習慣，習慣成自然，成自然以後就積重難返了。」

洪全示：「不過，有些基督教會似乎少受影響。」

洪阿土：「那些基督教會都是與國際有接軌的，早年台灣因受蔣幫集團無道剝削與無情欺壓而民不聊生時，基督教會就做了不少由國際提供的接濟與人道救援工作，台灣的基督教會大多長期受國際教會關注，蔣幫集團較不敢明目張膽操弄，所以能維持在高度自主性。天主教雖也是國際性宗教，但有政治性的傳統，則一直與蔣幫集團保持妥協性默契。」

李繼宗：「在台灣有廣大信徒的佛、道兩教，其主事者不是從『台灣受虐症候群』中坐收漁利，就是難脫其害。道教因都混雜民間信仰，不必評析了。今天，台灣雖已朝民主化與國家正常化走了十年，仍難見眞正清淨的佛教團體。」

曾阿淡：「是有啦！眞正清淨的佛教團體，在台灣不見聞達罷了。」

李繼宗：「哈！在台灣能聞達的佛教團體，就是那兩位政治和尚所擁有的了。」

洪全示：「不就是惟覺和尙的中台禪寺和星雲大師的佛光山。」

李繼宗：「那位所謂的星雲大師，有一次在電視轉播上大言：『整個佛光山都是我個人的。但是，我慈悲爲懷，我整個奉獻出來給佛教徒眾使用。』在『台灣受虐症候群』的毒害下，這樣的說詞眞是冠冕堂皇，還得到多數人的欽敬。其實，稍微有點佛學根基的人都知道，任何眞正的出家修行者，都不會說出『整個都是我個人的』這樣的貪痴話來，因爲佛教入門基礎是首要摒除『家私』的念頭，何況星雲畢生接受供養，怎會說出『整個佛光山都是我個人的』這樣的話來？還自稱大師呢！」

曾吉木：「星雲幾十年都是中國國民黨御用的中央委員，長久以來，一直效忠中國國民黨的壓霸黨國。你忘了嗎？阿宗，你對他的要求未免太高了。」

李繼宗：「我知道，但大多數佛教徒大概都不知道。」

洪全示：「有一次，我隨景仰佛光山的朋友一起到佛光山朝拜，驚嘆佛光山的華麗莊嚴建築。因已近午，就想在佛光山用齋，進入餐廳，迎面而來的尼姑，竟然高聲問道：『你們是要捐多少膳德？』我朋友答道：「我們是想來用齋飯的，等用過飯，我們必會盡力奉獻。」該尼姑說：「不行，要先捐膳德才能用餐，因爲我們會依德捐多寡，供應不同的齋飯。」我一聽此言，嚇了一跳。自稱佛門大師，待人言行竟先以財富多寡衡量？我常隨友人到台南縣柳營鄉的一處「佛山」附近健行，順道參訪(柳營佛山寺是一處朝山人眾多的小寺院)。中午時候固定在該「柳營佛山」休息、用餐，進入餐廳，遇到的只有招呼，從未有人提問，只要坐下，即有供膳。食量大的來客，就任意、自動去多取飯菜，每次吃得津津有味，也不知不覺中同享佛家眾生同濟的大愛情懷。在柳營佛山雖未聽佛法大理，每次下山來，都有如心靈受過一次佛心、人性的洗滌，身心清爽。今日在佛光山，感受到的卻如一陣酸雨，全身痛癢。」

洪全示：「『星雲大師』在台灣受盡台灣人的優裕供養，錦衣玉食之餘，從未見星雲大師和他的佛光山對釋迦牟尼佛的教義精神有何貢獻；在那豪華富麗的殿宇之外，也未見對台灣及台灣人民有任何慈悲心願。反而是把從台灣取得的大量財富，轉移至中國和美國，利用來堆砌星雲個人的聲勢。1940年代末期，所謂的「星雲大師」逃中國之難來到台灣，依附蔣幫壓霸集團而坐大；自己在台灣坐大之後，見到中國又開始壯大，於是就再笑帶台灣呆奴的大筆供奉投靠中國，在嚴密管控宗教活動的中國，再次展現他那精巧的政治手腕，再度於中國取得了宗教界的優勢，實現星雲那『獨尊』的佛霸痴心。也算是佛教界的能人異士了。」

洪阿土：「自釋迦牟尼創建佛教以來，從未見佛門大師曝露浮華痴心，自建豪華寺院的。歷史上的莊嚴大佛寺，都是由虔誠信徒發願集資興建；或由王公貴族設立，再奉迎所敬仰的佛門大師進住。如星雲、惟覺般的私募善款，自建豪華寺院傲人，眞是令人驚奇。」

李繼宗：「我在《臺灣時報》看到的一則新聞是：佛光山成立之後，把山邊的一條農民耕作所必經的既成道路封死，不讓附近農民通行。農民乞求無效，爲了生計只好訴之法院，幾經訴訟，佛光山敗訴，法院判決確定，命令佛光山(當時住持仍是星雲)拆除路障。法院強制令下來，佛光山不得不拆除路障，但卻在山路上傾倒和尚、尼姑的糞尿，讓過路人難堪。」

曾阿淡：「報紙登的不一定是眞相。阿宗，你怎知這事不是《臺灣時報》做假，或只是道聽塗說？假新聞在台灣已見怪不怪。」

李繼宗：「我當然懂得理性思考與明辨。在《臺灣時報》刊出此事的隔日，星雲發動大批信徒去包圍《臺灣時報》示威抗議，他們抗議的內容是『台灣時報侮辱佛教，羞辱佛光山與信徒』，並沒有一個佛光山人或信徒敢說《臺灣時報》有錯誤報導，或是報導內容有哪一句話並非事實。若報導有偏離事實，這些人早就要求更正內容了，還會立即上法院提告呢！他們上法院的次數已不少，有差這一次嗎？」

洪全示：「佛光山的星雲與中台禪寺的惟覺，都是自命爲『正宗佛教大師』，也都是和尚、尼姑混居寺內，膽大突破佛修規矩的始作俑者。金氏世界紀錄也許是因爲無法分辨誰是原創者，所以並未頒給這兩位『大師』破世界紀錄的證明。」

李繼宗：「其實，惟覺對星雲是不遑多讓的。兩人均是依附壓霸特權壯大自己。壯大以後，星雲把信徒供養視爲私產，供塑自己的名位，並將之移往國外釣譽；在台灣卑視小民，封阻小農維生通道，還用糞尿臭人。惟覺也是發揚蔣幫集團呆奴化台灣的技巧，收受龐大的台灣社會奉獻資源，打造猶勝宮殿的華麗寺院，一面享受養生，一面傲誇宗教界；誘導年輕學子與家人決裂到中台禪寺出家，輕視其家人爲凡夫俗子，拒不安排見面。以佛性與出世爲名，拆散別人家庭來自豪，使其家人痛不欲生，就是不見惟覺有一點點憐憫之情。俗人不爲，『大師』卻做得冠冕堂皇。中台禪寺更加出名了，還以在台灣收受的民眾善款，供奉他那對台灣虎視眈眈的中國老哥。

洪全示：「可笑的是，他在寺院內，對著媒體大反公投，公投是直接民權，是眞正的民主政治，代議政治只是民主政治變通的方便方法。他自命爲佛門大師，卻帶領徒眾反公投，眞是佛門之奇恥大辱。」

曾阿淡：「最可笑的是，惟覺說他反對陳水扁的理由是，陳水扁主政近四年來造成台灣民不聊生。若台灣眞的民不聊生，民眾哪來的錢財供他揮霍在那金碧輝煌的宮殿裡，還能讓他跟一些忘本之徒一樣，從台灣挖走大量財富，到那每天高喊要『武力犯台』的中國去求榮。要不是他們這些欺台僞君子借勢揮霍台灣人民的血汗錢，以台灣人民的勤奮，日子當然可以過得更好了。」

李繼宗：「惟覺與星雲是宗教界操弄『台灣受虐症候群』而逐利的大派閥。」

洪全示：「慈濟的證嚴法師就比較像個出家人了，她生活清淡，衣著行車無華、精舍樸素。哪像惟覺，自己住在金碧輝煌猶勝宮殿的寺院，錦衣美食，眾人服侍，卻口嘆民不聊生。要不是『台灣受虐症候群』在作祟，他哪能如此得盡便宜還賣乖？」

李繼宗：「我同意證嚴法師在台灣是一個較像樣的出家人。但是，在我看來，仍只是五十步與百步之差別。」

曾阿淡：「怎麼阿宗你會有這種感慨？」

李繼宗：「你們靜心看一下慈濟會，加掛個功德之名，吸引了多少純樸台灣信眾奉獻，她卻用企業化加以經營。」

曾阿淡：「企業化的行銷管理，可提高效率啊！」

李繼宗：「可是重效率會磨損純眞的心靈，失去了純眞的心靈就與佛理教化背道而馳了。例如，慈濟會以捐獻或募捐的多寡，賜以信徒不同的官階名位，這不是出家人應有的作爲。這樣造就了信徒虛榮心，也造就了信徒的弱肉強食的競爭評比心。競爭與比較會激發原始的貪與痴；而瞋則是由貪與痴相加乘所惡化而來。發展慈濟會勢力和功利的效率是提高了，但卻將信徒的心靈默默推往貪與痴，甚至瞋的淵藪，非出家人或修行人所應爲。」

洪全示：「有這種事啊？我每次看到台灣地區有災變、急難時，慈濟會適時出力救助時，都會受感動而臨時劃撥向慈濟捐獻，因未曾參與他們的工作，我不知道有這種事。」

李繼宗：「阿示你說到了重點，慈濟會在台灣的急難救助，確實有不少功勞，但這也是企業式經營所喜好的重點。突發災變與急難正是新聞聚焦的所在，名與譽的回報效果最佳。」

曾阿淡：「但你也不能因爲新聞聚焦而叫他們不去做啊！」

李繼宗：「當然不是，我們仍然必須欽敬慈濟所做的功德。只是，慈濟會聚集了台灣社會的龐大資源，到世界各地偏遠窮困地區，出錢蓋學校、設收容所。慈濟會在國際聲望是建立了，但他們有像外國教會一樣，在台灣爲孤苦無依的人設立收容所與長期照護了嗎？爲什麼沒有？因爲設立收容所和長期照護是須眞心付出龐大的長遠心力，但其新聞聚焦效果僅和急難救助是相同的，事件之後即少再引來注目，他們認爲不符企業經營的效利原則。」

洪全示：「講到這方面，我較不能理解的是，慈濟會不眞心在台灣爲貧弱族群付出也就罷了，還拿大量的台灣資源去中國，替中國偏遠窮困地區蓋學校和收容之家。這些本來是中國政府必須做的。現在好了，有了從慈濟來的台灣資源為中國付出，中國政府正好省下這些錢，多製造幾百顆飛彈對準台灣，天天威脅要用武力攻打台灣，更有餘力在國際上打壓台灣、羞辱台灣。慈濟會用的是台灣人民的血汗錢，良心上對得起台灣人民嗎？」

李繼宗：「記得有次在選舉前不久，民進黨主要幹部數人和證嚴上人約好時間，要前往拜會請益。民進黨這些主要幹部，於約定時間準時到達證嚴居所大門外等候，不見有人理會。幾經設法聯絡後，才有人告知，謂『證嚴是出家人，不過問俗政，不宜接見從政人員，來客請回』。隔天證嚴上人卻親迎吳伯雄率領的中國國民黨黨政要員。事後才知，原來中國國民黨獲悉民進黨主要幹部約好要請益證嚴『上人』，吳伯雄與中國國民黨黨政要員，認為這是個上媒體造勢的機會，又可藉以拉攏慈濟會人心，遂硬要搶得此利勢。至於故意讓民進黨主要幹部枯等以加羞辱，不知是證嚴上人屈服於中國國民黨壓霸勢力施壓的結果，還是證嚴自己要對中國國民黨壓霸勢力諂媚、交心？外人就無從得知了？」

洪全示：「應該是二者都有吧！」

曾吉木：「如果證嚴只是屈服於壓霸勢力的壓迫，大可明白向民進黨的主要幹部解釋，何必不理不睬，又不事先取消約會，逕自毀約拒人於外？還說什麼「不過問俗政，不宜接見從政人員」。再隨即奉迎中國國民黨的黨政要員。此種口是心非、言行不一的做法，正派俗人亦不為，何況是一個稱為上人的出家法師？」

洪阿土：「證嚴法師是土生土長的本土佛教門人，自然難脫『台灣受虐症候群』的毒害，所以也不必對她有特別的期待與要求。就看本土演藝人員，遭受五十年的打壓和歧視；黃俊雄家族的雲州大儒俠布袋戲被禁，斷了家族正旺的事業；以及一貫道的被以邪教罪名追剿，不都是無辜地遭受無情迫害。看看今日，他們卻都是賣力出頭，向蔣幫壓霸特權遺留勢力交心的效命者。這都是『台灣受虐症候群』的延燒。證嚴與這些人比較起來，心靈上的病情，也不算太重了。」

李繼宗：「可是證嚴是被奉爲『上人』，是吸收了大量台灣社會資源的本土宗教領袖，理應受到台灣人民較大的期待，理應有較高的自覺。」

洪阿土：「『上人』也是人。我們寧願把慈濟會看成也是佛教界的『台灣受虐症候群』受害者；而惟覺和星雲則是佛教界的『台灣受虐症候群』操弄者。」

曾阿淡：「是啊！『台灣受虐症候群』的毒害是全面性的，宗教界哪能特別倖免？只是，這些民進黨聞達人士，實在愧對全體台灣人民。已執政近四年，全不思拾回台灣眞正的歷史；重建台灣人民的心靈尊嚴，只知用心於徒勞無功的政治角力，實在可惜。」

李繼宗：「不但拾回台灣歷史、文化與重建台灣人民理性思考能力的教育未做，連彙整現在台灣語言漢文字的工作都沒做，也沒邀請過清明的近代史學者做還原歷史眞相的工作，放任『台灣受虐症候群』繼續烈焰延燒台灣。這些民進黨聞達人士眞是台灣罪人。若陳、呂當選連任，再這樣下去，這些民進黨的台灣聞達人士，非但愧對台灣這塊土地與人民，更會害死他們自己。」

第 24 章

陳水扁在槍擊中死裡逃生，再遭惡毒消費

2004年3月19日下午，陳、呂在台南市遊街做競選總統拜票時，突遭槍擊，陳水扁腹壁受傷，呂秀蓮膝蓋受傷，送奇美醫院治療。陳水扁總統原以為只是受到鞭炮炸傷，還自己走進醫院；呂秀蓮副總統則因膝蓋受傷需人扶持。經醫師檢查後，才知是受到槍擊。

2004年3月20日下午四點，總統大選開始開票，台灣各電視台發瘋似的私做開票競賽，尤其占大多數的蔣幫家奴化電視台，狂妄地往連、宋灌票，偽造連、宋遙遙領先的假象。等真實票數結果統計出來之後，連、宋敗北，引發全民愕然。

洪全示：「這次陳、呂當選連任，台灣註定躲不過再一次『台灣受虐症候群』的火上添油了。」

李繼宗：「1988年李登輝依法繼任台灣總統，已有一些蔣幫壓霸集團遺留特權勢力恨得牙癢癢的，引發了嚴重『中

國躁鬱症』。2000年陳水扁當選總統，就再由這些嚴重『中國躁鬱症』的特權勢力激化了一些被家奴化的華裔移民和台灣假中國人的嚴重躁鬱症。不過，過去四年來，這些得了『中國躁鬱症』的華裔移民、假中國人，還是對2004年的台灣總統大選充滿信心。因爲他們認爲只要守住2000年的連、宋總票數即穩可再掌台灣政權。而患『中國躁鬱症』的蔣幫壓霸集團遺留特權勢力也未全力操弄『台灣受虐症候群』，僅驅使一些馬前卒謾罵和叫衰民進黨執政的台灣。現在陳、呂代表的民進黨又再度讓他們意外拿到執政權，這些人不引發更嚴重的『重躁鬱症』才怪！他們今後必會全力操弄『台灣受虐症候群』，在台灣人民原有的心靈病態上再下毒，就如火上添油。台灣眞是劫數難逃。」

曾吉木：「還有，319槍擊案也必會成爲他們用來造謠、打擊的工具。」

曾阿淡：「更糟的是，320開票當晚，各蔣幫家奴化電視台，肆無忌憚地競相往連、宋灌假票。蔣幫壓霸特權的遺留勢力、被家奴化的華裔移民和假中國人等，從穩操勝算的沸騰心境中，在眞實票數公布後，突然降到零度以下，多數人必難忍受這種心理上的180度扭曲，原本若已具高侵略性的人，只要『中國躁鬱症』者輕輕挑撥，必然狂亂。台灣的苦難有得受了。」

連、宋以二萬多票之差再度敗給陳水扁。連、宋試圖掙扎要推翻民主選舉的結果，號召了患有「中國躁鬱症」蔣幫壓霸集團遺留的特權勢力、家奴化的華裔移民以及一些高侵略性的台灣假中國人，聚集景福門周圍，重現2000年總統選舉後的群眾抗議場面，馬英九市長也一樣恣意協助違法集會，後來不顧法令，配合補件。但此次人數更多，持續更久(七日)，情況更危急，因爲中國國民黨連、宋陣營，這時更誘使部分也患了「中國躁鬱症」的軍人起而抗爭，企圖推翻民主選舉結果。

這些蔣幫壓霸集團遺留的特權勢力份子，首先以家奴化電視台做開票轉播的灌票報導爲依據，指控選舉「作票」。但每個人都心知肚明，選舉時的買票與作票，是中國國民黨的專利伎倆，他們也自覺似乎騙不了民眾，沒法做爲激起群眾強力抗爭的口號理由。於是，他們改將319槍擊事件說成陳水扁自導自演，以「影響選情」做爲抗爭的口號訴求。

就在連、宋不甘選輸而耍賴吵鬧時，華人明星演員陳港生(成龍)在中國上海口出狂言：「台灣的這次總統選舉是一場笑話。」

李繼宗：「戲子成龍(陳港生)眞是賤得可以，爲了在中國發展，竟跑到中國的上海去羞辱台灣的民主選舉，以和連、宋壓霸特權份子的不甘認輸相呼應。」

洪全示：「阿宗，你這個賤字還形容得不夠，成龍就如一個由環境變遷得利的暴發戶，你期望他有何文明言行？當然，在名、利襯托下，成龍一向包裝漂亮，但仍會常常露出本質的醜態。例如前一陣子就爲了他那因得名利而自大，到處玩弄憨呆女人的野種豬行爲，也是說出『我成龍只不過犯了全天下男人都會犯的錯而已』這樣的話來。成龍爲了把自己的下賤合理化，竟狂妄到先罵盡天下男人都這樣下賤，再解釋自己也是男人，所以同樣下賤也是應該的。在我看來，成龍不只賤，更是混蛋。就和在台灣的中國壓霸集團一樣，先把自己的惡形惡狀用來汙衊別人，一方面可抹黑別人，同時藉以掩飾內心的自慚形穢，再裝出一派光鮮亮麗的高傲姿態，吸引一群粉絲(fans)的欽羨。繼續得意地搜刮名利。所以，成龍和在台灣的蔣幫壓霸集團完全是同型人物，物以類聚乃是本性。」

曾吉木：「其實只要回看一下成龍的成長與發跡過程，大家就不會對他這種人有任何期待了。成龍自幼生活在英國殖民統治之下，慣於看主人嘴臉以自保的生活模式。從出生到今，成龍從未接受過現代化的民主教育，從未有過民主生活的陶冶或嚮往；除了名利，並無人文修養和心靈尊嚴。對於這樣的人有這樣的言行，何足奇怪？」

由於「台灣受虐症候群」的延燒，加上部分民進黨聞達人士並未完全褪去呆奴化的毒害，並未展現有力的反擊。即使在陳水扁說出：「你們如果堅持319槍擊案是我自導自演，那好，就請連、宋兩人坐上同型車，同樣以每小時三十至四十公里速度行進。你們自己去聘請世界級的神槍手；使用最精準的手槍和子彈；不必使用槍擊本人的土製手槍與土製子彈，若能打中兩人而未死亡或殘廢，本人立即辭去總統之職；若未打中或你們不敢如此做，就請不要再說『319槍擊案是陳水扁自導自演』這樣荒謬的話了。」又在連、宋集團的提議下，請來連、宋競選總統的美洲後援會會長——世界聞名的刑事鑑定專家李昌鈺來做調查，李昌鈺也不得不肯定地說出「319槍擊案不可能自導自演」的老實話之後，這批人在「台灣受虐症候群」的掩護下，還是不停以「319槍擊案是自導自演」來試圖把台灣澈底敗衰，完全一付「我得不到的，就要把它砸爛」的壓霸心態。

李繼宗：「台灣又多了一項世界奇蹟，在這一次總統大選開票裡，竟有90%的電視報導，把敗選的連、宋選票灌水灌到遙遙領先的程度。我眞奇怪，金氏世界紀錄爲何沒把這項奇蹟列入？」

洪阿土：「金氏世界紀錄有一個原則，就是不把造假事件列入。」

李繼宗：「這些電視台未免太膽大妄爲了。這種事若發生在正常國家，這些電視台若不出來道歉並嚴懲新聞部門，不關門大吉才怪。因爲肯定沒人再收看他們的電視節目。」

曾吉木：「這些都是蔣幫壓霸集團家奴化的電視台，事先他們必然都已盤算過了。首先，他們認定以2000年連、宋的得票數加起來，連、宋必然當選；且他們也有連、宋非當選不可的想法，所以就大膽地瘋狂往連、宋灌票，衝高電視台的收視率及聲勢。萬一連、宋敗選(雖然他們認爲不可能)，則正好製造一個選舉造假的藉口，用來號召已家奴化的群眾出來抗爭，他們可趁勢試圖推翻民主選舉的結果。是一刀兩刃啊！」

李繼宗：「他們不怕電視台因此毀於一旦啊？」

曾阿淡：「他們才有恃無恐呢！這些家奴化電視台，都是由蔣幫壓霸集團遺留勢力所支撐，他們深知蔣幫集團呆奴化台灣人民的過程，知道台灣民眾已進入『自然型呆奴』的階段，『台灣受虐症候群』已病入膏肓，他們何懼之有？」

洪全示：「但是，即使如此，要說選舉造假才使得連、宋敗選也未免太誇張了吧！有誰不知道買票、作票、灌票等選舉作假的伎倆，是中國國民黨的專利做法？連被他們家奴化了的群眾也不會相信吧！」

曾吉木：「所以囉！他們很快發覺不對，但既已提出來，又難以吞回去，所以就改說交由司法途徑解決。」

李繼宗：「雖然法院還算是中國國民黨開的，但選票的印製、運送和監選工作已大有改進，且完全公開化，這種全民注目的事，我看法院也硬拗不過來的。」

曾吉木：「所以囉！他們就改而緊咬319槍擊案是自導自演做藉口。」

李繼宗：「歇斯底里的中國國民黨壓霸集團，竟僞造一個所謂的奇美小護士，交由利用乳房交際、因權位飢渴而妒恨台灣人、丟盡女人顏面的陳文茜，用來發洩陳水扁沒給她機會攀附的恨意，藉以汙衊319槍擊案，並羞辱台灣人民的理性思考能力。」

洪阿土：「最可惡的是奇美醫院院長詹啓賢，他在蔣幫壓霸集團的利誘下，竟然以含糊其辭來幫襯似是而非的僞證，完全不顧319當天全力救治陳水扁和呂秀蓮的院內醫護同仁的感受，當天參與醫療的二、三十位醫護人員竟被影射爲僞造醫療紀錄。尤其自己的院長竟放任壓霸集團對自己院內同仁的惡意質疑。這些辛苦的醫護人員眞是情何以堪。」

洪全示：「可是319槍擊案怎麼可能自導自演呢？這樣自導自演等於自殺嘛！若要自導自演，必定要在站立不動時上演，且要用世界上最精準的槍技和子彈，才能有較大的機率傷到身體而不致命。以每小時三十至四十公里的速度移動，使用的是土製手槍和子彈，能打到的機率就已不高，還能算準打到哪裡啊？」

曾阿淡：「所以陳水扁就說了，連、宋若敢照樣演練一次，台灣總統就讓他當。」

曾吉木：「就連照他們的意思請來的國際知名刑案調查專家李昌鈺，都不敢說『這有自導自演的可能』。李昌鈺還是連、宋美洲後援會的會長呢！」

李繼宗：「陳水扁總統起初以為是被鞭炮炸傷而已，還自己走進醫院急診室呢！經醫師檢查，才知道原來是受到槍擊。」

洪全示：「可是，這些都沒用，這些蔣幫壓霸集團的遺留勢力，還是瘋狂地操弄319槍擊案，不推翻民主選舉結果，誓不罷休。」

洪阿土：「那是因為：首先，蔣幫壓霸集團遺留的特權勢力明白『台灣受虐症候群』的毒性，知道台灣民眾是可操弄的。另外，由於陳水扁的二次當選，使在台灣自以為是中國貴族的他們完全不能接受，他們已由『中國躁鬱症』惡化成『重躁鬱症』所致。」

李繼宗：「那陳水扁連任後第二個四年總統任期中，他的日子有得瞧了。這些蔣幫壓霸集團遺留的特權勢力，不會再像前四年般輕鬆謾罵了，他們必會精心操作，全心利用

『台灣受虐症候群』之毒，鬥臭陳水扁，鬥垮民進黨，這些台灣聞達人士，不死也只剩半條命。」

洪全示：「我認爲陳水扁和這些民進黨聞達人士將是自作自受。2000年他們執政時，早該戰戰兢兢地擔負起全體台灣人民的託付，卻不思謙卑奉獻，有的自我膨脹；有的迷失於政治權謀；有的不滿足現有名位而暗自妒恨。這般的台灣聞達人士，未來四年逐漸被鬥臭、鬥垮也是活該！」

洪阿土：「他們完全沒意識到，陳水扁的兩次當選台灣總統，以及這些民進黨聞達人士的政治斬獲，並不是由於『台灣受虐症候群』有在退燒，更不是由於陳水扁或這些民進黨聞達人士的言、德、行眞使台灣人民感動。純是因爲蔣幫集團的壓霸、殘暴惡行讓台灣人民印象深刻，以及一些保留有心靈尊嚴的台灣人士無奈之必然選擇。」

李繼宗：「可是，這些所謂的台灣聞達人士，在民主自救的奮鬥過程中，挺他們成就的是這些保持部分清明的台灣民眾，而他們在成就的過程中也帶來名利，名利薰了心。他們即使被鬥臭、鬥垮是活該，但繼續苦難的卻是台灣這塊土地和人民啊！這些人士既已聞達，再怎麼樣也不會與台灣這塊土地和人民同苦難了。」

洪阿土：「令人更扼腕的是，這些所謂的台灣聞達人士，竟然沒有一個人能多清醒一點。四年來沒能好好利用執政之便，從事挽救『台灣受虐症候群』的基礎工作。不論是恢復台灣固有文化、還原歷史眞相、重建台灣民眾的理性思考教育等，一事未做。現在，蔣幫壓霸政權的遺留特權勢力，會更精心、全力操弄『台灣受虐症候群』了。未來四年，『台灣受虐症候群』恐怕只會更惡化了。」

曾阿淡：「就拿李登輝時代就已計劃的教育改革來說，由李遠哲任召集人，仍只對學校教育結構和升學方式做調整。對於重整理性、客觀的思考能力；重建台灣主體性與台灣文化、還原歷史眞相等，不是未考慮進去，就是沒眞正用心，粗糙爲之。」

曾吉木：「可笑的是，就這種輕易、表淺的教育改革，仍引來多數教師和學生家長的反彈與抗議。教師反彈的是，沒有標準教科書讓他們無所適從、改變教學方式使他們不適應新的課程，增加負擔。學生家長抗議的是，沒了標準教科書，一綱多本，爲了學生能在考試中搶得最好成績，家長可能需要每本都買，增加經濟支出；也抱怨沒標準教科書就沒標準答案，說學生將無所適從。」

曾阿淡：「早在五十多年前，蔣中正、蔣經國父子著手澈底呆奴化台灣人民時，即以學校教育爲首要。先是以恐怖、高壓的武力手段，訓練、管控全台一言堂，將教師呆奴化，不被呆奴化的教師，重的是被槍決、監禁，輕的被迫離職，留下來的就全呆奴化了。第二代教師是第一代呆奴化教師訓化出來的，加上自幼耳濡目染，以爲教育該然如此。現在已延續至第三代教師，更已習慣成自然。教育界在『台灣受虐症候群』的呆奴化中，是最嚴重的一環，也是今日台灣人民呆奴化之所以這麼澈底的根本關鍵。」

洪全示：「可是現在已二十一世紀，台灣都已經這麼開放、這麼民主化，各種奇怪的言論無忌四散，他們還不能知覺所謂『標準教科書』是專制政權要將人民呆奴化才會有的工具嗎？除了極端未開發的壓霸政權國家，有哪個國家有強制的所謂標準教科書？標準教科書只有壓霸政權要將人民洗腦成呆奴時所使用。只要是會理性思考的人都知道，如果教師是照著書本原封不動地教，知識的獲取何必在學校呢？隨時隨地都可讀書。學校教師的功能，主要是教導學生理性思考和明辨是非的能力，藉以活用知識。所以教室的主要功用不是在唸書，而是教室有教師讓學生能獲得釋疑和解惑；教師也有責任諮詢每位學生的認知是否正確與合理。這是普世的教育價值。」

曾吉木：「蔣中正、蔣經國父子之所以特意設計單一的標準教科書做爲洗腦學子的工具，就是要利用學校和教師做爲家奴化華裔移民和呆奴化台灣人民的場所，禁止質疑；消磨理性思考的能力，以遂其長保做爲『神化偉人』和擁有『壓霸特權』的狂妄野心。」

洪阿土：「唉！如果全體台灣的教育界能有此認知，哪會有今天的『台灣受虐症候群』還在烈焰延燒，台灣早得救了。」

李繼宗：「已呆奴化的教師，早對呆奴化的教育習慣成自然，連本應是正當的教育理念和理性的邏輯思考，對他們來講都成了極大的負擔，故而排斥。長期墮落於呆奴和成爲呆奴化下一代的工具，自然連學習新知也覺得是莫大的負擔而抗議。」

洪全示：「我曉得啦！我只是感嘆，爲何教育界見不到幾個清明人士？」

曾阿淡：「教育界的清明人士是有的，而且還可能有不少。只是教育界是『台灣受虐症候群』中呆奴化最嚴重的一環，這些清明教師全被踩得死死的，喘氣都已困難，哪有他們發揮作用的餘地。」

第 25 章

教育界重症
台灣受虐症候群

洪阿土：「教育界是台灣人民的各種悲哀中最悲慘和根深的一環。看看2002年7月29日全國師範學院聯合舉辦學士後國小師資班入學考試的公民科試題，有一題題目是：『下列四位縣長候選人所提政見，哪個不是合理可行？(A)張三說要爭取中央經費補助；(B)李四說要徵收地方觀光稅；(C)王五說要促成獨立建國；(D)陳六說要發放老人年金。』訂下的標準答案說是(C)要促成獨立建國。」

曾阿淡：「這是全國師範學院聯合招生的試題？」

洪阿土：「是的。」

曾吉木：「哈！這種考題本身就已十足呆奴化了，想不到標準答案更呆奴化！出這題目的『教授』若不是已惡化成『重躁鬱症』的原『中國躁鬱症』患者，就是重症呆奴化的高侵略性台灣假中國人。」

李繼宗：「出現了這樣的試題，難道沒有一位考生或任何一位全國師範學院的教師出來抗議或責罵？」

洪阿土：「沒有，一個都沒有。不過，倒有一位也是大學教授的李筱峰在《自由時報》上爲文批評。主辦此次試務的屏東師範學院竟回應說：『據該題原命題教授說明：命題意旨在測試考生對中央與地方權限劃分之瞭解而已』。」

曾吉木：「越描越黑了，眞是無可救藥。首先，相信百分之九十九以上的全體台灣住民都認爲，不論稱台灣或侵略者中華民國，都是一個主權獨立的國家吧！不合理嗎？如果是在說：要促成台灣正名；台灣要國家正常化，只要大多數台灣人民清醒、贊成，又哪裡不合理可行了？」

李繼宗：「但是，『台灣獨立』已經成爲全面性的呆奴化用語，也難怪呆奴化的教授會拿來引用。」

曾吉木：「好吧，就放掉呆奴化用語不說。按照民主制度，獨立建國是要經直接民權的公民投票或是間接民權的國會依法定程序通過。若是公投，縣長可發動連署及鼓勵縣民踴躍支持，每一票都可能成爲促成的關鍵票。若是由國會決議，縣長可遊說縣籍國會議員支持。縣長以此當政見之一，有何不可？有哪裡不是合理可行了？不論是合不合理或可不可行，有哪一點和中央與地方之權限劃分扯上關係了？何況題目中並沒有提及中央與地方之權限。眞是『此地無銀三百兩』。」

洪阿土：「不過，既然呆奴化的試題已擺在眼前，正確答案應該是(B)李四說要徵收地方觀光稅。不是大家都在鼓勵休閒旅遊嗎？怎麼要徵地方觀光稅？」

洪全示：「也許出題者會硬拗說：『爲了增加地方財政收入，或是某些風景區遊客太多，有破壞環境和生態的憂慮，還可以價制量。』」

洪阿土：「那也講不通。地方觀光稅怎麼徵收？依行爲徵收嗎？那是不是要恢復五十年前的情況，一個人出去走走，必須報備及申請放行路條，不然怎麼徵收觀光稅？若是依地點徵收費用，那也是設路障、收門票，有哪裡跟稅務扯上關係了？」

曾阿淡：「眞是十足呆奴的教授；十足呆奴的試題；十足呆奴的標準答案。又是一個『台灣受虐症候群』的大笑話。」

李繼宗：「這還是全國師範學院聯合招生的試題呢！五十年前蔣家父子以槍炮武力這般訓化台灣的教育界，製造了『台灣受虐症候群』。現在已進入了二十一世紀，嚴重型的呆奴教師，還在繼續把這新一代的教師訓化成呆奴教師，要繼續摧殘台灣繼起的幼苗。而已執政的陳水扁和所有民進黨聞達人士，竟無一有警覺，仍在今日沉迷於政治角力和權位。眞是台灣的罪人；台灣人的另一項悲哀。」

第26章

邱小妹人球事件，馬腳踢人球，人球撞傷醫師

(2005)

2005年1月10日凌晨，四歲的邱小妹遭父親家暴，頭部重創，送台北市立仁愛醫院急診。急診室值班醫師經詳細檢查後，發現是嚴重腦部挫傷、顱內出血，急診醫師電話通知在樓上值班的神經外科代理總醫師林致男。林致男醫師一聽是嚴重腦挫傷、顱內出血，必須立即手術搶救，他只是個住院醫師，根本無法勝任這種手術，立即請急診室通報緊急應變中心，趕快轉院搶救。

仁愛醫院連絡緊急應變中心，要求病房通報系統給予有能力做緊急開顱手術且有加護病床可用醫院之資訊，以便立即轉院搶救邱小妹。原來台北市政府所稱的緊急應變中心並沒有眞的設置，只是一隻轉接電話。接電話的人答覆：所謂台北市政府有病房通報系統，就是病房通報系統幫你們打電話一家一家地向各醫院詢問，看有無可收容的病床，緊急應變中心現在就開始替你們查問。

台北市緊急應變中心自凌晨二時十四分至五時，僅連絡

十二家醫院，花了近三小時。五時過後，通知仁愛醫院急診室，將邱小妹轉送一百五十公里外的台中縣梧棲鎮的童綜合醫院。

消息傳開，群情譁然。蔣幫壓霸集團的報紙與電視竟訓練有素地齊聲歸罪仁愛醫院的林致男醫師，罵他沒醫德、見死不救，以轉移馬英九、葉金川等人虛設緊急應變中心，又僞造病房通報系統，延誤轉院救人的罪責。

李繼宗：「『台灣受虐症候群』眞是嚴重，馬英九、葉金川兩人以類似SARS時擺爛和平醫院的手法，這次是擺爛仁愛醫院，害死了邱小妹，卻仍能利用家奴化電視和報紙，隨手抓取代罪羔羊，將馬英九再次由一個殘酷的殺手，成功化裝得像是仁義英雄。而多數台灣人民仍被耍得團團轉。」

洪全示：「有什麼辦法呢？李登輝主政十二年，大部分心力只放在推動台灣的民主化；而陳水扁主政五年，這些民進黨聞達人士也只專心於徒勞的政治角力，完全放任『台灣受虐症候群』的延燒。白白浪費本可早日挽救台灣人民被殘害心靈的寶貴十七年。不但這些人將自食其果，也連帶拖累台灣人民，使台灣人民失去早日擺脫『台灣受虐症候群』的心靈摧殘之機會。」

洪阿土：「其實，1月10日凌晨，林致男住院醫師在樓上値班，接受急診室醫師通知邱小妹之傷勢時，因急診醫師已確定診斷，時間緊急，而他本人和當時仁愛醫院都無能力做適當搶救，必須越快轉院越好，當然立即電話中回覆『儘快轉院搶救』。若如蔣幫集團家奴化的報紙和電視所言，林醫師眞得等到走下來重新檢查後再轉院，那眞會被追究延誤轉院搶救的治療時機。急診醫師已詳細檢查並做出正確診斷，眞不知爲何家奴化報紙、電視卻以『林致男醫師未浪費時間來重複檢視病人』爲由，硬入林醫師的罪？」

李繼宗：「這是馬英九那幫人的一貫伎倆，醜事穿幫後所造成的大傷害，當然須找人來接受懲罰。有代罪者，他們才能厚顏避責；他們又可藉機扮演『替民眾主持公道』的英雄。殺人不必償命，又可宰羔羊來慶功。這就是馬英九引以爲傲的不沾鍋魔法。」

曾阿淡：「那是因爲馬英九和宋楚瑜一樣，都是蔣幫壓霸集團奴化台灣的武功祕笈之嫡傳子弟，深諳『台灣受虐症候群』的毒性和『自然型呆奴』的形成。他們知道現時的台灣人民的可操弄性，而且精於操弄的技巧。陳水扁帶領民進黨執政的前四年，因爲他們完全沒意識到2004年陳水扁有再連任的可能，所以未盡全力專心操弄『台灣受虐症候群』。現在已是第二任期，蔣幫壓霸集團已部分成歇斯底里病，部分則已全力投入操弄『台灣受虐症候群』。民進黨聞達人士則還輕浮於執政的得意，完全不知要小心翼翼地應付挑戰，加上疏於重建台灣人民心靈上的尊嚴，在此情形下，使台灣人民更易於接受『台灣受虐症候群』的操弄。這些民進黨聞達人士會害慘自己，更繼續害苦台灣人民。」

洪阿土：「其實，只要稍懂理性邏輯思考的人，就不會受馬英九、葉金川、張珩等人及家奴化媒體的蒙蔽了。就報導所描述的情形看來，從急診室的醫師迅速做出正確診斷，到神經外科值班醫師接獲通知，知道仁愛醫院沒能力處理此傷患，做出立即轉院搶救的指示，都是確實而有效率的作爲。是接下來才出亂子的。」

曾吉木：「是呀！因爲仁愛醫院急診室醫護人員，不知台北市政府的緊急應變中心是虛設的，也沒有馬英九(市長)、葉金川(副市長)、張珩(衛生局長)所誇口的病房通報系統，所以就連絡所謂的假緊急應變中心。想不到台北市政府的所謂緊急應變中心和病房通報系統竟然只是一隻轉接電話而已，這樣就敢到處膨風而害死人，眞比白賊七還可惡。」

洪全示：「馬英九和葉金假造病房通報系統，所以當接到仁愛醫院求助時，只能由所謂的緊急應變中心，打電話一家一家問了。」

李繼宗：「可是，台北市緊急應變的責任醫院有二十三家，當天凌晨二點十四分至五點整，緊急應變中心僅打過電話給十二家醫院，就花了近三個小時。而且還只詢問有無神經外科加護病房的空床。像這種嚴重腦挫傷，應是先問有無能力立即做緊急手術，至於加護病房則無論小兒加護病房或不分科加護病房都可先挪用。而當時有能力立即做腦外傷緊急手術的醫院，在台北市就有小兒外科加護病房五張空床及二十張不分科加護病房空床，竟然都沒能派上用場。」

曾阿淡：「花了近三小時，僅問過二十三家醫院中的十二家，主要是因爲所謂的台北市政府緊急應變中心是虛設來唬人的，根本不當一回事。且病房通報系統根本連虛設都沒有。會花了近三小時只問過十二家醫院，是因爲電話經過轉接，接電話的人由所在地趕到辦公室就花了二個小時！至於只詢問有無神經外科加護病房的可用空床，則是因爲該人員只是來充數的，並非訓練有素的醫護人員。」

洪阿土：「其實，只要馬英九、葉金川等人不要虛設緊急應變中心，仁愛醫院急診室就會自己查詢有能力接手搶救邱小妹的醫院，那一切就沒事了。所有醫院遇到重大傷患應付不來時，不是都這樣處理的嗎？仁愛醫院急診室是以爲有較高效率的緊急應變中心和病房通報系統，才會出了這麼大的紕漏而害死邱小妹。」

曾吉木：「會發生這樣大的紕漏，可追溯到SARS事件，已從台北市衛生局長離職的葉金川，藉機表演一場救火英雄的戲，馬英九瞭然葉金川有爲他裝飾門面的能耐和效忠的嘴臉，很快起用葉金川爲副市長。葉金川立即與衛生局長張珩向馬英九獻計，虛設緊急應變中心；再僞造病房通報系統，用來裝飾馬英九有做事能力和關心台北市民的假象門面，從此就更得馬英九歡心了。」

李繼宗：「可是，他們既然已經做了門面，爲什麼不把事情眞的做了呢？認眞做一個緊急應變處理中心和病房通報系統有那麼困難嗎？」

曾吉木：「你以爲他們這幾人眞有做事能力？眞有關切百姓之心嗎？馬英九是特權集團養大的，是養尊處優的阿舍子；而葉金川則只是會在『糞土之牆』上面糊壁紙。你哪能眞的期待什麼。」

洪全示：「馬英九也眞紈褲得漂亮，他於1月17日晚間到沙鹿童綜合醫院探視邱小妹表示關懷。還在記者會硬要擠出眼淚失敗後，拿出手帕擦鼻子，裝出感同身受的傷心樣子。」

李繼宗：「家奴化的報紙和電視倒是配合得很好，竟自加旁白：『馬英九哭了，爲邱小妹哭了，馬英九數度擦拭眼淚』。我的一個朋友是現場與馬英九近身的記者，他說：『我根本沒看到有淚水，也未見馬英九有擦過眼睛』。這些報紙和電視也眞是家奴化得夠澈底了。」

洪全示：「最可惡的是，馬英九、葉金川、張珩等人虛設緊急應變中心害死了邱小妹，竟拿已盡責的代理總醫師林致男住院醫師做代罪羔羊，移送中國國民黨開的法院入罪。更可憐的是，林致男醫師在仁愛醫院每個月要連續値班達十五天。名爲仁愛的醫院，卻如此剝削、虐待一個小醫師，也只有這些人做得出來。」

曾阿淡：「不，我覺得最可惡的是台灣醫界，尤其是醫師公會。任何夠格的醫師應該都知道，醫師的責任是做出正確診斷和適當處理。是台北市政府的虛設緊急應變中心和僞造病房通報系統才延誤轉院，怎麼會要一個小住院醫師來負責呢？醫界和醫師公會竟沒有一個人出來抗議或道出眞相，最是呆奴、最是可惡。這些大醫師自己翅膀長硬了，卻坐視如雛鳥的小住院醫師被踩死，眞是狠心。」

曾吉木：「唉！還不是『台灣受虐症候群』的毒害！醫界也難以免疫的！」

李繼宗：「其實，這次邱小妹事件完全是2003年SARS事件，馬英九等人食髓知味的再版。就是利用馬英九身爲台北市長的職權，刻意擺爛台北市，再藉以譏笑台灣人民。」

洪全示：「可是，馬英九等人擺爛台灣，眞的對他們有多大好處嗎？他們還不是生活在台灣嗎？」

李繼宗：「唉！這問題我們在SARS事件時不是早指出了嗎？阿示，你眞以爲馬英九他們有能力、有用心爲台灣著想嗎？馬英九他們長期以來都是特權階級，他們早自信能脫身。SARS事件時，單一個邱淑媞，就有辦法爲自己弄來了一件看起來像太空裝外加防毒面具的無敵裝備，穿在她那自命高貴的身上，他們還怕什麼？台灣的災難向來都是普通台灣民眾在承受。他們強取得到，自是緊抓不放，搶不到的就要砸爛，向來不留餘地給台灣人民。又可利用家奴化的報紙、電視，將他們搞爛的惡果用來汙衊這些民進黨聞達人士。反正在『台灣受虐症候群』毒化下，這些所謂的台灣聞達人士根本無還手之力；台灣人民也沒多少人能看清楚他們的詭計手段，他們才以叫衰台灣而自鳴得意呢！」

曾吉木：「是呀！在家奴化的報紙與電視配合下，馬英九等人的伎倆嘴臉，竟然可以被塑造成好像對邱小妹已仁至義盡的假象。就如SARS事件一樣，馬英九害死了那麼多人，卻還能化裝出慈悲英雄的樣子，也眞是夠高竿的了。」

曾阿淡：「不，不是馬英九他們高竿。是『台灣受虐症候群』之毒太厲害，多數台灣人民已被推入『自然型呆奴』階段，加上民進黨聞達人士的頹廢，才能讓馬英九等人如此順利妄爲。」

李繼宗：「就『反求諸己』的原則來講，這些台灣聞達人士是該每人被打屁股二十大板，是由於他們的頹廢，才讓台灣繼續被軟土深掘；人民繼續被玩弄、被恥笑。」

洪阿土：「又是台灣人民的悲哀啊！」

第27章

醫師公會台灣受虐症候群

2005年3月，台南縣醫師公會改選代表和理、監事，水醫師因見全國醫師公會長久由保守勢力盤據，成了部分醫師爭掛「社會顯達」虛榮的場所。不顧醫師公會對社會和醫師本身的責任，完全無心、無力於提升醫師的社會價質和維護醫師尊嚴，更常常爲了個人的政治利益與社會糾葛，做出傷害醫師形象的舉動。水醫師試圖經由此次幹部改選進入醫師公會奉獻一己之力，以提振醫師公會應有的職責與士氣。水醫師當選公會代表之後，向醫師公會顏理事長探詢參選理事之事。

水醫師：「顏理事長，本人已當選公會代表，要登記參選理事。」

顏理事長：「你不能參選理事。」

水醫師：「我不能參選理事？我參加醫師公會二十多年，從未見有公告醫師公會理、監事選舉一事。請問，本人到底有哪一樣不符參選公會理事資格？」

顏理事長：「醫師公會的理、監事選舉向來不對外公告，不接受報名的。都是由現任理、監事會議列出下屆理、監事候選人名單，選票上只印同額競選的名單，由黨代表大會做個形式上的選舉通過來確認而已。」

水醫師：「有這種事？這樣做合理嗎？合法嗎？全體醫師公會能心安嗎？」

顏理事長：「五十多年來全國醫師公會都是這麼做，有什麼不合理的？有什麼合不合法的？有什麼不能心安的？我今天能有理事長的地位，當初也是費盡心力，以拉攏、說服前任理、監事，才能進入醫師公會的。你一無個人勢力；二未對現任理、監事做過夠誠意的拉攏與交際奉獻，現任理、監事會裡有誰願提名你？提名你一人，就必須從現任理、監事名單中剔除一名。你說，可能嗎？」

水醫師：「這樣啊！我真不敢相信在二十一世紀的今日台灣，台灣人民已自己選舉總統，醫師公會竟然還有這種事。堂堂一個醫師公會，竟然是以兄弟會形態盤據，我今天真是大開眼界。」

顏理事長：「你這樣講我可要不高興了。當初選公會代表時，我們早都已有安排，我們讓你順利當選，也算是對你的尊重了，你不要不知好歹。」

吳總幹事：「醫師公會是大家的，也是人民團體，自有內規，請你不要亂了！對大家都不好。」

水醫師：「我真服了你們！」

醫師公會代表大會正式選舉理、監事時，台南縣社會局依法派有要員現場參與。會前：

水醫師：「請問『長官』，醫師公會理、監事改選，完全由現任理、監事會議同額提名、推薦，不公告受理報名，不讓他人參選，可以嗎？合法嗎？」

社會局要員：「這是你們醫師公會的家務事，你們可以就好了，我們社會局沒意見。」

水醫師：「一般人都知道，任何規定和程序，凡與法律牴觸者無效，你們不知道嗎？」

社會局要員：「我說合法有效，就合法有效。」

水醫師：「現在台南縣不是由民主進步黨執政嗎？沒有任何要進步、要民主化的做法嗎？」

社會局要員：「誰執政都一樣，就是可以這麼做。」

吳總幹事：「水醫師，你也是醫師公會的一員，不要鬧笑話了。」

水醫師：「是我鬧笑話了？如果我的言行被你們認爲是鬧笑話了，我鄭重地道歉，十分對不起！」

顏理事長：「好啦！今天我爲你大開方便之門，現場的公會代表若有人願意選你，你可叫他在空白處塡寫你的名字。對你夠大方了吧！別再不知道好歹。」

水醫師：「謝謝你的好意，我想應該沒有享受這個特別恩賜的必要。我一直淡薄過日，此次純是一時心起，想盡點同是醫師公會一份子的責任，本以爲或許大家只是順其舊然的延續保守，現在我瞭解，你們是樂在其中，是本人想法天眞。看來我並無可爲之力。只是，如果理事長准許，我想以現在會員代表身分發言十分鐘，算是向選我任代表的醫師同仁略盡一點責任。因爲我今後已缺乏足夠心力再過問醫師公會的事，等於將有虧職守，也順可聊表罪己。」

顏理事長：「好吧！那就在會議最後的臨時動議時，讓你講五分鐘。」

水醫師：「謝謝！」

會議臨時動議

水醫師：「各位醫界同仁，醫師被認爲是社會精英，理應維特一定的尊嚴，甚至有帶動風氣的責任。而醫師公會的責任，應盡心維護、提升醫界自身的尊嚴，和對國家、社會的價值。而多年來醫師公會幹部給人的印象，僅是自滿於『社會顯達』的名位，未能表現應有的功能。就連SARS事件期間，台北市政府特意擺爛和平醫院，卻拿仁濟醫院的廖正雄醫師做爲轉移責任焦點的犧牲品；以及邱小妹事件，也由於市長馬英九、副市長葉金川、衛生局長張珩虛設緊急應變中心和病房通報系統，延誤轉院而害死邱小妹，更以住院醫師林致男爲代罪羔羊。都未見醫師公會出面端正視聽，更未聞有一個醫師幹部吭過一聲。對自己人都麻木不仁，更不用說對國家、社會的責任了。究其原因，是盤據全國公會的幹部，都是屈習於蔣幫壓霸集權統治的教化，自滿於既得名位而視爲禁臠。就以我們台南縣公會的此次理、監事選舉爲例，都已是2005年3月，還自己同額提名，更禁止別人參選。這是「民主選舉」嗎？這和中國國民黨以前的壓霸統治有何差別？傳出去不會鬧笑話嗎？誰都知道，任何規定與法律牴觸者無效，何況大家都是醫師身分……」

此時，一位來自學甲的理事——陳醫師突然站起來。

陳理事：「你是什麼東西，我們爲何要在此聽你訓話？我不准你再講下去了。」

另一位來自柳營的理事——蔡醫師也站起來。

蔡理事：「讓你發言是給你一點面子，你不要不知好歹，竟越講越不像話了。」

水醫師：「好吧！不想聽我在此繼續囉唆的同仁請舉手。」

現場有六位舉手，都是現任理事。

水醫師：「眞是抱歉，本人竟然在此浪費各位寶貴的時間，眞是對不起，本人閉嘴了。」

水醫師坐下後，盡責地投完票，起身離去。此時有新營的另一位陳醫師、曾醫師、張醫師、李醫師、六甲的馮醫師、鹽水的翁醫師跟了出來。

新營陳醫師：「水醫師，你剛才怎麼只說『不想聽的代表請舉手』。現場有近百位代表同仁在，你應該再說『想繼續聽下去的請舉手』才對。我相信有多數人希望你繼續講下去。」

水醫師：「眞是抱歉！我是故意的。但我已淡泊於鄉里行醫多年，一直安樂於平實幽居之生活。此次因爲實在看不下去，一時激起衝動之心，還是掙扎許久才毅然挺身的。況且我身體受過傷殘，體力並不甚好，你們若眞有希望我再出來服務之心，是不是也主動提供我一點動力？我可看出，多數同仁甘於順受，如此正可打消我原來的衝動之心。我一人難以獨力撐起大勢的。謝謝你們關心，我走了。」

當開票結果出來，眞有數位公會代表，在選票空白處寫下水醫師的名字，但也是僅有幾位而已，這就是「台灣受虐症候群」在台灣醫界的延燒。

第28章

中國國民黨開始大舉銷贓

變賣國發院附近所搶奪來的土地

由於近年來台灣民間清明人士開始有提出轉型正義的聲音。執政的民進黨人士也斷斷續續地說要追討中國國民黨六十年所強盜、搶占的巨額黨產，中國國民黨內既得利益的特權集團開始有點作賊心虛的不安；加上自從李登輝繼任台灣總統後，由中央政府挹注中國國民黨的贓款逐年減少，民進黨執政後更幾乎斷絕，黨內現金要應付習慣性的揮霍和選舉暗盤開銷，已不再寬裕。狼心假中國人蔡正元與連戰主席商議，順利經中常會同意，決意出脫較大筆的贓物，由國發院所在地的七公頃多土地開始。

2005年4月初

台北市長馬英九：「正元啊！你這次又在施展什麼奸巧的壞心眼了？」

蔡正元：「馬市長口誤了，我一向是使用精明的手段。」

馬英九：「是，是精明的手段。實質意思是一樣啦！所以一時說溜了。」

蔡正元：「黨內可揮霍的現金已不甚充裕，而偶爾聽到要追討我們黨產的聲音也會覺得心煩。應該趁立法院我們還是占多數，而法院也還可說是我們中國國民黨開的之時，先出脫較大筆、且贓物證據確鑿的黨產，一方面可黑錢漂白，另可在黨內避免因見手頭緊縮而人心浮動。」

馬英九：「我知道，可是，怎麼會先賣木柵國發院那片土地呢？那是都市計劃裡的機關用地，哪會有人願意來買？」

蔡正元：「這點我早向連戰及中常委說明過我的巧計，甚得讚賞呢！」

馬英九：「說來聽聽！」

蔡正元：「先由馬市長主導台北市都市發展局做都市計劃變更，將木柵國發院附近那片土地變更爲第三種住宅區。我們再於公開展覽都市計劃變更案的同一天，公告標售土地。」

馬英九：「什麼？你們要當強盜，卻要我在前面開路？」

蔡正元：「不，我們是在幫馬市長銷贓，又順便幫馬市長擺脫強盜罪名的物證。馬市長想想看，連戰已宣布要從黨主席退位，下任黨主席不就是馬市長來當了嗎？」

馬英九：「話雖不錯，但可還不是穩當的。」

蔡正元：「穩當的啦，放眼黨內，可能會出來和馬市長相爭的，也只有王金平了。王金平自以爲黨內有一群本土人士挺他，殊不知道這些黨內的所謂本土人士，都是『食西瓜偎大爿』之高侵略性假中國人。遇到馬市長這位統治階級的正統嫡傳，還會眞心和他站在一起的能剩下幾人？至於我們中國國民黨的本土基層黨員，也多是『台灣受虐症候群』中毒較深的台灣呆奴，馬市長是兩蔣時代『神化偉人』一脈承襲下來的人，他們更少有投給王金平的動力。所以在選黨主席時，馬市長躺著選都可贏王金平。若狠一點，再像對付民進黨一樣，把我們的黑金底子，掀起來往他頭上蓋，說黑金全是王金平過去一手操弄。那王金平不但必定敗選，不死也剩半條命。馬市長還有何疑慮？」

馬英九：「哈！原來你也是明白人！」

蔡正元：「當然囉！不然我以前受李登輝提拔，連戰他老兄怎麼會繼續重用我？」

馬英九：「好吧！可是，單就台北市都市發展局做都市計劃變更的公開展覽，就能出脫這大筆國發院附近的盜來土地嗎？不會這麼容易吧？市政府的公展，在程序上離正式完成變更都市計劃還遙遠得很呢！」

蔡正元：「當然不是這麼簡單。如果眞是這麼簡單，還須我蔡正元親自出馬嗎？」

馬英九「說說看！我在聽。」

蔡正元：「都發局的公展計劃只是預備動作；中國國民黨的公開標售動作也只是障眼法。一大片機關用地怎麼可能賣得出去嘛！硬將都市計劃變更爲住宅區再賣，那太過明目張膽了，手法也太粗糙了。我的辦法是先在台北市都發局公展都市計劃變更案的同一天，中國國民黨同時公告標售國發院黨產。」

馬英九：「等等！那不是『此地無銀三百兩』的司馬昭之心了嗎？會太受矚目了。何況只是公展變更案，離都市計劃審議委員會的確認還遠的呢！這種不確定性，加上必有人抗議和質疑，有誰會拿這麼一大筆金額來冒險？」

蔡正元：「所以囉！這就是我的手法細膩所在。首先兩案同時公告，由馬市長耍特權掩護中國國民黨抬價銷贓的舉動太明顯了，必引來抗議和質疑。但由於不確定性太大，公開招標必會連續流標多次。此時我們就可厚著臉皮回擊：『你們不是指責馬英九市長濫權枉法，圖利、掩護中國國民黨嗎？眞是如此的話，怎會流標這麼多次，中國國民黨哪裡得利了，你們冤枉了好人馬英九。』還可消遣他們一下。指責和質疑的力量就會淡了許多。」

馬英九：「就這樣？那有什麼用處呢？」

蔡正元：「哈！這時好戲就可上場了。就因爲公開標售有了多次流標，我們即可視爲當然地找特定對象私下議價。因爲是『私下』『議價』，所以就可變出奧妙的戲法了。」

馬英九：「我們所養的那些政客，做公共工程的綁標、圍標、拆標來搞政府的錢，不都是類似這種手法？這戲法哪有什麼奧妙之處？」

蔡正元：「馬市長，您怎可拿我和那些粗人比？如果國發院黨產也如他們一樣操作，非砸鍋不可。」

馬英九：「那你有何巧妙戲法？」

蔡正元：「首先，我已有了特定最佳對象，就是元利建設。」

馬英九：「商人之所以能坐大，必然是唯利是圖，元利建設有何不同？」

蔡正元：「我瞭解元利建設的主要經理人和負責人，他們過去的表現甚爲上道，善於以默契協商解決長遠的問題。元利建設是做祕密協定的最佳選擇。」

馬英九：「共產黨以前常說『工人無祖國』，其實是放屁。眞正心中無自己國家的，其實是成功坐大的商人。因爲其唯利是圖所以能坐大，坐大之後更必唯利是圖。元利建設眞會冒險做這個具不確定性的巨額買賣？」

蔡正元：「若是雖有不確定性，但保證沒有需冒的危險呢？」

馬英九：「既有不確定性，怎會沒有危險呢？」

蔡正元：「這就是我戲法巧妙之處了。」

馬英九：「說吧！」

蔡正元：「這片土地有七公頃多，公告地價是五十二億元，就以四十二億五千萬做爲議定的交易價。我們答應自付一部分的土地增值稅——四億二千萬元，再扣除登記時應繳的稅金，中國國民黨很快可有三十六億元左右的進帳。」

馬英九：「什麼？那不是賤價脫手了嗎？公告地價是五十二億元，只實收三十六億元，還要我濫用市長職權變更爲住宅用地？有沒有搞錯啊？」

蔡正元：「眞正巧妙的戲法在後頭呀！」

馬英九：「好吧！說說你所謂眞正巧妙的戲法。」

蔡正元：「這戲法要元利建設肯配合才演得下去。馬市長剛剛就說過，能坐大的商人必定是唯利是圖。所以要元利建設完全配合，必須讓元利建設有利可圖；而元利建設也要認定絕不會吃虧才行。所以我們中國國民黨取得的三十六億元，可以說是先行取得的頭期款。」

馬英九：「可是，元利建設肯冒萬一都市計劃變更不成的風險嗎？」

蔡正元：「在『台灣受虐症候群』的毒化下，有幾個台灣人民沒進入『自然型呆奴』階段？即使民進黨已執政了六年，六年來我們還不是爲所欲爲？」

馬英九：「你也知道『台灣受虐症候群』和『自然型呆奴』啊？」

蔡正元：「當然，我蔡正元可不是普通的台灣人民，我是台灣人民中的中國人。否則我怎麼能、怎麼敢在前幾年把慶豐半導體和阿波羅投信這兩家公司吸乾再放倒。」

馬英九：「我知道！我知道！但是，元利建設不會做最壞的打算嗎？」

蔡正元：「就算做最壞的打算，元利建設還是穩賺不賠。公告地價就有五十二億，即使元利建設將土地讓政府徵收做機關用地，也保證可在五十二億元以上。」

馬英九：「萬一若連由政府收購也遙遙無期呢？」

蔡正元：「元利建設可一點也不擔心這個，他們是已坐大的商人，若這些『萬一』眞的不幸出現，元利建設也可拿出這塊地中的公共用地，先行一點一點的以公告地價充做抵稅土地。元利建設還是不吃虧的。何況都市計劃案內有30%的捐贈地，我們還答應讓元利建設先拿去銀行辦理信託，並設定抵押權呢！」

馬英九：「那我何必再濫用職權，在可能仍會受到指責的情況下，去強行主導變更都市計劃呢？」

蔡正元：「有需要的！難道馬市長甘願就此放棄可能還有的更龐大利益？不論是爲了自己，還是爲了中國國民黨，最好是兩邊兼顧。」

馬英九：「當然不甘願放棄囉。先不談我自己的好處，雖然中國國民黨爲應付選舉的龐大花費及平日運作的開銷，現在需現金孔急，而且這片地也是強搶得來，但還是不甘心。」

蔡正元：「這就對了，所以一定要強行通過都市計劃的變更案。若下任台北市長不是由中國國民黨當選(當然這不可能，以現時我們全力操弄『台灣受虐症候群』的成績看來，是穩當的)，則需在馬市長任內完成；還是由我們的人取得台北市長時，則應選訂最佳時間點來正式完成變更都市計劃。所以我們只提出『估計』兩年內完成都市計劃的變更。但爲了顯示我們的決心，我們答應在台北市都市計劃委員會爲了這個變更案召開專案小組會議後的隔天，才和元利建設正式簽下買賣的契約。」

馬英九：「我知道了，是先讓元利建設明白我們強行通過此都市計劃變更案的決心。但實際完全變更，已是買賣完成後一段時間了。此時若有人指責我們大膽瀆職、圖利，我們可硬拗說都市計劃的變更完全和國發院賣地無關，因爲地早已賣掉了，和中國國民黨早已一點關係也沒有。並以『抹黑』罪名來打擊這些指責我們的人士。」

蔡正元：「馬市長英明。」

馬英九：「少拍馬屁了。這種招式以前我們也常用。可是，以前是家天下的黨國體制，我們慣於大剌剌地直接壓霸橫行。但現在程序上已民主化，加點迂迴工作是應該的。可是你有沒有想過，要是元利建設在都市計劃正式完成變更後，不遵守默契，獨吞了近十倍的龐大利益，那我豈不是白白為別人忙了一場？」

蔡正元：「我在前面就說過了，為什麼是元利建設？因為他們過去的表現一直很上道，知己知彼，善於以默契解決問題而大削橫財。眞正的上道，必清楚利害；也因為清楚利害，才能上道。所以馬市長大可放心。因為不管表相的政治名位如何，只要我們敢、且能將國發院的都市計劃案強行完成變更，即表示我們在政治上的玩弄和司法上的操控，都還壓霸如昔。元利建設的頭頭既是上道的明白人，怎麼敢不照默契回饋呢？」

馬英九：「是不錯，但是我怎可不做最壞的打算呢？」

蔡正元：「我知道，馬市長的意思是說，萬一元利建設有人白目得不像話時要怎麼辦，是吧？」

馬英九：「是呀！」

蔡正元：「那是他自找死路。我說過了，既然我們能、又敢這樣做，將國發院附近土地強行完成都市計劃變更，即表示我們不論在玩弄政治或操控司法方面都得心應手、壓霸如昔。所以，萬一元利建設眞出現有想獨吞的意圖，您只要指示別人提出程序瑕疵，即可推翻既成之定案。這招馬市長以前又不是沒用過。但這只是做最壞的打算，派不上用場的。」

馬英九：「說得好！但是，你知不知道？國發院這片土地裡有不少是1970年代才強行占用的，從來未付過錢，也沒去登記。這些還算是私有地的土地，要如何妥善解決，才不會顯得難看？」

蔡正元：「這個我知道，就把這些還算是私有的土地劃入保護區，保護區是不准開發的，沒價值了。原地主們見到我們吃肉，他們連喝湯的機會都沒有，當然會有陳情動作。可先不予理會，等住宅區的變更正式完成後，再商請元利建設花錢買下這保護區內的私有地。這些花費對整片住宅區的開發而言，僅是九牛之一毛。而且保護區之設置，對住宅區的價值更有大大的加分作用，元利建設不會拒絕的。而這些傻地主一見原本喪失的權益，一下子又獲得救濟了，不高興得感謝『馬恩浩蕩』才怪哩！」

馬英九：「眞有你的，連這招你都算計到，太好了！太妙了！就精明、奸巧和陰狠而言，看來眼前無人能出你之右。我登上黨主席之位後，就把黨產處理問題全權交給你了。」

蔡正元：「多謝『馬主席』看重，我定鞠躬盡瘁。」蔡正元洋洋得意。

馬英九心裡想的是：「你這麼精明、奸巧又陰狠，用來幹些狗屁倒灶的事正是最佳利器。但不會讓你眞正近身的，不防著你行嗎？」

第29章

修平技術學院院長的狗奴才示範教育

2005年6月12日，台中縣修平技術學院舉行畢業典禮，師生唱完所謂的「國歌」並向孫中山遺像行禮後，院長及主任便立即指揮，在全體師生及家長面前將所謂的「國旗」及孫中山遺像拆下，因爲此時有中國山東理工大學來訪人員要進場。

李繼宗：「很奇怪，這些在台灣的所謂教育家，不是一直在教育台灣人民要愛護『國旗』、尊敬孫中山、要替他們反攻中國、消滅萬惡的共匪嗎？現在反而在全體師生和家長面前主動拆掉一直視如祖宗神主牌的『國旗』和孫中山遺像，就只爲了向幾個不共戴天仇敵的小嘍囉乞討歡心，不惜在全校師生面前擺出狗奴才的示範教育。」

洪全示：「也許是在2001年受了蔣幫壓霸集團傳人的吳克清和馬英九之影響，有樣學樣，以爲這是新的教育政策，所以爲之。教育界不是都一直以『遵從上級指示，並揣摩上意』爲職志嗎？」

李繼宗：「那也不太對，馬英九和吳克清等人是蔣幫壓霸集團的最高既得特權者，他們在政治上慣於利用外在敵人打擊內在異己。爲了個人權位，本來就不知羞恥爲何物。這些所謂的教育家，是呆奴化教育的奴才沒錯，但他們還一直裝得一副道貌岸然的表相，再怎麼樣也不應該會主動在全校師生和家長面前，在莊嚴的畢業典禮上，毫無掩飾地表現出澈底的狗奴才行爲。」

曾吉木：「阿宗，你別忘了，自從陳水扁再度意外地連任台灣總統後，不少被蔣幫壓霸集團家奴化的華裔移民已由中國躁鬱症病態惡化成重躁鬱症，他們會做出任何事也都不奇怪了。」

洪阿土：「其實，講句公道話，這部分被家奴化的華裔移民確實比呆奴化的台灣人民還要悲哀。在『台灣受虐症候群』毒化下，台灣人民雖然多數被改造成呆奴，至少有根在台灣，好壞都可甘願受了。但是，這些被改造成家奴的華裔移民，心靈上卻被阻止在台灣落地生根來做一個完全的移民；心理上又無法回去再當中國人。不能或不敢確定自己是誰，這種心靈和心理上的無法自我確認，是極端的精神壓力，難怪一些華裔移民會有躁鬱症心理，其中又有不少已惡化成重躁鬱症，確也可憐。」

李繼宗：「這些有病態中國躁鬱症心理疾病的華裔移民確是可憐。但是，他們的可憐卻正帶給台灣人民更難以救贖的悲哀與羞辱，可不也是造孽嗎？」

洪阿土：「唉！都是『台灣受虐症候群』的毒害。追根究柢，原始造孽者都是蔣幫壓霸集團及其所留下的一些特權接班人。他們看不起別人，不把別人當人看(「我把你們當人看」是這些人常常會脫口而出的狂妄用語)。在把華裔移民家奴化、把台灣人民呆奴化而製造『台灣受虐症候群』時，從不手軟；現在操弄、利用『台灣受虐症候群』之毒，更不遺餘力。歷史上的人魔不少，但未見過如此凶殘惡毒者。」

2005年在台北市舉辦的亞洲滑冰錦標賽、亞洲青年柔道錦標賽、台灣汽車金卡那國際大賽等都是在馬英九市長任內，由台北市教育局體育處主辦的賽事，一律拆下他們所謂的「國旗」，並指揮台灣警察取締帶有國旗圖樣者。自己完全不知尊嚴和羞恥爲何物，更試圖藉以腐蝕台灣人民僅存不多的人格尊嚴和羞恥心。而執政的民進黨聞達人士卻也束手無策，眞的坐視台灣人民的心靈繼續受馬英九等壓霸集團加以腐蝕，枉費台灣清明人士對這些民進黨聞達人士的支持和期待，更加延後了台灣人民心靈康復的希望。

第30章

對內仍在戒嚴的家奴化報紙與電視

2005年10月30日晚間，中國國民黨主席馬英九父親馬鶴凌突然在一名年輕女子——翁惠美家中心臟病發昏迷，由該女子緊急送醫，延至11月1日宣布死亡。

李繼宗：「馬鶴凌在緋聞女友家心臟病發而死，家奴化報紙與電視竟全未如往常的見獵心喜，沒做深入的採訪報導，可見馬英九背後不爲人知的勢力有多大，在家奴化的媒體中，就如戒嚴時期一樣，知道什麼是不該採訪的，不可採訪；不該報導的，不可報導。」

洪全示：「是呀！連我們這些小老百姓都耳熟的事，這些嗜血的家奴化報紙與電視，竟能有默契似地全部噤聲。」

李繼宗：「馬鶴凌和翁惠美的不倫緋聞早在幾年前就傳開了。翁惠美的吳姓丈夫也曾出面指責馬鶴凌毀其婚姻。」

曾吉木：「其實，馬鶴凌另有一『忘年之交』叫陳美琪，當年陳美琪母親過世時，馬鶴凌還以『親人』身分全程送葬哩！」

李繼宗：「以馬鶴凌的年齡而言，多少都會有一點心血管問題，若面對年輕異性執意逞強，服用Viagra類的壯陽藥是合理的推斷，『樂極生悲』倒也不奇怪。我比較驚訝的是，家奴化報紙和電視對於馬英九的卑躬屈膝，竟有點類似當年戒嚴時期對蔣幫壓霸集團的懾服，關於任何有關他們的骯髒齷齪之事，一點也不敢論述或報導。」

洪全示：「我想是因爲他們同是蔣幫壓霸集團遺留的特權份子，在台灣有共同之驕橫心理和既得利益的關係。從李登輝推動台灣民主化以來，這些家奴化報紙和電視不是一直都在爲他們集團掩飾、化裝，並叫衰台灣嗎？尤其在陳水扁當上台灣總統以後，更是無所不用其極。」

李繼宗：「是沒錯啦！但是，自從李登輝推動民主化以來，不少新媒體紛紛成立，帶來競爭局面。各家奴化報紙和電視也各自轉化成嗜血狼群，常見的是聞血腥即瘋狂。若沒有極大的惡勢力鎭懾，哪能抑制得了獵殺的衝動？」

曾吉木：「是呀！就拿2001年12月的璩美鳳性愛光碟事件來說，他們不但同是蔣幫壓霸集團份子，沈嶸更是璩美鳳的好友，璩美鳳更常親密地叫沈野爲沈伯伯。連自以爲是中國高尚貴族的沈野父女，當接到璩美鳳被偷拍的性愛實錄光碟時，都立即毫不猶豫地複製此性愛光碟，將之隨他們發行的獨家報導雜誌對外散布。不惜以腥臭毀滅璩美鳳來炒熱自己的雜誌。以這種性格的蔣幫壓霸集團家奴化媒體而言，會單純爲了『共同的驕橫心理和共同的在台既得利益』而絕對自我抑制？我還是無法完全相信。」

洪阿土：「當然不只是因爲他們集團內的『共同驕橫心理和共同在台既得利益』。但事實上，這也是占了一半的重大因素。另一半原因是，家奴化報紙和電視被一直潛伏在馬英九背後的龐大惡勢力鎮懾住了，不敢造次。」

洪全示：「但是，在馬英九包裝得漂漂亮亮的外表下，我只看出馬英九的虛僞和奸巧，並未有察覺他背後的惡勢力。」

洪阿土：「就像你說的，『包裝得漂漂亮亮』，既是潛伏背後，又是惡勢力，必然包裝、隱藏得更嚴密，不輕易被察覺的。事實上，馬英九和宋楚瑜都是蔣幫壓霸集團特意培養的接班人。宋楚瑜一畢業返台，立即任蔣經國祕書兼新聞局副局長；馬英九一畢業回台，也立即任蔣經國祕書兼總統府第一局副局長。他們兩人都是蔣經國厚黑武功祕笈的傳人，除了蔣幫壓霸集團的欽定接班人選，誰有此能耐？只是宋楚瑜太急躁而早露鋒芒，失去了天時、地利。馬英九並不如宋楚瑜精明、幹練，但馬英九較圓滑，既知勢在必得，並未躁進，沒過早曝露鋒芒而引來戒心，更得人和。所以宋楚瑜一再失去已早先一步擁有的優勢，才被馬英九不動聲色地擠出壓霸集團的主流勢力。而李登輝主政台灣十二年，雖然在推動台灣民主化方面建立了穩固的基礎，可惜他未能洞悉『台灣受虐症候群』之毒；未能同時挽救台灣人民被扭曲、被腐蝕的心靈；使得台灣的行政、立法、司法仍能被蔣幫壓霸集團留下的特權勢力輕易操控。民進黨執政後，台灣聞達人士多數得意忘形，不知謙恭戒慎，也使得不論是這些聞達人士或台灣民眾均未見心靈上的康復跡象。所以，雖然已解除戒嚴近二十年，台灣民主化也已十多年，蔣幫壓霸集團的惡勢力雖不再形之於外的囂張，卻因隱形於內而更能跋扈有餘。外人不知此惡勢力的能耐，其家奴化的媒體怎會不曉得，就蔣幫壓霸集團自己圈內而言，仍處戒嚴狀態。而家奴化的報紙和電視，更是他們愚弄台灣人民、自我掩飾驕橫惡行的工具，當然會更加戒嚴了。」

第31章

飽食人肉之後，再譏之以鹹

2006年4月底、5月初，蔣幫壓霸集團之繼承家族的代表人物李慶安，無知又驕橫地接連以「罄竹難書」譏笑總統陳水扁錯用漢文，更以「台灣語言不能讀、無法寫」消遣台灣現有文化。

曾吉木：「這些蔣幫壓霸集團的特權接班人眞是蠻橫又無恥，他們在澈底消滅台灣固有優秀文化之後，現在反過來以自己的無知譏笑台灣人漢文程度低落。我眞不敢相信，一個自以爲是中國高傲貴族的李慶安，竟然連『罄竹難書』都不懂，還敢拿來譏笑台灣總統。『罄竹難書』的意思就是事情多到書寫不完，只要有用心讀過書之人都瞭解。李慶安竟然硬說只能用於形容『壞事做盡』。」

曾阿淡：「其實，在中國文史上使用『罄竹難書』形容好事比用在形容壞事多太多了。我隨便就能舉一些正面的例子：唐朝皮日休爲了規勸友人出來爲世人服務，在《皮日休文集》〈移元徵君書〉中寫出：『果行其道，罄南山之竹，不足以書足下之功』。近代則有〈佛指舍利〉中：『佛恩浩蕩，罄竹難書』；同是蔣幫壓霸集團的張群也寫過：『對革命建國事功；罄竹難書』。這些都是正面的意義。中國文學家林語堂在〈我的戒煙〉中寫有：『若把此三星期中之心理歷程細細敘述起來，眞是罄竹難書。』則是中性用法。哪裡是無知狂人李慶安所說的只能用於負面的壞事做太多。」

洪阿土：「其實我知道李慶安為何敢如此無知又狂妄，因為蔣幫集團六十年來以所謂的標準教科書呆奴化台灣人民，再以一本所謂的『國語字典』配合這些所謂的標準教科書。而標準教科書中有一篇文章是以『罄竹難書』描述『壞事做多了』，這用以配合的所謂『國語字典』也就有罄竹難書是負面使用的說法。而台灣人民六十年來受的呆奴化教育，都是不經理解與思考的學習方式，台灣人民也就呆奴式的照單全收。所以李慶安自信，台灣人民有清明能力加以反駁的不多，且又肯定是非聞達人士，無發言機會，她當然敢狂妄囂張了。」

洪全示：「我也認為李慶安是故意以錯誤解釋來戲弄台灣人民的。因為李慶華、李慶安兄妹的父親李煥，正是曾參與呆奴化台灣人民設計的人，他們兄妹經過父親調教，當然瞭解『台灣受虐症候群』毒化之深，遂加以操弄，以呆奴式方法取笑呆奴，他們在家裡或在蔣幫壓霸集團聚會中，一定在竊笑『台灣人民眞是呆奴』而樂開懷。」

李繼宗：「台灣人民眞是可憐又悲哀，現在已可見很多台灣民眾用『罄竹難書』來形容正面之事而當笑話講。被人取笑還不停地替人拍手，眞是悲哀的呆奴啊！」

洪阿土：「可惡的是，就連貴爲行政院院長的蘇貞昌，在教育部長杜正勝於立法院解釋過了，『罄是用完，竹是古代中國書寫文字所用，所以罄竹難書的意思就是：事情多到寫不完。無正面或負面用法之分』。蘇貞昌自己被呆奴化而無知，閉嘴也就算了，竟然還面對記者大言：『錯了就錯了，就不要再硬拗了。』自以爲是地消遣自己人，更曝露出自己的無知。台灣有這些聞達人士，才是更悲哀的原因。」

曾阿淡：「更令人心痛的是，在台灣驕橫慣了的李慶安，在以『罄竹難書』偷襲成功後，食髓知味，竟又在立法院譏笑台灣本土語言不能讀、無法寫。而這些台灣聞達人士，竟也無人能加以反擊。眞是枉費台灣人民成就他們今日的聞達。」

曾吉木：「唉！這些台灣聞達人士，都是在呆奴化教育中脫穎而出的『傑出人物』，求學時爲了成績好，只專心埋頭於苦讀標準教科書，有些甚至於連台灣語言都講不好了，哪能瞭解多少台灣固有文化。又爲了能脫穎而出，早習慣於盡力超越別人、壓下別人的心態，自是沒心於無助其現況競爭力的台灣固有文化。可能早把幼時僅存的台灣人文印象忘得一乾二淨，這些聞達人士哪有能力護衛台灣的人文尊嚴？」

李繼宗：「但是，連我這個華裔移民的後代，都知道台灣原本漢學堂林立，連我們這個鄉里農村都曾有兩所漢學堂，台灣語言有七音調，字字是漢文本義，不論朗讀或是吟唱均極優雅悅耳，怎會被說成不能讀、無法寫？」

洪阿土：「那是因為台灣語文和文化都被蔣幫壓霸集團摧毀和禁絕，連一本用台語白話所寫的漢文聖經都被沒收、銷毀殆盡；歷史則被澈底篡改。台灣原有文化已被鄭、清澈底摧毀三百多年；台灣漢文化又已空白了六十年。除了一些有家學淵源親友，並能堅守心靈和人格尊嚴而保持清明者，會持續拾遺外，多數人在『台灣受虐症候群』毒化下，早已忘得乾乾淨淨。李登輝和陳水扁有幸主政近二十年，又錯失從還原歷史眞相與台灣固有文化來挽回台灣人民心靈和人格尊嚴的時機，使得『台灣受虐症候群』繼續在台灣烈焰燃燒。李慶安這類蔣幫壓霸集團的遺留特權份子才有機會繼續操弄，以野蠻霸道的嘴臉，用他們自己的齷齪來塗抹台灣人民，而台灣人民之中，也無任何聞達人士夠清明得足以使眞相澄清。這些壓霸集團才得以繼續在台灣吃人肉、喝人血；飽食之後，還笑說太鹹了。」

李繼宗：「哼！這些人都是無恥之徒。以李慶安為例，她早就利用特權暗地裡入了美國籍，做好了隨時捲款潛逃的準備。以為台灣沒人知道，還敢在台灣批評某些台灣人士，當年被她的蔣幫壓霸集團取消台灣護照，變成國際人球時，為了逃避她的蔣幫壓霸集團追殺，拿了綠卡或美國護照以便自保。她還有臉在台灣扛著中華民國大旗當僞裝，大搖大擺地以貴族中國人自居，在台灣橫行。除了已中『台灣受虐症候群』之毒的台灣人民，世界上有哪個地方能讓他們這些人這般橫行無阻？」

第 32 章

紅潮之亂

毒蠍死而不僵的施明德帶領一群強盜喊捉賊，不惜顛覆台灣；對照台灣隅居小民為台灣的擔心和綢繆

洪全示：「施明德又在蠢動了，他正在密會歇斯底里的蔣幫壓霸集團成員及一些和他一樣有妒恨心態的台灣聞達人士，似乎想借助家奴化媒體，以羞辱陳水扁總統爲手段，來發洩他內心久積的妒恨，更要藉機再大撈一筆了。」

李繼宗：「這個沒道德觀念、好當老大裝英雄、爲個人名利不惜拿親友當祭品的施明德，自從2000年陳水扁意外當選總統，就妒恨滿身。又向陳水扁總統沒要到令他滿意的權位，隨即懷著怒恨離開民進黨。狂妄如昔的施明德，仍無自知之明，2001年及2002年分別自行參選台北市北區的立法委員和高雄市長，皆以極低票數落選；2004年再度自行參選台北市北區立法委員，再度慘敗。他這樣一個缺德又狂妄之人，受此冷落，心中蓄積驚人的怨與恨。近兩年來歇斯底里的蔣幫壓霸集團利用家奴化報紙和電視，精心操弄『台灣受虐症候群』，惡毒栽贓陳水扁及執政團隊，陳水扁及執政團隊又招架無力，已形成是非混淆的局面，有些台灣聞達人士

又露出妒恨嘴臉。施明德看在眼裡，知道只要他以鬥臭、鬥垮陳水扁爲口號，必可招來不少歇斯底里型的蔣幫壓霸集團份子和其部分家奴的附和，一些難掩妒恨心理的台灣聞達人士見他稍成氣候，也會靠過來發洩妒恨。等這些台灣聞達人士一靠過來，自可模糊蔣幫特權集團壓霸台灣的卑鄙形象，這時蔣幫壓霸集團必會傾巢而出，他的聲勢就如日中天了。想到這裡，加上施明德個人財務上已無再讓他逍遙揮霍的餘產，他已無可損失，必然豁出去了，除了發洩滿身妒恨，又可再藉機大撈一票。」

曾吉木：「陳水扁和執政團隊一直不知謙恭謹愼，又沒能進行療復台灣人民『二十世紀台灣症候』之毒，任人操弄、激化。眞的讓施明德這樣大力一攪和，台灣能承受得了嗎？會不會造成一蹶不起的千古災害？」

曾阿淡：「台灣人向來韌性夠，應該可以渡過難關的。但還沒到來的事，誰能保證呢？」

李繼宗：「尤其在2004年陳水扁連任總統之後，蔣幫特權集團份子在掠狂之後，無所不用其極地操弄『台灣受虐症候群』，利用政府中的家奴化事務官，收集陳水扁總統及執政團隊因輕忽留下的漏洞，以他們自己一向慣爲的貪贓枉法等罪惡，全力投射向陳水扁總統及執政團隊，製造似是而非的貪腐假象。在多數已成『自然型呆奴』之台灣人民的知覺裡，確實已留下對陳水扁政府洩氣的印象。在這種情況下，確實有讓施明德得逞的機會。」

曾吉木：「加上一些民進黨聞達人士，在執政之後自以爲雞犬都要升天了，對所分得的權位不滿足而妒恨，不斷自扯後腿，更給人可乘之機。」

曾阿淡：「這些不滿足而妒恨人士，以沈富雄最囂張，沈富雄的掛勾密友陳由豪，在蔣幫壓霸集團主政時就以官商勾結坐大，在民進黨主政後就由沈富雄牽線，想要繼續在台灣政府上下其手。想不到在陳由豪挖走上百億的台灣人民血汗錢去餵養中國之後，沈富雄還帶著陳由豪試圖向執政團隊疏通，在得不到所期待的掩護之後，竟然惱羞成怒。不但陳由豪，連沈富雄都在2004年總統大選期間，和蔣幫壓霸集團的特權份子聯手，以鬥臭陳水扁、叫衰台灣來發洩心中的不滿與恨意。民進黨內有這些聞達人士，更爲台灣增添不少苦難。」

洪全示：「民進黨內的自我膨脹人士中，沈富雄只是較白目又倚老賣老的一位而已。一些所謂青壯派的人士，他們加入民進黨是正値民進黨茁壯期間，他們爲台灣的付出都一直獲取了高報酬，使這些人更自我膨脹。當民進黨執政後，更由不知反省變得趾高氣揚，由過去的檢討改進演變成今日的挖瘡叫囂，以同仁的落衰來自爽。」

李繼宗：「說到自我膨脹，不得不提呂秀蓮，本來我還對她滿欽敬的。自從讓她當上副總統，自以爲不可一世，時常不安分地大放厥詞，說些不三不四的話，她自己成了笑柄，更不斷傷害整個團隊，殃及台灣。跟她關係親密的人，包括親哥哥呂傳勝，以及王麗萍、陳耀昌、魏千峰等人，都已顯露甘受施明德所勾結的壓霸集團利用的姿態。呂秀蓮的愛將楊憲宏更早已向蔣幫壓霸集團投懷送抱，成了高侵略性的假中國人。我看呂秀蓮根本就包藏禍心。」

洪阿土：「還是我說過的那句話，這些台灣聞達人士在心智尚未從『台灣受虐症候群』清醒前，民進黨尚未眞正成熟前，過早執政了。心靈上未完全從『呆奴化』中脫身，容易得意忘形，不知謙恭戒愼，因輕忽而到處留下漏洞，根本無力防禦蔣幫壓霸集團精心設計的操弄，才有今日的危機。」

洪全示：「陳水扁自己也該打二十大板，例如，他自己是律師，竟然在審計部，說是按照慣例，叫他收集發票來報國務機要費的帳時，他竟然照做了，連不是學法律的前總統李登輝先生都知道，別人可以合法做的事並不是他就可以做，李登輝就堅持不使用鄉愿式的代銷發票。國務機要費的編列，本來就是要讓總統使用在爲了機密國事不能明言的檯面下花用，哪來的收據、發票？所以李登輝就清醒多了，誰經手的事要用到錢，誰就簽名領走。李登輝給錢，但不沾手，也就不落人把柄。陳水扁自己是學法律的，又當過律師，竟然落入這種明擺著的陷阱，打他二十大板都嫌不夠。」

曾吉木：「民進黨是由陳水扁首次當總統，算是菜鳥，竟輕忽到不知在混沌細節上虛心請教前總統李登輝先生，眞是差勁。」

李繼宗：「也許是陳水扁總統以爲，他又沒把錢放進自己口袋，心安理得就好，所以大意了。」

曾阿淡：「好個心安理得就好！他沒看到他夫人的遭遇嗎？吳淑珍女士在公開場合穿得樸素，就被罵『俗氣、丟國家顏面』；穿名牌、戴珠石，就被罵『珠光寶氣，驕奢而不知民間疾苦』。你端坐不動，都要借題羞辱了。人家都已虎視眈眈、磨刀霍霍，你還橫衝直撞，簡直是找死嘛！」

洪全示：「所以我實在擔心，萬一施明德勾結壓霸集團眞捅出大漏子，台灣發生動亂，因而引來中國輕舉妄動，那又將是一場台灣的大災難。」

李繼宗：「在1950年代以前，中國對台灣並無野心。1960年代，也是因爲蔣幫壓霸集團逃亡到台灣，還僞稱爲『中華民國』，中國才對著窩藏在台灣的蔣幫壓霸集團叫囂，中國也還未有對台灣的野心。是蔣幫壓霸集團竊占台灣，妄想在台灣永續坐享特權霸業，開始篡改台灣歷史；僞造台灣人民是邊疆次等華人的假象；在台灣掛起那早已滅亡的假『中華民國』羊頭；將台灣人民呆奴化；製造『台灣受虐症候群』之後，直到1971年，中國才見獵心喜。中國心想：『既然你台灣人自己要裝做也是中國人，是你台灣這塊肥肉自己送到我中國嘴邊來，讓我中國流了滿嘴口水，我中國不想要順勢把你台灣這塊肥肉吞了才怪！』」

洪阿土：「就是呀！蔣幫壓霸集團僞造歷史，欺壓、奴化台灣人民近七十年，最後還想把台灣送給他們的宿敵繼續蹂躪，眞是狠毒至極。只要翻一下沒被僞造過的中國歷史，就可看出今天台灣的困境，都是蔣幫壓霸集團所製造出來的。1663年鄭經說：「東寧(明朝稱台灣爲東寧)與中國版圖渺不相涉。」；1722年清朝雍正皇帝說：「台灣地方，自古未屬中國。」；孫文於1914年就說過：「我主張日本應該讓台灣與高麗(韓國)兩『民族』實施自治」；可見中國人本來就知道，台灣人民不是漢人，與韓國民族一樣，是被迫漢化的另一獨立民族；1925年孫文說：「我們必須鼓吹台灣獨立，和高麗(韓國)的獨立運動互相聯合。」(見於戴季陶的〈孫中山先生與台灣〉)蔣中正在未想要侵略台灣前，於1925年亦引用孫文的話說：「必須使高麗(韓國)、台灣恢復『獨立』自由，才能鞏固中華民國國防。」；蔣中正更於1926年的中國國民黨第二次全國代表大會宣言中說：「國民黨支持台灣、越南、朝鮮(韓國)、菲律賓等『民族』的民族獨立革命運動。」；1938年4月1日的中國國民黨臨時全國代表大會，蔣中正發表演說時還再強調一次：「希望台灣恢復獨立。」

1936年7月1日毛澤東對美國記者史諾時說：「我們同時支持朝鮮(韓國)和台灣爭取獨立的戰鬥。」1941年1月5日周恩來在談「民族至上與國家至上」時強調：「我們同情民族國家的獨立解放運動，我們不只要協助朝鮮(韓國)與台灣的獨立運動，也同情印度與東南亞諸國的民族解放運動。」周恩來的談話裡明白表示，台灣是不同於中國的「民族國家」，所以他支持台灣的獨立解放運動。1941年12月31日中國駐美大使胡適在美國演講說：「中國對日宣戰的目標，在恢復滿洲、熱河、察哈爾、綏遠，以及中國本部的被占領區。」指出中國的被占領區並不包括台灣。處處顯示在蔣中正、宋美齡兩人垂涎台灣的進步和富饒之前，並沒有一個中國人想要侵略台灣。即使在蔣中正逃亡到台灣做出乞丐趕廟公之壓霸惡行之後，中國也一直僅表示要追剿蔣幫集團，並無染指台灣之意。是直到1971年，中國見蔣幫集團已把台灣人民澈底呆奴化，中國才起了貪圖台灣之念頭的。」

曾吉木：「其實，早在1998年，沈建德先生就出版了

《台灣常識》一書，書裡早已詳盡地從眞實史料中證明台灣本與中國無涉。在台灣人民之中，漢人血緣絕對連萬分之一都沒有。台灣的歷史完全被蔣幫壓霸集團僞造來呆奴化台灣人民。可惜的是，在『台灣受虐症候群』的毒化下，沒有幾個台灣人民仔細讀過《台灣常識》這本書。更由於在已被『標準教科書』奴化成『自然型呆奴』的情況下，就如相信『罄竹難書僅能用於負面說法』一樣，多數台灣人民仍繼續信仰『被僞造的歷史』而無法清醒。」

曾阿淡：「而已壞到骨子裡去了的蔣幫壓霸集團，在見到台灣人民竟爭取到民主化之後，又見到中國日漸強大，竟狠毒到要將被他們吃剩的台灣，做爲向他們的中國仇敵進貢求饒之牲品。」

李繼宗：「中國的壓霸本性和蔣幫集團是不遑多讓的。既是已垂涎多年，若讓中國抓到個裡應外合的機會，中國當然就有輕舉妄動的可能了。」

曾阿淡：「施明德勾結蔣幫壓霸集團和高侵略性假中國人；再加上一些因妒恨而瘋狂的台灣聞達人士，在『台灣受虐症候群』的毒性基礎上，確實可攪起一場不小騷動。但是，台灣人向來韌性夠，台灣是會受到傷害；但說他們能造成不可收拾的局面，可能性太小了。」

李繼宗：「可能性雖很小，但也不能不加防範啊！」

曾吉木：「我同意。事關重大，再小的可能性都不能大意。」

李繼宗：「那怎麼辦呢？」

洪阿土：「要防範萬一，首先須讓世界各國的重要政治領袖和媒體瞭解『台灣受虐症候群』的存在事實，台灣有認賊作父的現象並非台灣人民的本意，是精神被毒化、知識被洗腦、心理被扭曲而成的病症。藉以減少各國對台灣人民的輕視，最好能挽回一點敬重與關心。有世界各主要國家的關心，就能減低台灣的危機。」

李繼宗：「可是，想要這些連『呆奴化』都擺脫不了的台灣聞達人士去做這樣的事，無異於緣木求魚。若說現在去規勸他們，他們有人聽得進去的可能性更低了。沒用的。」

洪阿土：「我想，就只有由我們這些凡夫小民來做了。」

洪全示：「別傻了，我們人微言輕，何況各主要國家的政治領袖和媒體每天接到的信函何只千萬，有誰會注意一個從遠方外國之無名小子來的訊息？」

洪阿土：「那可不一定，世界各主要國家都是行正常啓發教育有兩、三百年了，不像中國人只會空口嚼舌。他們才是眞正理解『不以人廢言，不以言廢人』的頭腦清明者。雖然各國政治領袖和媒體每天必有上千、甚至上萬的信函，但必定有一群專責人員在處理，只要言由衷、事成理，就有被注意到的機會。只要十人中有一人受到感動，就可以有影響了。」

曾阿淡：「阿土你言之成理，你英文寫作又是我們五人中較好的，就由你來做吧！」

洪全示：「是呀！就由你來做吧！你做了，也算是把我們幾個台灣小民的意思帶到了，我們將來把身軀還給塵土，人去見祖先時，也可減少些慚愧。」

洪阿土：「好吧！就由我來做吧！」

Dear Sir:

My name is Hong, one of the ordinary Taiwan people.

First of all, I would like to apologize for taking your precious time to read this letter. And many thanks for your willing to read this letter.

Taiwan is the most inconceivably victimized country on earth. Very few people know Taiwan truly and reasonably. You are one of the most influential persons in the world. I believe that you deserve of knowing the true. Taiwan has been evilly forced to develop a tragedy of "Twentieth Century Taiwan Syndrome" since 1945. It is an overall; major type of Stockholm syndrome. It still has not been known by people because of 2 facts. First, the ordinary Taiwan people are victims of this mental disorder, naturally lack of the insight. Second, the other people have been having no chance to realize the process of this mental transformation. I would describe the etiology; pathological process and the clinical manifestations of "Twentieth Century Taiwan Syndrome" here for you.

Twentieth Century Taiwan Syndrome

There were lots of events in human history that a country was conquered and the people were oppressed. But has anyone heard that the culture; conscience; self-consciousness and the native dignity were all erased and the souls were evilly transformed after a country was conquered? Taiwan is the only victim of this kind.

When people have been oppressed for long years, they still have every chance to stand up and free themselves if only they keep their own culture; self-consciousness and the native dignity. However, when people have been deprived of their culture; literature; self-consciousness; living dignity and the souls have been evilly transformed; remodeled for more than 2 generations, there will be hardly any chance for them to recover, because the next generation shall be growing thoroughly in the mold absolutely without ego instinct. Then, this tragedy will only get worse generation by generation.

About 60 years ago, the China fugitive Jiang and his henchmen with his party army ran away from China to conquered unarmed Taiwan. Learning from their defeat in China and finding out that most Taiwan people are diligent and kind-hearted, they developed the wickedly cunning plan. Jiang and his henchmen designed a series of administration for fabricating Taiwan history, transforming and remodeling the mentality of Taiwan people with the forces on their hands through every possible way they figured out. So as to ensure that not even a person in Taiwan would possibly resuscitate mentally, then that they could securely conquer this country forever.

They dictated that speaking of Taiwan native languages were forbidden and to be punished. The Chinese languages were the only languages allowed. Its speaking and writing were to be rewarded.

They sentenced that Chinese people were superb species. Only Jiang's henchmen were qualified to be in the stratum of privilege and dominance. Then, Jiang and his henchmen decided that they had enough mercy to leave a little sporting chance for Chinese analogue to encourage Taiwan people to learn to be Chinese analogue and to compete with one another to be a practical Chinese as to become one of the favorites of Jiang and his henchmen in order to get into the stratum of privilege and dominance. For example, there were only 3% political positions and institutional officials left for the practical Chinese of Taiwan people.

They designed a series of unique monopoly books, so-called standard books, for monopoly education in the school. These books exclusively extol the airy merits of big China. The literature and culture of Taiwan were not included. The geography of Taiwan was merely a trace. The history of Taiwan was also barely a trace and was evilly twisted to adapt to their aggression.

The only purpose for students to go to school was to memorize the contents of standard books. The only purpose for teachers at school was to make sure that students' memorization exactly conformed to standard books. It never mattered that the contents of standard books were right or wrong; reasonable or not; logical or not. The exact memorization of the standard books was the only way for Taiwan people to get into the next superior schools. Any doubts or questions about standard books were regarded as betrayal.

My high school teacher Shie Chong-Kai, a refugee (not fugitive) from China, was arrested by the secrete police in 1973 or 1974, then disappeared ever since, just because he said in the classroom that one railway in China had been elongated from one city to another.

Jiang and his henchmen created some novel accusations. For example: Thought crimes; implicated criminals. Thought crimes meant that you must be put in the jail if the secrete police supposed that you were thinking incorrect. Implicated criminals meant that you must also be put in the jail if the secrete police supposed that you were one of the close-enough friends of thought criminals.

In the meantime, wanting to survive, the ordinary Taiwan people were always enthusiastically showing that they were not thinking, so as to avoid correct-or-not judgment. Reasonable consideration became one of the ridiculous taboos in Taiwan. As time went by, most Taiwan people gradually loss the mental ability of reasonable consideration and logical thinking.

Jiang and his henchmen declared in the first place that authorities were superior to the law, different ranks of authority and wealth remitted comparative judicial proceedings. Jiang's henchmen even announced that courts and judiciary were KMT (Jiang's Party) monopolized company. Even the press; television; radio; and any kind of broadcasts were all monopolies of Jiang's henchmen. Their force even got into religions and made at their services.

Through every vicious and cunning way, Jiang and his henchmen made Taiwan people believe the KMT party song were the national anthem. However, Jiang and his henchmen never sing the same song as national anthem at the KMT party activities. They always call out "Let us sing our party song" at KMT meetings, while the ordinary Taiwan people have been singing the national anthem- the same song outside KMT.

Willing to survive from living in the brutal martial law for 39 years (1949 to 1987), the world's longest martial law enforcement, the ordinary Taiwan people had to completely deprive themselves of dignity; self-consciousness and reasonable mentality. For this reason, most Taiwan people had developed a paradoxical personality that only struggled for surviving today never thought of the unpredictable tomorrow and took it natural that the officials and their favorites were royally privileged.

Consequently, some aggressive Taiwan people were desperately pursuing to become practical Chinese so as to seize privilege and dominance before others. These practical Chinese of Taiwan people, then, soaked themselves in the pool of greediness with Jiang's henchmen and never get dry again.

Being oppressed but able to survive if only obedient enough; being persuaded to believe that powerful authorities were royal and that your survival is at the mercy of the tormentors and that you are one of the lucky selects compared to the other foolish stubborn victims; being deprived of different information; living in an environment without reasonable and logical considerations, all of these composed the peculiar psychological disorder of "Twentieth Century Taiwan Syndrome"- the major type Stockholm Syndrome.

Stockholm Syndrome: the victims, after being tortured and threatened with death by the tormentors and hectors; at the mentation of trying to keep the tormentors happy in order to stay alive, develop an obsessive identification with the likes and dislikes of the tormentors. This has the result of warping one's own psyche in such a way that one comes to sympathize with tormentors. The victims, then, develop into exhibiting loyalty to the tormentors and hectors.

We all know that this is a peculiar psychological disorder and it does not usually occur. Nevertheless, when this situation becomes a complex with viciously transformed and remodeled mentality, this syndrome turns into easy occurrence and will surely be aggravated into the worst and overall type- "Twentieth Century Taiwan Syndrome." This "Twentieth Century Taiwan Syndrome" developed since 1945. Yet, Stockholm Syndrome was first noted in 1973. I would denominate Stockholm Syndrome as

Minor Twentieth Century Taiwan Syndrome.

This miserable situation becomes worse in the following generation because they were taught and modeled by the already mentally twisted society including teachers at school and parents in the family, growing up thoroughly without reasonable education. They are now of middle age and the young people in Taiwan. This explains the eccentric mentality of Taiwan people and its leading to the chaos in democratic politics in Taiwan.

After decades of this cunning and wicked control over Taiwan, Jiang's son who had succeeded the hegemony in 1975, and his henchmen supposed they had got complete success in transforming and remodeling the mentality of Taiwan people. So, they set their minds at ease as to choose Lee Deng-Hui, an ordinary Taiwan people scholar, as vice-leader. Maybe it was God's will that Jiang Junior died suddenly in 1988. Mr. Lee became the leader of Taiwan temporarily. Mr. Lee is a very wise scholar. He knew that Jiang's henchmen were vigorously glaring hatred at him. Mr. Lee showed them absolute obedience at first. Then, he quietly and gradually gave impetus to performing democracy. In the meantime, Mr. Lee kept trying to persuade Jiang's henchmen that a little democracy would only avoid the disdain from the international human-right organizations and winning a little respect and would never bring harm to their privilege. Nevertheless, about one third of Jiang's henchmen endeavored with their best trying to over-throw Mr. Lee's leadership. Their stratagem was resolved by Mr. Lee's wisdom. In 2000, President Lee conducted the crucial democratic election for president of Taiwan. I call it peaceful revolution. An ordinary Taiwan people- Chen Shui-Bian won the election. With the skillful help from President Lee, Chen Shui-Bian became president of Taiwan.

At this crucial point, about 70% of Jiang's henchmen, being unable to accept the result after more than 50 year tightly transforming and remodeling the mentality of Taiwan people, fell in the psychological disorder of manic depression. President Chen Shui-Bian was elected president of Taiwan once more in 2004. Most Jiang's henchmen and the practical Chinese fell in a serious complex mimicking schizophrenia combined with manic depression.

Chinese have an old saying, "Rather give to strangers than give to slaves kept." This clearly explains the psychological sickness of Jiang's henchmen and the practical Chinese today. Just over one night, the yesterday deadly enemy- the same China- is the sweet lord today. All of this is only because one of the ordinary Taiwan people has really become president of Taiwan. Jiang's henchmen always suppose they were so superb and have got used to hectoring. How could they accept one of the ordinary Taiwan people to be their president in Taiwan. On the other hand, the practical Chinese had twisted their personality once. How could they face themselves and the ordinary Taiwan people today if they twisted their personality once more back to be ordinary Taiwan people. So, the practical Chinese have to force themselves to act more like Chinese than Jang's henchmen. Very few people could psychologically tolerate twisting their personality twice.

Consequently, Jiang's henchmen and the practical Chinese are trying every way they could figure out, no matter how ridiculous it is, with the slim hope for overthrowing the democratic government of Taiwan. Jiang's henchmen and the practical Chinese tease every thing in Taiwan and worship every thing of China, regardless of the fact that they still occupy the most privilege and dominance in Taiwan. They magnify their imagination at the reflection of themselves to smear and vilify the democratic government and the ordinary Taiwan people. These crimes are remitted by the paradoxical law they, themselves, made. On one hand, they enjoy their privilege in Taiwan; on the other hand, they are trying to sell out Taiwan to China desperately hoping for continuing their privilege after the imagined future invasion of China.

There are many ridiculous events still exist today in Taiwan showing the sequelae of Stockholm Syndrome mixed with cunningly; wickedly transformed and remodeled mentality of Taiwan people, "Twentieth Century Taiwan Syndrome."

For example:

A Jiang's henchmen- Song was scrambling for president in 2000 and for vice-president in 2004, saying that he was as honest and clean-handed as even not had the money to put a door on his mother's bathroom. The true is that he and his son own a huge property in the United States including 5 luxurious mansions. Queerly, he still got more than one third of votes though failed in both democratic elections.

Jiang's party "KMT" extorted; plundered huge wealth from Taiwan. They impudently refuse to return the loot today. Nevertheless, the democratic government and the ordinary Taiwan people have no way to put them subjected to justice.

Taiwan people today are still singing Jiang's Party song as national anthem worshiping KMT party neglecting the unreasonableness.

Today's democratic government of Taiwan is still paying the staff of Jiang's KMT party (not employed by the government) pensions every month.

Taiwan government is paying the retired employees and school teachers much more money that the pay before they retired. Retirement has been a privilege rather than the pension after the due term for government employees and school teachers in Taiwan.

Neglecting the China's 800 missiles aimed at Taiwan threatening to attack Taiwan nearly everyday, Taiwan people are remitting big amounts of money to China for charity or investment.

Every time when there are China societies or athletic teams attending meetings in Taiwan, Jiang's henchmen or practical Chinese always haul down the "National Flag" (though fake) of Taiwan and expel anyone with a print mimicking the National Flag on the clothes or cap. The ordinary Taiwan people and the democratic government can do nothing about this humiliation.

90% of Chinese immigrants in Taiwan will only vote for candidates of Jiang's henchmen no matter how corrupt they are in the national elections. Nevertheless, less than 5% of the ordinary Taiwan people will only vote for candidates of Taiwan People. It is eccentric and cunning that candidates of Jiang's henchmen always criticize the ordinary Taiwan people of ideological racialism and political bias if only some ordinary Taiwan people do not take their side.

A few mentally early-resuscitated sagacious Taiwan scholars proclaimed the necessity of education rectification reforming from exclusive impartation to objective realization. This advice provoked violent criticisms especially from Jiang's henchmen; the practical Chinese and school teachers.

All the obsessive and warped psychological activities exist in Taiwan I described above just from the tragedy of "Twentieth

Century Taiwan Syndrome"- the major type of Stockholm Syndrome.

After viciously domineering Taiwan for 60 years, Jiang's henchmen and the practical Chinese still can get 60% votes in the democratic elections in Taiwan today. This situation made Jiang's henchmen over-confident of their success in transforming and remodeling the mentality of Taiwan people. It is an enormous tragedy of human culture that hardly any well-learned Taiwan literature scholars exist now after Taiwan culture having been destroyed for 60 years. This is why a Jiang's henchwoman Lii Chiern-Ann dared enough to bluster out "Taiwanese language can not be written or read" insulting Taiwan culture and Taiwan people just last month. And not a well-known Taiwanese has mentally cleared enough to protest against it and clarify the truth.

Furthermore, this Jiang's henchwoman Lii Chiern-Ann has been shameless enough to humiliate the president and the minister of education of Taiwan with the meaning of a Chinese phrase- 罄竹難書 teasing the low education level of Taiwan people in Chinese language just a few days ago. The truth is that she is the ignorant one even in Chinese literature. As I said, Jiang's henchmen are always evilly accusing ordinary Taiwan people at the reflection of themselves. There are quotations from traditional Chinese literature to certify that 罄竹難書can be applied to describe both nice and evil things. However, Lii Chiern-Ann and other Jiang's henchman insist its evil side at the instinct reflection of themselves- the evil personality. And also not a well-known Taiwanese is mentally clear enough to protest against it and clarify the truth.

The most tragic sight of all is that not even a well-known Taiwanese person is mentally clear enough and getting the chance to accuse their impudence and viciousness. Of course, it is partly because most media in Taiwan are under the control of Jiang's henchmen and partly of the major type Stockholm Syndrome.

Now, you might have a question: How could an ordinary Taiwan people be elected president of Taiwan in the democratic election if most Taiwan people had been mentally transformed; remodeled and suffering from the major type Stockholm Syndrome through 3 generations? This is not only because of the strife due to excess greed in Jiang's henchmen, but also for 3 fortunate factors:

First: Jiang's henchmen are corrupt enough to be intolerably stinky.

Second: There were a few refugees, not fugitives, from China to settle in Taiwan. They represent the last Chinese conscience having been speaking out for Taiwan people criticizing Jiang and his henchmen's crimes from the sense of justice.

Third: There had been some underground traditional schools in the countryside of Taiwan in the first few years of Jiang's despotism. These underground schools were teaching traditional Taiwan culture and literature.

There are 2 major languages and several minor languages in Taiwan. These 2 major languages are Taiwanese and Hakka. Both languages had elegant literature. Sadly and affectingly there is enormous difficulty in keeping these elegant literary languages from disappearance after this constrained absolutely blank gap of 60 years.

There once was an underground school in my neighborhood teaching Taiwan literature when I was a kid before age of 7. I might be the last one having touched on the Taiwan traditional education. I had been an auditor at this school for 2 years. I know the elegance of Taiwan literature though not well-learned.

Taiwan is a completely independent nation today. I never heard anyone could give a reason of that Taiwan is not an independent nation. It is quite weird that Jiang's henchmen and some mighty foreign leaders are usually saying that they reject or not approve the future independence of Taiwan. This phenomenon is also a disorder of psychological obsession.

Under the threat of the offensive and invasive brawn of China, Taiwan has been deprived of the membership of U. N. and the self-decided representations in the international activities. Even when Taiwan sends charity or ambulance corps for foreign disasters, frequently Taiwan is, intentionally or not, mistaken as the hector China.

Taiwan is an absolutely democratic nation today. But only the headmen of the government institutions are ordinary Taiwan people of DPP- Democratic Progressive Party in Taiwan. Most of the staff and officials, remaining from the despotism, are used to the despotic conduct style. It is not easy for them all to identify themselves with the democratic government. This is making the administration of the democratic government an enormous difficulty.

Furthermore, even the democratic government ministers and the DPP politicians are the ordinary Taiwan people, mentally also having been viciously transformed and remodeled. Few of them have really resuscitated from this mental transformation and remodeling, although they do recover some self-consciousness by the stimulation of the overall corruption of Jiang's henchmen and the practical Chinese. They do make up their mind to fight for Taiwan, nevertheless, they still have not clearly washed out their mental poisons of the viciously transformed mentation- struggling for today and less thinking of tomorrow; taking authorities as privilege; devoted to survival in advance of personal dignity and team honor. They still not completely recover the ability of reasonable and logical consideration not to say the Taiwan native personality of harmonious progress.

Under these circumstances, many of the activities of the democratic government and DPP politicians are disappointing sometimes even adding Taiwan harm. It does need time for the ordinary Taiwan people to resuscitate their native mentality and mentation; and to recover their culture after being evilly transformed and destroyed through 3 generations. I know it is extremely difficult. And there are lots of obstacles and traps in front of Taiwan people. It is the inevitable challenge that Taiwan people have no choice.

Taiwan today is just like a brood of wounded and seriously sick doves in the broken nest on the bough. We should take it as destiny if we can not recover in our nest. We do hope that Taiwan would never be a prey to the blood-lust China wolf under the nest just because someone had lent the wolf a ladder. Otherwise, even God would be wrathy for the rottenness of humanity.

I know you are a just gentleman of intact humanity, and one of the most influential persons in the world. You deserve of knowing the true. I write you this letter not asking for mercy but requesting understanding and justice, hoping for a fair chance for Taiwan to survive this tempest. I take writing this letter for my last obligation as one of the mentally clear Taiwan people.

I take the absolute responsibility for this letter. Any doubts or questions by mail or email are welcome.

Thanks a lot again for your willing to take your precious

time to read this letter.

Very Sincerely,
T. T. Hong.
May 26th, 2006

先生好：

我姓洪，是一位台灣平民百姓。

首先，就耽擱你寶貴的時間閱讀這封信，向先生道歉，也非常謝謝你願意閱讀這封信。

在這世界上，台灣是最不可思議的受害國家。只有極少數人真正知道這個發生在台灣的慘劇。因為你是這世上最有影響力的人之一，所以我認為你應該要知道事實的真相。自從1945年，台灣人民就被極惡毒地洗腦、被呆奴化，而演變成「台灣受虐症候群」的悲劇，這是全面性的重症「斯德哥爾摩症候群」。「台灣受虐症候群」還未被世人所知有兩個原因：第一，台灣百姓都是這項心智疾患的受害者，自然地本身都缺乏自覺。第二，除了蔣幫壓霸集團的特權份子外，其他人都沒機會知道這個全面洗腦的過程。接下來，我會詳述「台灣受虐症候群」的病因、病理和臨床症狀。

台灣受虐症候群

在人類歷史上，一個強權侵略另一個國家時，以武力燒殺擄掠、奴役另一個民族是時有所聞。但是，有人聽過，當一個國家被侵略時，歷史被改造；人民的語言與文化、人格自覺與民族尊嚴都被消滅；而且心靈被嚴重扭曲嗎？台灣就是這樣一個受害者。

當人民被壓迫、奴役多年後，只要他們仍保有自己的文化、語言、歷史、人格自覺和民族尊嚴，他們就有機會能夠重新站起來。然而，若是他們的語言與文化被消滅、歷史被偽造、人格自覺與民族尊嚴被剝奪，又被除去理性思考的能力，連心靈都被惡意地扭曲，當這樣的呆奴化超過兩個世代時，人民就很難有機會再自己康復了。因為下一個世代，將是在這些已被呆奴化長輩的教育下成長，完全失去了瞭解自己語言、文化、歷史真相和民族尊嚴的機會，更會缺乏自覺的本能。這樣的一個悲劇將會一代比一代更嚴重地惡化。

大約六十年前，在中國罪犯蔣介石及其追隨者(後稱蔣幫壓霸集團)逃亡到台灣、侵占台灣。他們發現台灣人民勤勞儉樸而且心地善良；他們又從在中國的戰敗中學到教訓，進而想出了一套邪惡又狡猾的計劃。他們為了逞其永遠坐享霸王地位之獸慾，經周密的陰狠設計，靠其槍炮武力，以恐怖極權改造台灣人民的心智，消滅台灣人民的良知與歷史文化。

他們澈底消滅台灣文化；禁止使用台灣本土語言，查禁所有台灣語文書籍，連一本台語漢文聖經都被燒光。中國北平話成為唯一准許的語文。

他們自視是中國權貴族群。只有蔣幫壓霸集團是特權貴族階級。另外，他們也留了少數機會給台灣人民以表示仁慈，讓一些台灣人民互相競爭，成為所謂的假中國人以爭取這些少數機會，以便能進入特權階級。例如：只有3%的政府官員和機關中階主管是留給所謂的台灣假中國人的。

他們也設計了一套標準教科書，並規定學校只能採用這套標準教科書。教師必須完全依照標準教科書教學，不能有延伸討論的空間。考試一律只能由標準教科書出題目，答案也一定有標準答案。這套標準教科書全以大中國為教材，台灣地理只有如蜻蜓點水，沒有論及台灣的文化與文學，更篡改了台灣的歷史，以迎合他們的權貴野心。

學生上學的目的是要正確無誤地死背教科書；老師教學的目的是要確保學生不會有與標準教科書不一樣的想法。教科書內容的對錯與否、合理與否、符合邏輯與否都不重要。所以在學校，學生要成績好，就必須完整死背教科書。要想升學，也必須比其他學生背得完整。任何人對標準教科書是不能有任何疑問的，對標準教科書的質疑就會被視為叛國。

我的高中老師謝重開，是從中國逃到台灣的難民(不是如蔣幫集團的逃亡罪犯)。就因為他在課堂上說「中國某條鐵路已從某個城市延伸至另一個城市了」，在1974或1975年間被蔣幫祕密警察逮捕而從此消失不見。

蔣幫壓霸集團創造了許多新奇的罪名。例如：思想犯、牽連犯。思想犯是指如果蔣幫祕密警察認為你思想有問題，你就會被逮捕，甚至槍殺。牽連犯是指如果祕密警察認為你是思想犯夠親近的朋友，你也會被關進牢裡。

這段時間，台灣百姓為了生存，只好積極地表現出他們並沒有在思考，以免引來思想可能有問題的懷疑。在台灣，理性思考就成了荒謬的禁忌之一。隨著時間過去，大部分台灣百姓漸漸地喪失理性邏輯思考的本能。

蔣幫壓霸集團首先宣布其權威凌駕於法律，各種等級的威權和財富可免除相對等級的司法追訴。蔣幫壓霸集團甚至說「法院是他們中國國民黨開的」。甚至報紙、電視、廣播及其他媒體也都被蔣幫壓霸集團所獨占，連宗教也是要為蔣幫集團服務的。

蔣幫壓霸集團用盡各種手段，讓台灣人民相信中國國民黨黨歌是中華民國的國歌。然而，蔣幫壓霸集團在中國國民黨黨內從未唱過國歌，都是大叫「唱黨歌」，卻叫台灣人民唱他們的黨歌當國歌。

在三十九年(1949至1987年)殘暴的高壓戒嚴統治中(這是世界上最長的戒嚴)，想要生存的台灣百姓就得要放棄自己的尊嚴、人格，以及喪失理性思考的本能。就因為這個理由，大部分的台灣百姓發展出了積非成是的性格：只為今天的利害掙扎而不為明天著想；把當權者的濫權視為當然。結果，一些高侵略性的台灣人就一味追求成為寡廉鮮恥、附貴求榮的假中國人，只為了比別人搶先一步抓取特權和財富。於是，這些台灣假中國人就隨著蔣幫壓霸集團沉溺在貪婪的深淵而不能自拔。

台灣人民為了生存，必須表現對壓霸政權足夠的順服；台灣人民一直被洗腦，以認知並接受中央專制政權是至高無上的；以為台灣人民可以生存下來是這些壓霸特權人士所施予的恩惠、和其他愚蠢頑固的受害者相比你是一個幸運者；台灣人民被剝奪了接受專制當局以外訊息的機會；生活在一個沒有邏輯和理性思考的環境。這些種種就是造成台灣人民奇特的呆奴化精神疾病「台灣受虐症候群」的主要因素！

斯德哥爾摩症候群：在遭受恐怖的折磨凌虐，並威脅到生命時，受害者為了活命必須順從。有時會有受害者為了生存，或為了期待進一步的恩賜，會想要討好殘暴的加害者，進而發展出對施暴者產生一種強迫式的認同，變得喜施暴者之所喜，惡施暴者之所惡，然後心理可能會扭曲而轉變成真的認同凌虐他們的加害者。最後，有些受害者更會對這些施暴者展現不可思議的敬佩和忠誠。

我們都知道斯德哥爾摩症候群是一種少見的偶發精神病症，並不常發生。不過，當施暴者利用武力強權特意將受害者洗腦、改造心智，加上暴虐和威權所造成的敬、畏複合心理情結，這樣扭曲的心理疾病就會較容易產生，也會惡化成重症且全面性的「台灣受虐症候群」。斯德哥爾摩症候群是在1973年第一次被公開確認而提出，而台灣受虐症候群卻是在1945年開始，於1950年起被特意製造。所以我認為應該稱「斯德哥爾摩症候群」為「小型台灣受虐症候群」。

這樣的悲劇會在下一代更加惡化。因為下一代是在這些心靈上已被扭曲的教師和父母的教育下成長，缺乏理性生活環境，當然無可避免地成為不知真相、缺乏理性思考的一群，現在他們正是台灣社會中的青、壯年人。這就是為何台灣的現代民主政治會這麼奇怪而混亂。

1975年蔣經國接掌了其父的霸權。在壓霸統治台灣數十年之後，他認為已把台灣人民呆奴化得非常澈底，因此放心地選了一位台灣人學者李登輝當名義上的副手。也許是天意，蔣經國在1988年死得突然，李登輝繼任為總統。李登輝是非常聰明的人，沉穩而不露鋒芒。他瞭解蔣幫集團對他擔任領導人有很深的敵意，所以他起初對蔣幫壓霸集團的人表現出一副唯唯諾諾的聽話總統，待熟悉一切政權操作後，再不動聲色，一步一步緩和地推動民主改革，並有使台灣國家正常化的意圖。他設法說服蔣幫壓霸集團相信，一點點的民主會避免國際人權組織的輕視和羞辱，更可以贏得一些尊重，但絕對不會影響他們的特權。不過，仍有三分之一的蔣幫壓霸集團還是用盡心思，想要拉下李登輝，試圖阻卻民主化的進行。幸好這些計謀都在李登輝的智慧下化解。2000年，於李登輝總統的主導下，在台灣舉辦了關鍵性的民主總統選舉，個人稱之為和平的革命。一位台灣人民陳水扁先生贏得了這場選戰，在李登輝總統技巧地幫助下，順利當上了台灣的總統。

在這個時候，百分之七十的蔣幫特權集團份子，習慣於在台灣五十年的壓霸特權之後，沒辦法接受這個事實，而產生了中國精神躁鬱症。而在2004年陳水扁又再度連任台灣的總統時，這些已有中國躁鬱症的蔣幫特權集團，有些更惡化成重躁鬱症與歇斯底里症的複雜情結。

中國有句俗諺：「寧給外人也不給家奴」。而這正是這些蔣幫特權集團最佳的寫照：中國在昨天還是他們不共戴天的仇敵，今天就變成了他們的最偉大的主子。而這就只是因為一位台灣人民變成了台灣的總統。蔣幫壓霸集團一直認為他們是貴族階級，只有他們才應有統治特權。另一方面，那些台灣假中國人早已扭曲過一次心靈。試想這些假中國人如果再變回原來的台灣人，必須再嚴重扭曲一次自己的心靈，他們該如何面對自己及其他的台灣百姓呢？很少有人能夠承受這種雙重的心靈扭曲。所以，這些假中國人只好強迫自己，表現得比蔣幫壓霸集團份子更像中國人。

就這樣，蔣幫壓霸集團和假中國人用盡各種可笑的說法、各種荒誕不經的理由想要推翻這個民主政府。儘管他們仍把持著台灣絕大部分的特權，他們仍不停嘲笑台灣的各種事物，卻浮誇中國的一切。他們放大自己的想像，把自己的邪惡本質用來投射在別人身上，用以誹謗陳水扁政府及台灣人民，這些罪行還受到他們導演的司法系統所掩護。他們一方面在台灣享受既有的特權，另一方面卻拚命地要把台灣出賣給中國，幻想著若將來中國侵台，可獲得更高的特權保障。

在斯德哥爾摩症候群與台灣受虐症候群雙重作用下，台灣有許多可笑的事情仍持續上演著。

例如：

蔣幫壓霸集團特權核心份子宋楚瑜，參加2000年大選爭奪總統大位，2004年則以爭取副總統之位參選。他曾說過「他是一位非常清廉的政府官員，他甚至窮到沒錢替他媽媽的浴室裝上一扇門」。但事實是他在美國擁有五座豪宅，原來宋楚瑜把在台灣搜刮到的財富都藏到美國去了。雖然他輸了兩場選戰，但奇怪的是，這樣一個並不高明的騙子，竟然還能在台灣拿到超過三分之一的選票。

中國國民黨在台灣侵占、勒索極巨大的財富。直到今日，他們仍肆無忌憚地坐擁這些贓款。而民主政府和台灣百姓仍是無計可施，無法將他們繩之以法。

現今，台灣百姓仍是把中國國民黨的黨歌當作是國歌唱著，把中國國民黨的黨軍旗當作國旗掛著。

台灣的政府現在仍每個月付給中國國民黨幹部退休金，而這些幹部並不是政府的雇員。

台灣的退休公務人員和學校老師所拿到的退休金更高於他們退休前的薪水。公職人員的退休，在台灣已變成是一項特權，而不是一個規劃性養老福利。

刻意忽略中國有八百顆飛彈瞄準台灣，天天威脅要武力攻打台灣，台灣百姓仍是不斷地匯大筆金錢到中國去，不論是投資或是援助。

每當有中國人士、社團或是運動隊伍來台參加會議或比賽，蔣幫壓霸集團或是假中國人就會拆下所有的「國旗」，還取締攜帶「國旗」或穿戴印有近似「國旗」衣物之人進場。台灣百姓和政府對這樣的自取其辱也無能為力。

在台灣，有90%的華裔移民不管蔣幫壓霸集團多麼地腐敗，都只肯投票給他們。但是，僅有少於5%的台灣人民只願意投票給身為台灣人的候選人。奇怪的是，蔣幫壓霸集團的候選人卻批評沒站在他們這邊的台灣人民都是有種族的意識形態和政治偏見。

一些頭腦清明而睿智的台灣學者主張教育改革，認為應該把有排他性的主觀灌輸式教學改正成客觀理解式的教育。但是，這個建議引起許多激烈的指責和批評，尤其特別是來自蔣幫壓霸集團、假中國人以及學校老師。

以上所敘述存在於台灣的心理強迫症和心靈扭曲的不理性事件，都是來自「台灣受虐症候群」的悲劇，也就是「重症斯德哥爾摩症候群」。

在台灣作威作福六十年後，蔣幫壓霸集團和假中國人現在依然能在台灣民主選舉中獲得六成以上的選票，這樣的結果，讓蔣幫壓霸集團對於他們呆奴化台灣人民的成果信心十足。台灣優秀的固有文化被刻意消滅長達六十年，使得在社會上已很少見有通曉台灣文學的學者，這是人類文明史上的巨大慘劇。這也就是為什麼蔣幫壓霸集團特權份子李慶安，上個月敢大膽無恥地以「台灣語言不能讀、無法寫」來消遣台灣文化、羞辱台灣人民。竟然沒有一個台灣聞達人士能出來有效抗議，道出事實。

此外，幾天前，無知驕橫的李慶安又以「罄竹難書」譏笑陳水扁總統錯用漢文。事實上，她才是對漢語文學無知的人。如同我之前所說，蔣幫集團總是用他們自己的無恥罪孽來投射別人，用來指控台灣人民。「罄竹難書」的意思就是事情多到書寫不完，只要有用心讀過書之人都瞭解。在傳統中國文學上，分別有使用「罄竹難書」來形容好事與壞事，我能舉證「用在形容好事比形容壞事多」。其實，在文史上使用「罄竹難書」形容好事比用在形容壞事多太多了。我隨便就能舉一些正面的例子：唐朝皮日休為了規勸友人出來為世人服務，在《皮日休文集．移元徵君書》中寫出：「果行其道，罄南山之竹，不足以書足下之功。」近代則有〈佛指舍利〉中：「佛恩浩蕩，罄竹難書」；同是蔣幫壓霸集團的張群也寫過：「對革命建國事功，罄竹難書」。這些都是正面的意義。文學家林語堂在〈我的戒煙〉中寫有：「若把此三星期中之心理歷程細細敘述起來，真是罄竹難書。」則是中性用法。哪裡是無知狂人李慶安所說的只能用於負面的壞事做太多。但是李慶安和蔣幫特權集團卻堅持只能用於負面的壞事做太多。就如一個壞事做盡的人，見不得別人做好事。

最悲慘的是，在台灣聞達人士之中，竟然沒有一個夠清明的人能夠出來指控蔣幫壓霸集團的傲慢與邪惡。當然，部分的原因是蔣幫壓霸集團控制了大部分已家奴化的媒體，另一部分則是因為「台灣受虐症候群」之毒。

現在，你可能會有一個疑問：如果多數台灣人民被呆奴化、心靈被扭曲、遭受「台灣受虐症候群」之毒害，那怎麼會有一位台灣人能當選為總統？這除了因為蔣幫壓霸集團貪婪的相互爭鬥，還由於下面三個原因。

第一，蔣幫壓霸集團的壓霸貪腐已發臭到令人難以忍受的地步。

第二，有些從中國逃亡來的難民在台灣以移民身分落地生根。他們代表著中國人最後的良心，以正義之心為台灣人民抱不平，批判蔣幫壓霸集團。

第三，在蔣幫控制台灣的前幾年，在台灣鄉間裡還留有一些地下的漢文學堂，這些私塾學堂傳授台灣固有的文化和文學。學過台灣漢文、文化的人中，還有一些人存活著，雖然台灣社會還存留著些微台灣文化氣息的人不多了。

在原台灣語文於三百多年前被鄭、清全面摧毀後，現今台灣社會裡，有兩種主要的語言(由河洛話和客家話漢語文發展而成)和許多較局部性使用的語言。台灣河洛話和客家語都是非常優雅的語文。令人難過的是，這兩種語言的文學被查禁、使用被限制長達六十年之後，要避免它們的再消失已日漸困難。

在我七歲以前，我家鄉就有一個台語漢學堂，教授台灣文化與文學。曾有兩年我偶爾站在窗外旁聽。所以我可能是台灣最後一位曾接觸過台灣傳統教育的人了。我瞭解台灣文學的優雅，雖然沒有好好學習的機會。

今日，多數在台灣的人民都承認台灣是個主權獨立的國家。我從未聽過有人可說出一個合理的理由來證明台灣並非一個主權獨立的國家。但很奇怪的是，蔣幫壓霸集團或是世界主要國家領導者常說他們拒絕或是不支持台灣國家正常化。這個現象也是一種強迫症精神疾病。

在中國和蔣幫壓霸集團的惡意操作下，台灣被拒於聯合國之外，在國際活動上也無法有自我決定的代表。在台灣為各種國際重大災難派出救難隊伍幫忙或做慈善援助時，台灣都被有意或無意地被誤認為是壓霸中國。

台灣是一個主權獨立的民主國家。但是，在現今的政府機關裡只有各部會首長是屬於執政的民主進步黨人士。大部分的官員仍是從專制統治時期延留下來，仍是習慣於專制獨裁的舊式統治，對他們來說，要認同新政府的民主化和國家正常化是不習慣、也不容易的事。這就造成了新政府在推動政策、政令上極端的困難。

此外，民主政府的部會首長和民進黨政治人士仍受過呆奴化的教育和心靈的扭曲，能從「台灣受虐症候群」中完全康復者少之又少。他們是知道要起身為台灣而戰，但他們仍未能完全擺脫「台灣受虐症候群」之毒。他們仍然習慣於為眼前奮鬥而無長遠洞察力；仍把個人得失擺在個人尊嚴及團體榮譽之前。他們這些人連理性的邏輯思考能力都未恢復，更不用說要尋回台灣傳統之「和諧進取」的精神、「謙恭不強」的人格和「敬天地、親萬物」的理念。

在這樣的情況下，民主政府和民進黨人士所推行一些政策及表現，結果常是令人失望的，有的甚至還增加台灣人民的苦難。事實上，在歷經三代洗腦之後，台灣人民要從呆奴化中脫身，除去「台灣受虐症候群」之毒，要找回歷史真相和固有文化、恢復人格尊嚴的本質、重建理性邏輯思考的能力，確實都是需要時間的。我知道這是困難重重，但這是台灣人民無可避免的挑戰。

台灣目前的處境就像是一窩受了重傷又病重的鴿子，而在樹枝上的鳥巢又已破損不全。如果我們無法自我救治，這就是我們的命運。但是我真切地希望，不要因為某些人有意或無意的縱容中國，而使得台灣成為中國嗜血貪狼的犧牲品。否則，就算上帝也會為人性的墮腐而憤怒的！

我知道你是一位有建全人格的紳士，更是世界上最有影響力的人之一。你是該知道事實的真相。我寫這封信的目的，並不是要求憐憫或救濟，而是尋求瞭解和正義，希冀台灣能有一個公平的機會，以渡過這場暴風雷雨。我是心智仍能保持清明的台灣人民之一，想藉由寫這封信來盡自己身為台灣人民最後的義務。

對於這封信的內容，我均有十足事實根據，也負全責，任何批評與質疑均非常歡迎。

最後，再一次地感謝你願意花費你寶貴的時間來閱讀這封信。

洪阿土 敬上

2006年5月26日

2006年7月

曾阿淡：「阿土，施明德和那些等不及看台灣笑話的人已在蠢動了，怎還沒聽你說說各主要國家政治領袖和媒體的反應呢？是不是你的信都如石沉大海了？」

洪阿土：「對不起，爲了查明各主要國家政治領袖和媒體的正確而完整的通訊地址以確保能被收到，是花了一些時間。而我的工作你也知道，最近又接了不少新試辦業務，空得下來的時間不多，直到六月底才把信發完。應該開始會有回來一點消息的。」

李繼宗：「你只把信往世界各國寄，希望各國主要的政治領袖和媒體能理解台灣的困境。爲何你不把這信也寄給台灣一些較清明的人士呢？也許可點醒他們，會有些作用也說不定。」

洪阿土：「台灣清明人士是必定還有不少的，只是在『台灣受虐症候群』的大勢下，應該都被擠到角落去了，哪裡去找啊？即使找出來，在多數台灣人民已成『自然型呆奴』的情況下，一時也使不上力的。而在檯面上的台灣聞達人士，既能聞達、既已聞達，多少都有『台灣受虐症候群』的遺毒留著，要他們理解也難，說不定還把我們當傻瓜、當瘋子呢！」

洪全示：「我較贊同阿宗的看法，試試看也無傷啊！雖然我們看得出他們仍無法擺脫『呆奴化』的毒害。但是，不把這信寄給他們，怎能證明他們眞的呆奴到無法理解呢？」

曾阿淡：「我看我們就選出三十位有可能較清明的台灣聞達人士，把這信寄給他們，萬一有人能理解，即使僅有些微的效果也是好的。如果眞如我們所料，全如石沉大海，那也無傷！」

洪阿土：「好吧，就試試無妨。」

2006年7月15日，許多家奴化和呆奴化之人士假所謂「親綠學者」之名，發表715聲明，加入要求陳水扁總統下台。

8月份起，家奴化報紙與電視以總統夫人吳淑珍有多項珠寶及其管家領國家薪水爲由，不斷叫罵貪腐。

李繼宗：「所謂『親綠』的定義我是不甚清楚；但在台灣所謂『學者』的定義我是知道的，就是肯背書、會考試而得聞達之人。這些人正是『台灣受虐症候群』裡呆奴化較嚴重的兩極之一端，他們受到操弄我一點也不奇怪。」

曾阿淡：「世界上有哪一個總統夫人沒有幾項珠寶？吳淑珍有一些珠寶有什麼奇怪的？公開場合不戴珠寶被罵是俗氣丟臉；戴了珠寶，又被罵貪腐奢侈。世界上有哪一個國家的總統，其管家不是領國家薪水？陳水扁總統的管家領國家薪水有什麼奇怪的？竟連這種事也能由家奴化報紙與電視炒得沸沸騰騰的。『台灣受虐症候群』眞是比我所認知的還嚴重。」

2006年8月，施明德正式大張旗鼓地展開倒扁活動準備，並藉由蔣幫壓霸集團家奴化報紙和電視，要求捐款。期間除蔣幫壓霸集團指使一些外圍份子加入協助拉抬聲勢外，也吸引了一些高侵略性假中國人，以及民進黨執政後因自我膨脹而妒恨的台灣閩達人士，明的或暗的加入搖旗吶喊。有四百位較呆奴化的所謂藝文界人士聯名相挺，連過去看起來不是太高侵略性的假中國人——前教育部長曾志朗都出來贊聲。看來施明德的陽謀這次又要得逞了。

李繼宗：「『台灣受虐症候群』之毒眞是厲害得可怕，台灣已經完全開放、民主化十多年，多數台灣人民竟然仍擺脫不了『自然型呆奴』。那些在台灣眞正貪腐的祖師爺，竟能以貪腐罪名成功地汙衊他人。」

洪全示：「是呀！我對陳水扁總統的忘形和輕忽是非常氣憤，陳水扁執政六年來的作爲是有負台灣人民的期待。但是，要說他貪腐，那眞是太可笑了。單從報紙上的訊息，就可列出一張近幾年來馬英九和陳水扁的特別費與國務機要費對照表。再怎麼說，要反貪腐的對象應是馬英九而不是陳水扁才對。」

曾阿淡：「有什麼辦法呢？蔣幫壓霸集團的家奴化報紙和電視占據了台灣媒體的百分之九十以上，可任意顚倒是非；加上在『台灣受虐症候群』毒化下，台灣人民多數一直無法擺脫『自然型呆奴』的心靈病態，整個台灣就被馬英九他們耍著玩了。」

曾吉木：「蔣幫壓霸集團眞是夠狠毒的了，竟連陳致中和黃睿靚這一對單純赴美國求學的年輕夫婦也不放過汙衊，竟說他們夫婦已拿了綠卡；在美國大量置產；在美國有高額帳戶存款；大量投資美國大華超市；又預測他們夫婦要在美國生孩子，以便成爲美國公民。用一連串無中生有的幻想叫

	馬英九		陳水扁
特別費的認知	被查到證據之前	是公款，不能私用	是公款，不能私用
	被查到證據之後	是市長的薪水補貼	
國務機要費的認知	陳水扁上任總統之前	是用於國家機密之檯面下花費，只需領據，不需發票	只知是用於國家機密之檯面下花費，不知報帳方式；也不知是歸行政院主計處或監察院審計部管理。被審計部騙說需要發票，並說按例任何發票均可，只是為了帳面核銷
	陳水扁上任總統之後	必須有發票報帳	
市長特別費的去處	直接匯入夫妻共同帳戶，需發票的部分則叫下屬偽造、收集		全部用於公務活動，未私吞一毛錢
犯罪表面證據	市長任內用假發票報本來就需要發票的一半市長特別費		市長任內沒有用假發票報特別費，錢未用在私人，亦未私吞
			總統任內用假發票申報本不需發票的國務機要費
犯罪實質證據	贓款直接匯入私人帳戶，罪證確鑿		所謂贓款全用於國家之檯面下花用。錢未送進私人。查其親友財務亦未見有相關之可疑進帳
被查時的態度	假裝不知細節敷衍，並發誓全用於公務，以拖延察查		本可以總統職權拒絕調查，為示坦蕩，乃歡迎檢察官入總統府調查
對人民血汗錢的態度	合法的我都要，不合法的我拿了就都會成為合法		總統上任後，即把過去可隨便貪汙的數億元特別預算密帳取消，以杜苟且之門。並只領半薪
負責任的態度	都是部屬的錯，任何責任一向都推卸給別人承擔		自己做的事，自己承擔，自己接受調查
貪心比較	被查出證據後，才趕緊拿出贓款捐給自己妻子的洗錢、避稅基金會，一些給社福機構		上任後立即捐出一半薪水給國家，八年任期共捐給國家四千萬元，被落入陷阱而誤指的贓款僅一千四百八十萬元
結果	由家奴化報紙和電視化裝成清廉、正直的馬神		在蔣幫壓霸集團家奴化報紙和電視汙衊下，被當作落水狗追打

罵別人，就像寫小說一樣，寫得頭頭是道，只因爲他們是台灣人總統的兒子和媳婦。害得陳致中趕緊公布他的護照號碼和他們在美國所使用的英文名字，讓家奴化媒體去查，但還是無法免除繼續被追打，逼得陳致中只好準備中止在美國的繼續求學計劃，打算帶著妻子趕緊回台灣。」

李繼宗：「這也沒什麼奇怪的，中國就有一句古老名言『狗嘴吐不出象牙』。什麼樣的人說什麼樣的話是改變不了的。他們這些壓霸集團根本沒人性，心中無國家、不念生養恩德、不親土地、物慾燃燒情感、只知利用人民，一向慣於利用權勢搜刮，掏空後再棄走。在中國時是這樣，來到台灣亦是如此。他們的中華民國被趕出聯合國及和美國斷交的前後時期，這些壓霸特權集團掀起另一波捲款潛逃潮，多少人攜帶大批台灣人民血汗錢在美國置產，拿綠卡、入美國籍，在美國生孩子當美國人。等確定台灣站穩了，又再回來台灣繼續囂張，繼續欺壓、玩弄台灣人民。把台灣當作搜刮財利、玩弄權勢的地方；把美國當作養老、享福的密窩。只要看蔣幫壓霸集團的檯面上嫡傳弟子宋楚瑜、馬英九、郝龍斌、李慶安等人全是一個模子的人。就可以瞭解這群壓霸集團的『作賊還指控主人是小偷』之不要臉行徑，自己早祕密挖走大量台灣人民血汗錢藏在美國，再指責別人可能會在美國洗錢、置產；自己祕密拿了綠卡、入了美國籍，再指責別人可能心不在台灣，可能要去當美國人；自己在美國生孩子，祕密申請了美國籍，再指責別人可能想當美國人的爸爸、美國人的阿公。等被拆穿了假面具，還能利用家奴化報紙和電視加以化裝，騙過多數呆奴化的台灣人民，繼續厚著臉皮在台灣作威作福。眞是可惡！」

洪全示：「當年台灣戒嚴時期，是有一些台灣留美人士拿了綠卡或申請了美國籍，那是因爲有家歸不得、爲了讓蔣幫集團的追殺有所顧忌，不得已之下的權宜之計。在得以返回台灣奮鬥之後，多已放棄。哪像這群壓霸集團，是在台灣朝向開放與民主化前進時，才暗中力求這張美國牌護身符。」

曾吉木：「可笑的是，宋楚瑜、馬英九等人，在被發現兒女是拿美國護照後，竟騙說：『這不是我願意的啊！我兒女在美國出生，依美國法律規定，就是美國人了啊！』而多數台灣人民竟呆奴到也信以爲眞。」

洪全示：「唉！在蔣幫集團幾十年的呆奴化教育過程中，早把多數台灣人民理性邏輯思考能力磨掉了。美國法律是規定，人在美國出生可以申請爲美國國籍。只要頭腦稍微清醒的人都知道，『可以讓你申請爲美國人』與『就是美國人』的意思差太遠了，『可以申請』的意思是『如果你想要的話』；是『你可以不必的』。但是，居然幾乎所有的台灣住民都看起來是相信他們的鬼話。你們說，奇怪不奇怪？」

李繼宗：「他們這些人在台灣作惡多端，雖然在『台灣受虐症候群』的遮掩下，加上家奴化媒體的化裝，能大搖大擺地在台灣坐享特權，並以消遣台灣當娛樂。但是，作賊的仍會心虛。這些壓霸集團的想法是，自己能弄到美國護照當然最好；自己弄不到，就在美國生個兒女，入了美國籍，將來若有個萬一，露出了馬腳，或搞垮了台灣，這些壓霸集團還可到美國駐台機構宣示依親，立刻可成爲美國必須保護的優先對象。這就是他們隨時準備潛逃的一貫心理。至於大多數台灣民眾會被這些壓霸集團的鬼話所迷惑，是早被他們看準了。因爲蔣幫壓霸集團在呆奴化台灣的基礎工作，就是消磨掉台灣人民的理性邏輯思考本能。缺乏理性的邏輯思考，當然會輕易被詐欺、被玩弄。」

洪阿土：「唉，這是因爲多數台灣人民尚未擺脫心靈之『呆奴化』，又是『台灣受虐症候群』之毒害啊！」

曾阿淡：「蔣幫集團以捏造事情羞辱台灣人士、叫衰台灣的千百件謊言中，有不少皆出自邱毅之手。記得以前有台灣人士質疑邱毅向來是領薪水，何來龐大財富？不能排除貪贓枉法，竟無稅務官員查他，也無檢調人員辦他的金錢來源。現在邱毅爲了逃避僞造大量謊言可能招來的訴訟賠償，竟然迅速脫產。邱毅是不要臉的打手也就罷了，竟然現在還是不見檢調人員查他、辦他的脫產罪行。」

李繼宗：「阿淡，你忘了啊，法院是中國國民黨開的。」

曾阿淡：「我沒忘，但是，現在的法院還能說完全是中國國民黨開的嗎？」

李繼宗：「是不能說完全是了，但大家別忘了，今日司法系統裡所掌控權勢的官員，都是當年中國國民黨在開法院時留到現在的。」

洪全示：「所以可以這麼說：『現在的法院，中國國民黨擁有百分之九十以上的控股權』。」

曾阿淡：「對了，阿土，你寄給那三十位比較算清明的台灣聞達人士的信怎麼了？怎麼沒聽你提起？」

洪阿土：「唉！你們就不信！正如我所料，全部如石沉大海。說不定我還被罵是瘋子呢！」

李繼宗：「說不定一見是無名小子來函，就立即丟進垃圾桶了。」

曾阿淡：「『台灣受虐症候群』之毒化，眞的比我想像的還深啊！」

洪全示：「那寄往國外主要政治領袖和媒體的信呢？總有些回音吧！」

洪阿土：「不論是各國主要政治領袖或是媒體，都已有回信，只是大多是客套的『官式回函』，大意是：『來函知悉，非常感謝指教，可做爲以後行事之參考』之類。」

李繼宗：「唉，有回函是不錯了，一封來自遠方異國的不知名小子之信，還肯差人回函，已表示了各國現代化教育的成功。即使高高在上的各國主要政治領袖和媒體，已具備不分身分對每個人尊重的涵養。」

曾阿淡：「可笑的是，反而我們所精選出的三十位最可能清明之台灣聞達人士，竟無一有現代人應有的清明，無一肯浪費一點點心力來多看一眼，即使敷衍一下都不肯。」

洪阿土：「哈！這也是一種『台灣受虐症候群』啊！」

洪全示：「對了，阿土，你剛才說『大多數是客套的官式回函』，那表示還有不是『客套的官式回函』囉？」

洪阿土：「是的，有二，一來自英國；一來自美國。」

洪全示：「這兩個國家才是重要。二次大戰結束時，英國算是眞正關心台灣地位的國家；而美國是害慘了台灣，但確也對台灣前途有影響力。阿土，你趕快說。」

洪阿土：「先說美國，美國參眾兩院多數主要議員也都只是官式回函，布希總統和萊斯國務卿並沒回函，但把信轉到NBR(美國國家亞洲研究局)。NBR是沒任何明確表示，但在一個月後(就在幾天前)，NBR特別來信告知，他們的地址即將遷至西雅圖市中心的新大樓，等遷移完成後會再通知。」

曾阿淡：「哇！那表示NBR是瞭解此信內容，也有了起碼的重視。沒忘了要和你連絡。」

曾吉木：「是呀！台灣並未自己定位出自己國家的明確定義，台灣雖然把是『一個主權獨立國家』放在嘴巴說，但在言行上卻一直把自己和中國混淆不清，美國即使有心想彌補過去所犯的罪過，也無名正言順的著力點，當然一時無法做明確的表示。至少我們已讓一些研究亞洲的美國人員理解到，台灣人民的呆奴表現是在『台灣受虐症候群』毒化下產生。非台灣人民的原性本意。相信萬一有急難，美國對台灣做決策時會有一點幫助的。雖然不敢說實質的影響力會有多少，會到何程度，但總是有了。」

洪全示：「那英國呢？」

洪阿土：「我本來就對英國人有一些程度的欣賞，經過這次去函布萊爾首相，讓我對英國人的品質更加欽敬了。」

李繼宗：「怎麼啦！英國有何特殊反應嗎？」

洪阿土：「不是英國的反應特殊，而是英國人的處理態度。我說過，接到的多數是『官式回函』，例如，我信寄給美國參議院議長及法國總統，『官式回函』裡是以美國參議院議長及法國總統署名，但一看就知不可能是他們自己眞的回信，是有專人套公式般地代回。所以，他們是否眞的看過我寄去的信都是個問題。表現較好的美國參議員Tom Harkin，回信是有提及我信中內容及他的感想，但也僅表示他或他的幕僚有人眞的仔細看過此信。」

李繼宗：「這樣的表現就不錯了，接到來自一個不像國家的國家裡的不知是什麼東西的小人物之來信，肯好好看一遍再回信，已是難能可貴。看看自己人的台灣聞達人士，還是我們挑選出來的可能較清明人士啊，還不是每個人把這信當垃圾？」

洪阿土：「我早說過嘛！這些台灣聞達人士擺脫不了『台灣受虐症候群』之毒。」

曾阿淡：「首相布萊爾的處理態度又是如何呢？」

洪阿土：「回信的是布萊爾祕書Mr. M. Davies，還在信上親筆簽名。內容是：『布萊爾首相每星期會接到數千封信，必須有人替他過濾信件，重要信件才會交給布萊爾本人。布萊爾首相本人看過洪先生來信之後，要我替他回信並感謝你的來函。布萊爾首相並交待我必須將此信轉給外交部同仁閱讀，讓外交人員都能有所瞭解。外交部人員應該會再對洪先生有所回應。』」

李繼宗：「哇！眞誠感人。」

曾吉木：「眞的嗎？原信給我看！」

洪阿土：「在這裡。」

曾阿淡：「英國外交部的反應又如何？」

洪阿土：「英國外交部的來函已是Mr. M. Davies回信一個半月之後了，大概是在外交部有過一番討論。署名的是Mr. Nicola Westlake，只說是英國外交部遠東組，未寫職稱。」

曾阿淡：「內容呢？」

洪阿土：「信上是說：『由於台灣自己的表現，令人看起來並不像是一個正常而實在的國家，所以英國政府在要決定是否該對台灣做什麼或不該對台灣做什麼的時候，常常處於一種受到束縛的困境。不過，雖然如此，英國過去(將來也會)一直努力保持和台灣的最好雙邊關係。我們會積極、主動發展英國和台灣在多方面領域的良好關係，例如：商業、投資、運輸、財務、教育、衛生和環境保護各方面。另外，英國和歐盟都會提升關切中國對台灣的作爲。』」

曾阿淡：「好，總算天仍佑台灣。英國和美國是對台灣前途會有影響的兩個主要國家。NBR的分析和看法是美國做決策的參考依據之一。雖然當我們建議阿土寫這封信時曾妄想過更高期待，目前看來反應雖不能如意，但有點作用就値得了。有時禍與福的變化，就差在小小的一點作用。台灣若多一些清明人士能有我們的心境和心意就好了，眾志能成城，那我們的妄想就不會是妄想了。」

李繼宗：「『台灣受虐症候群』之毒經過五、六十年，已深又廣，今日台灣人民的心靈才會繼續沉淪於苦難。否則台灣早就國家正常化了，哪還需要我們操心。」

曾吉木：「不過，看來台灣要渡過這次施明德配合蔣幫壓霸集團，爲了私利和發洩妒恨所造的亂，是再多了一點信心。」

2006年8月23日，台北市長馬英九違反集會遊行法只能到晚上十點的限制規定，准許反扁活動長期每天二十四小時在凱達格蘭大道進行。

9月初施明德募款已超過一億元。

9月9日倒扁活動全面展開，甚至有幾個得了重躁鬱症的將領和軍官也加入了亂局。

李繼宗：「台灣的反對運動，從當初動輒被抓、被關、被殺，到今日的自由民主，已過了數十年。我只聽說參加選舉需要較大的競選開銷而募款，從未見辦個示威活動須大張旗鼓募款的，而且還要一億多元。施明德也眞敢。」

曾吉木：「其實，就我看來，施明德此舉要發洩妒恨的用心僅占百分之三十；占百分之七十的用心是在解決經濟壓力，要藉機大撈一筆。」

洪全示：「沒錯，施明德經過這幾年的揮霍已捉襟見肘，他見壓霸氣、家奴氣、呆奴氣三氣可用，可讓他大撈一筆；又可發洩妒恨之氣，才不惜顚覆台灣。而要把氣勢做起來，必須不管來者爲何，來者不拒，到時想分贓者必多。而這種從活動中揩油的伎倆，物質上的圖利是可以，但拿不到現金。想拿現金要把開銷做大，從浮報中分紅才會順手，且分杯羹的人多，沒一億以上的巨額帳款，其孳生的『紅利』是不能滿足施明德所需的。」

李繼宗：「其實，施明德這次之所以這麼賣力，是因爲他已收了陳由豪的訂金。」

洪全示：「施明德收了陳由豪的反扁訂金？」

李繼宗：「是呀！如果只是單純的以汙衊爲貪腐來唱

反扁鬧劇，蔣幫壓霸集團早就利用其外圍所謂的『愛(中)國份子』發動了。但這樣肯定虎頭蛇尾地草草收場，因爲只要是三十歲以上的台灣住民都知道，在台灣能夠大膽貪腐的就屬蔣幫壓霸集團了。所以在重新計票、硬拗319槍擊案都不成之後，要拉下台灣人總統就只剩以貪腐來抹黑一途了。但是，他們也自知，要由貪腐的專利大戶來指責別人貪腐，說服力自是不足，所以不能由蔣幫壓霸集團或台灣假中國人來發動、來掌旗，必須有高侵略性且極端妒恨之台灣聞達人士來當傀儡。而主傀儡更必須要說謊臉不紅、夠厚黑、還要自大喜出風頭；爲一己之利，連妻女、父母都會毫不猶豫地出賣的人擔任，演來才會有足夠的戲劇張力。所以施明德正是他們心目中的最佳人選。但是施明德又是一個出手必先論代價的人，所以就由懷恨陳水扁總統的台灣重大經濟要犯陳由豪先送施明德一棟在汐止的四層樓豪宅當訂金，先穩住了施明德豁出去的決心。」

洪全示：「阿宗等等，施明德不是欠了一屁股的債嗎？施明德接受房子當賄賂，不怕債住查封啊？」

李繼宗：「唉，當然由政經兩界的壓霸人士先疏通好了。他們才沒那麼笨！」

曾吉木：「也不對，一個積欠巨額債務的名人，突然受贈豪宅，若受檢舉，國稅局不會追查資金來源嗎？若徵收贈與稅不就追出背後來源是要犯陳由豪了嗎？」

李繼宗：「阿木你忘了『台灣受虐症候群』之毒啊，國稅局不會追查施明德的。何況陳由豪是經由他的弟弟和弟媳婦之名從事假買賣過戶的，以目前台灣官員的呆奴情況看來，是沒能奈何得了他們的！」

曾阿淡：「這麼奸巧的謀略確實是壓霸集團嫡傳人士才有的手法。」

洪全示：「還有乞收來的一億多元可上下其手呢！施明德這次是賺翻了。」

曾阿淡：「嘿！這類聚合之人大都私心自用，不能滿足者會有不少，亦會有不平，屆時其內部就會反目了。」

洪阿土：「是的，但那至少是在這筆錢已揮霍掉一半的時候，估計約需一個月的時間。這一個月台灣要付出多少代價？台灣人民的心靈又要被腐蝕多少？」

曾阿淡：「有什麼辦法呢？在『台灣受虐症候群』毒化下，我們能做的已做了，現在我們就爲台灣祈禱吧！」

洪阿土：「施明德此次甘爲壓霸集團打手，出來亂台，除爲了妒恨和撈錢外，背後有更狠的陰毒在。」

曾吉木：「喔？」

洪阿土：「是私通中國。施明德在大張旗鼓亂台時，還祕密前往泰國，是爲了什麼？大家記得1979年美麗島事件，施明德被抓連累眾多掩護他的人一事嗎？」

李繼宗：「記得！」

洪阿土：「當時和施明德祕密接頭的所謂投誠匪諜是徐春泰，徐春泰原是泰國華僑，領了二百五十萬(在當時是一筆龐大金額)懸賞金，徐春泰就立即回泰國去了。」

洪全示：「施明德－蔣幫－中國間諜，太可怕了！」

李繼宗：「另外，你們不擔心那些蔣幫壓霸集團遺留在軍隊中的躁鬱症將領與軍官嗎？」

洪阿土：「現在的台灣軍隊是不用擔心了。台灣今日的軍隊已不是當年蔣家的黨軍。自從李登輝繼任總統後，溫和地逐漸讓軍隊國家化。而且現代的年輕軍官都是有保家衛國的熱情才從軍的，反而是呆奴化較輕的一群，較能堅守軍人的尊嚴與榮譽。」

李繼宗：「但是，你沒看到那幾個躁鬱症將領與軍官嗎？就像當年爲虎作倀的中國國民黨黨軍般已近歇斯底里。」

洪阿土：「是的，我知道，但也就是那幾個而已，那幾個不是既得利益的蔣幫壓霸集團傳人，就是被家奴化者或是假中國人，在逐漸現代化的軍隊裡，他們絕對不會是多數的。」

李繼宗：「那就好。」

9月13日，民進黨黨中央討論挺扁事宜時，呂秀蓮大力反對。

9月15日，施明德展開帶領群眾圍城之戰，轉戰台北火車站，全面癱瘓市中心附近交通，不見市長馬英九與警察局取締。

9月16日，台灣社發起護台灣活動，邀請所謂的民進黨四大天王——呂秀蓮、游錫堃、蘇貞昌、謝長廷；但僅游錫堃表示相挺。

呂秀蓮親哥哥呂傳勝更加入反扁活動，高喊陳水扁下台，呂秀蓮則大言：「我是備位元首，我已準備好(接總統大位)了。」

曾吉木：「這次陳水扁總統的被施明德借力汙衊、叫衰，卻也把一些民進黨內聞達人士包藏的禍心給掀開了。不少人抱著看戲的心理在觀戰，有些民進黨派系更在準備要撿拾別人撕殺後遺留的戰利品。」

洪阿土：「就在這段時間內，明明已有人提出馬英九貪汙的證據比陳水扁的明確百倍之事，民進黨立委李文忠仍打電話給蔡煌瑯說：『包括洪奇昌、沈富雄、林濁水等已有十五位民進黨立委要助紅衫軍，並要在立法院同意罷免陳水扁總統』，要求蔡煌瑯加入。好在蔡煌瑯嚴詞拒斥。」

李繼宗：「這些民進黨內自以爲了不起、妒恨陳水扁當總統的極端膨脹人士，以爲不計代價拉下陳水扁，他們的出頭機會就在握了。」

洪全示：「最可惡的是沈富雄，他當重大經濟罪犯陳由豪的代理人，硬要求陳水扁總統掩護陳由豪，陳水扁無法答應時，竟像瘋狗似的在選舉前死咬陳水扁。在連、宋不甘敗選而作亂時，沈富雄一直陪著蔣幫壓霸集團冷嘲熱諷台灣。更在連、宋鬧不下去時，於2004年7月30日威脅著說：『新潮流可出去自組政黨，民進黨就戲唱不下去了。』沈富雄眞是台灣之恥。」

李繼宗：「我早知道沈富雄是兩面人，現在才知道他更是這麼無知和自我膨脹。只要稍微清醒一點的人都知道，雖然陳水扁當了總統，即使陳水扁願意和沈富雄同流合汙，陳水扁的手也伸不進去中國國民黨開的司法系統。沈富雄竟幼稚到想不經中國國民黨而伸手進入司法系統。」

曾阿淡：「9月13日，當游錫堃黨主席在黨中央主持會議，討論要護台灣、挺陳水扁總統時，身為副總統的呂秀蓮竟大力反對，一付不惜搞垮台灣，非鬥倒陳水扁總統不可的姿態。」

李繼宗：「我早說過了，呂秀蓮根本就包藏禍心。自從2000年剛當選副總統即說出『深宮怨婦』的話以後，至今她說過的膨脹、酸溜語言不下百句。尤其這次呂秀蓮以『我是備位元首，我已準備好了』。來與她哥哥的高喊『陳水扁下台』相呼應，更把呂秀蓮那流了滿嘴口水、恨不得早點取代陳水扁當總統的野心表露無遺。實在難看得要命。」

洪全示：「其實，呂秀蓮副總統只是因垂涎濕襟，較明顯難看而已，其他把酒遠觀，笑看陳水扁被追打的民進黨聞達人士還有不少，居高位的就有蘇貞昌、謝長廷。9月16日台灣社不恥民進黨聞達人士旁觀的姿態，遂獨力發起『護台灣』活動，好言力請民進黨所謂的『四大天王』呂、游、蘇、謝參加，除了游錫堃外，呂秀蓮、蘇貞昌、謝長廷全拒絕現身表態，看看他們這些妒恨的嘴臉！」

洪阿土：「陳水扁總統的輕忽和不夠謙恭是令人生氣，有虧全民期待。但是，和其他民進黨聞達人士比起來，陳水扁是比其他人清明太多了，而且他還有堅毅、忍耐的領袖特質。看來天還是在佑台灣的，在民進黨意外提早執政的時候，擔任總統的是陳水扁而不是其他現有的民進黨聞達人士。」

曾阿淡：「是呀！單看陳水扁自2000年以來，為了大局，能一直吞忍呂秀蓮；對於黨內的一些妒恨人士明擺著想看他笑話，陳水扁也從未對外說過一句批評的重話。就這一點，眼前民進黨聞達人士裡確無人能有他清明。」

曾吉木：「哼！這些民進黨內存有看陳水扁總統被以貪腐之名鬥臭的邪念之聞達人士，也不反省一下自己。就拿呂秀蓮、蘇貞昌、謝長廷來說，他們都當過縣市長，看他們敢不敢把其任內首長特別費的使用紀錄拿出來和陳水扁的比較一下？若眞的攤開來比對，必定會讓他們丟臉！還好意思在陳水扁總統因輕忽而落陷阱時再落井下石。」

李繼宗：「好在施明德號召來的這群人均是以利慾和妒恨爲目的，當妒恨和利慾糾葛在一起時，很容易自相纏死的。」

曾阿淡：「我們也先有預見，要阿土對世界各國主要領袖和重要媒體寫那封信，表面上雖沒看到有任何實質效果，但是任何認知的更新都可影響對事之態度；對事態度的差異會有不同的結果。而事情的結果可分有事成無事和無事成有事，無事成有事較易爲外界認知；有事成無事的話，就會較隱約，所以仍可略予寄望的。」

洪全示：「是的，至少我們心裡上有踏實一點。」

曾吉木：「看來台灣應可過關的。」

李繼宗：「是的。但我還是憤憤不平。」

洪全示：「阿宗，怎麼了？」

李繼宗：「大家想想看，這次反扁活動特別選在毛澤東忌日發動，還以紅潮爲名，以紅色做招牌，一看就知是蔣幫壓霸集團的歇斯底里份子，利用充滿妒恨又沉迷於裝英雄的施明德缺錢時機，以施明德當羊頭掛上，試圖來賣紅衛兵式騷亂的狗肉。他們最終的妄想是若能僥倖搞成亂局，就可給予中國誘因，和中國來個裡應外合，顛覆台灣。雖然現在看來他們的禍心是沒能得逞了，但是，馬英九是蔣幫壓霸集團的嫡傳弟子，這些已歇斯底里的特權份子之所作所爲，馬英九應該是主導者之一，至少也是參詳內情，而馬英九這一個多月來卻一直裝做只是唱和而已，我眞希望能夠扯下他的假面具。」

曾吉木：「是呀！何況馬英九、宋楚瑜等人都熟練蔣經國的厚黑武功祕笈，深知『台灣受虐症候群』之毒的厲害，以及台灣人民的呆奴化已進入自然型的階段。所以六年多來這些壓霸集團才能這麼順利地靠『台灣受虐症候群』盡情玩弄台灣人民，眞是可惡！」

洪阿土：「其實要馬英九露出馬腳也不困難，我只要把先前寄給各國政要和媒體的信寄給他，再附個短箋提領一下，就能讓他馬腳全露。」

李繼宗：「眞的嗎？既然這樣，阿土你就快做呀！」

曾阿淡：「是呀！快做啊！」

洪阿土：「好吧！我現在就寫。」

馬主席你好：

做為一個台灣人，我一直有萬分感慨，台灣人的理性與情感被毒害，又沒病識感，理智與情感的精神患者本就欠缺病識感，在沒病識感的情況下，要接受療復是困難的。我是一個平凡之人，在國內實在無能為力，我五月底寫了一封解析信向國外發送。只是以「我也盡力了」自我安慰。

近來我不知是你暗中推動，或是有意或是無意地鼓勵在毛澤東忌日開始紅衛兵式的赤化台灣行動，妄想在台灣復活毛澤東。

懇請你撥空看一遍附上之該信，相信你能理解，從你看完後的反應，我就能瞭解你真正的意圖。

打擾了！很抱歉！

頌祺

洪阿土

09-19-2006

阿土同志惠鑒：

奉交下貴同志致主席信函一件　敬悉。

荷承貴同志對主席之愛護及支持，謹表萬分感謝之意！有關　貴同志就黨務、政策等，惠賜寶貴意見，本室已陳請　主席及相關單位參考，特申謝忱。日後仍盼時賜南針，共同為本黨再度執政及中華民國的未來而努力。

耑此　　順頌

時祺

中國國民黨主席辦公室　敬啟

中華民國九十五年十月二十三日

2006年10月25日

洪阿土：「馬腳來了。」

李繼宗：「馬英九集團眞是膽大包天，自信滿滿。阿土你已把他們壓霸集團如何奴化台灣，如何製造『台灣受虐症候群』的陰謀、陽謀都點出來了，竟還能泰然說出是『寶貴意見』、『特申謝忱』、『仍盼時賜南針』這些話來，明顯是在消遣我們，加嘲笑我們沒能奈他何。」

曾阿淡：「馬英九集團當然敢大膽又泰然地嘲笑我們沒能奈他們何了，因為馬英九集團對『台灣受虐症候群』瞭若指掌，故而自信滿滿，自信我們必然是極少數理解其內情者，且又必定非聞達之輩，必定起不了能動得他們的作用。」

洪阿土：「壓霸集團太自信了，忽略了台灣人民的韌性。『台灣受虐症候群』之毒確實深廣，要澈底解毒是需要時間和耐力，但不會是永遠無解的。」

李繼宗：「只是，為何馬英九等了一個多月才回信呢？」

曾阿淡：「不足為奇。因為他們從未想到在『台灣受虐症候群』之毒化下會有人能看穿他們的陰謀與陽謀，他接到這信之初一定嚇了一跳，趕緊追查阿土是何許人也。後來發現是在他們眼裡起不了作用的小人物，又值反扁之戰已顯露敗跡，才以『你能奈我何？』來冷嘲。」

洪全示：「這倒也諷刺，這信讓那些我們以為可能較清明的台灣聞達人士不屑一顧，馬幫壓霸集團卻一清二楚，還拿來嘲諷一番。」

曾吉木：「想到這裡，我不自主地起了一陣寒意。」

正如所料，9月15日之後，倒扁集團因各懷異胎，名與利的瓜分不均，逐漸出現內部反目，至10月28日終於消散，留下的是一堆沒有交待捐款去處之疑團。

第33章

公道何在？

為救越區助選車禍受傷的台中市長胡志強夫人，不惜害死因公受傷的警官

2006年11月18日晚上，台中市長胡志強夫婦到高雄爲中國國民黨的高雄市長候選人黃俊英助選，在回程途中發生車禍，送入台南縣柳營鄉奇美醫院救治。竟能動用國家資源，硬將台大醫院的心肺急救小組加上兩組葉克膜(ECMO，體外循環透膜給氧)設備整個調到柳營奇美醫院去救市長夫人邵曉鈴。

11月24日，桃園縣警分局同安派出所副所長李朝鎮警官，爲了逮捕偷車賊而被刺命危。他在青春正盛的三十六歲，竟因家奴化及呆奴化使媒體聚焦在南部的胡市長夫人，此因公命危警官卻無人聞問。

12月5日邵曉鈴已清醒，並能言語。6日下午三時三十分已由柳營奇美醫院加護病房轉入一般病房治療。

12月5日，李朝鎮還在桃園敏盛醫院與死神搏鬥，桃園縣警局的弟兄已捐了40,000 cc. 的鮮血供給四次手術所需。但因兩組ECMO設備都移去南部柳營奇美醫院，在缺乏心肺

急救的ECMO設備下，被救活的機會已逐漸消失。這位近在北部的警官，雖然再經數日後轉送台大醫院，但爲時已晚，爲台灣捐軀了。而胡市長夫人到高雄爲黃俊英做私人助選，還是違法使用公務車，卻能獨占國家資源而被救活了。

此時的立法院，因中國國民黨稱霸，竟有多名立委爲了胡市長夫人坐在車後座受傷而爭相發言，要爲市長夫人訂一條法律來紀念，規定車後座乘客也要綁安全帶，未綁要重罰。

洪全示：「眞奇怪，台中市長胡志強到底是用何管道的特權，竟能把台大醫院的心臟加護病房整整兩套設備和整組醫護人員全弄到台南縣的柳營奇美醫院去救他的夫人？」

李繼宗：「當然是透過民進黨政府的高層囉！六年多來民進黨政府被蔣幫壓霸集團栽贓得怕了，被罵得心都虛了，所以會有討好他們的傾向。」

曾吉木：「討好這些壓霸份子有用嗎？他們懂得感激嗎？何況是濫用資源去討好他們，只怕會更被看衰。」

曾阿淡：「可惡的是，竟濫用資源去救一位與高雄選區無關，從台中趕場來助選的坐享特權之人，卻害死了一位爲國家執行治安任務、爲台灣人民奉獻犧牲的受傷警官(分駐所副所長)。這是什麼天理啊！」

李繼宗：「我的一位醫師朋友就說，以該因執行治安任務受傷警官的傷勢，又離台北較近，若能留有一組ECMO搶救，必能痊癒。竟捨棄一個在近處之爲國家、人民而受傷的治安公務員。卻把兩組ECMO都送去救一個遠方的，爲私利、私情還違法才受傷之人。是天地不容的事啊！」

洪全示：「有什麼辦法呢？在『台灣受虐症候群』毒害下，台灣人民習慣於視壓霸集團爲貴族，貴族享特權的現象已習慣成自然。胡志強本人還不是一直以中國國民黨黨工的年資在領國家退休金。」

曾吉木：「更不可置信的是，眾多奴化的電視和報紙，竟每日全版面聚焦在爲私利、私情還違法才受傷的胡志強市長夫人，對因公受傷危急的警官視而不見，放任他傷重而死。無一輿論替這警官仗義執言。台灣到底怎麼啦？要說台灣人民已無情又無義？又不像是！反而常見濫情、濫義。」

洪阿土：「『台灣受虐症候群』留下的毒害啊！」

洪全示：「可笑的是，不少中國國民黨立委在國會殿堂上要爲胡志強市長夫人提案，要因市長太太是坐在後座受傷而立法規定後座必須繫安全帶。任何一項交通法規的改變，都是因爲安全和利害程度的考量及意外事件的統計數字所做的。已經2006年的現代了，這些人竟還大膽地公開爲私人意外而立法來加以紀念。」

曾阿淡：「如果有統計上的證據，爲了行車安全，規定後座要繫安全帶是好事，何況現在的汽車後座都已有安全帶配備。但是，因爲某一個受溺愛的人而要特別立法限制人民，眞是目中無人，膽大妄爲。」

李繼宗：「這是因爲那些人已習慣於自認是貴族、特權階級，當然要爲貴族、特權立法；不是爲人民立法。」

曾吉木：「不可思議的是，竟也沒有一個人曾對這種心智的扭曲加以批評。」

洪阿土：「這也是『台灣受虐症候群』在燃燒啊！」

第34章

郝龍斌的厚黑學

當年李登輝依中國國民黨訂的法律繼任台灣總統之後，郝龍斌和其他患了中國躁鬱症者一樣，對一個台灣人當「中華民國」總統極度不爽，又發現父親郝柏村不但丟了兵權，還在中國國民黨內得罪不少人，使他在中國國民黨內失去了特權庇蔭，就叛離中國國民黨，加入了新黨來與中國國民黨對抗。2006年，郝龍斌發現新黨的「中國躁鬱症」太嚴重曝露，對他的攫取政治權勢並無幫助，爲了成功競選台北市長，遂再叛離新黨，請託馬英九主席讓他回中國國民黨，以求代表中國國民黨參選台北市長，並於12月9日當選，確定當選時立即現出侵略者的霸氣，在台上對著他父親郝柏村說：「報告總長，我把山頭攻下來了。」

洪全示：「郝龍斌的厚黑功夫眞是了得。先是看衰中國國民黨而叛離，投靠新黨；見新黨落魄，又求回中國國民黨，讓中國國民黨助他選上台北市長。好高段的厚黑學教主。」

李繼宗：「蔣幫壓霸集團及那批假中國人全都精研厚黑學，學以致用，高段厚黑的人太多了，我不知郝龍斌是否當得了教主，但郝龍斌那悍匪式的霸氣是夠狂妄了。」

曾吉木：「是呀！郝龍斌一肯定已當選台北市長，立即在媒體面前轉身向他父親郝柏村大喊：『報告總長，我把山頭攻下來了。』這句話我初聽很耳熟，原來是電視上盜匪劇常有的台詞，只是把『寨主』或『大王』改成了『總長』，把『台北市』視爲『山頭』。把霸道悍匪的氣勢表露無遺。」

曾阿淡：「可是郝柏村早就不是參謀總長十多年了，今天還叫他總長？」

曾吉木：「想當年郝柏村連三任參謀總長，一手掌握全國兵權，壓霸十足，連總統都要畏他五分。後來被李登輝誘釋兵權，至今恨得牙癢癢的。對當時一手掌握全國兵權的威風仍心存不捨，又念念難忘，做兒子的當然是瞭解了，故而有此霸情流露，讓他父親爽快一下。」

洪全示：「也難怪這些蔣幫壓霸集團份子敢囂張霸道。靠著『台灣受虐症候群』之毒，操弄族群意識的矛盾，被家奴化的華裔移民在選舉中百分之九十以上，一定投票給他們；百分之六十以上的台灣人在斯德哥爾摩症候群的呆奴心理下，即使不用操弄，也會投票給他們，這些蔣幫集團當然得意地竊笑了。」

李繼宗：「這些蔣幫壓霸集團，特意操弄族群以合理化其霸道、奴化台灣人民的心靈。遇有人指出其壓霸心態時，反指控別人操弄族群，卻還能得逞。」

洪阿土：「這是『台灣受虐症候群』之毒的作用啊！」

第35章

還是一樣的司法——捐款、罰款沒收據

健保局為醫藥分業，優惠釋出處方箋，鼓勵在診所附近設立健保藥局。有些病患多的診所遂因聘請藥師開設健保藥局而得利；但有些診所卻需付出補貼才有藥師願來開業。健保局的規定是，只要藥師獨資開設健保藥局即可，但在健保財務管理不善的情形下，於2006年卻另以「健保藥局若收受單一診所處方箋超過70%即非獨資」之罪名移送法辦。有不少「大醫師」所開設的藥局即以交換處方箋規避。規矩的「小醫師」、「小藥局」則遭受健保局和法院雙雙脅迫騷擾。由於是陽謀設計，地檢署並未由檢察官出面處理，是由所謂的「事務檢察人員」辦理。

郭醫師是一名開業醫師，診所附近有家藥局，郭醫師為方便患者取藥，遂前往與藥師商量，請藥師申請健保藥局業務，和其診所合作，方便患者取藥。由於診所患者人數不多，為增加藥局意願，郭醫師提供電腦作業的幫助，並隨月補貼藥局部分開銷。因為附近並無其他診所，所以該藥局收受之處方箋自然70%以上皆來自郭醫師，郭醫師與藥師就雙雙被移送地檢處，由事務檢察人員偵辦。

事務檢察人員：「郭醫師你認罪嗎？」

郭醫師：「我不但沒開設健保藥局，每月還補貼藥局二萬元，我何罪之有？」

事務檢察人員：「藥局若與你無關，你每月補貼藥局做什麼？你每月拿錢補貼藥局，我就認定藥局非獨資，我就可辦你。」

郭醫師：「我補貼藥局是爲了讓藥師有意願在診所附近開設健保藥局，以方便鄉村地方眾多行動不便的老人家，何況這是健保局推動的。我眞不敢相信，做這種配合政策和有利社會的事又會招來橫禍。」

事務檢察人員：「你現在可以相信了。」

郭醫師：「那請問，鄉裡有三個低收入戶，無力讓孩子上高中，我每學期幫他們付學費已兩年多，是不是又要怪罪我幫助無關之人付學費？是不是我又多了三條罪名？」

事務檢察人員：「要不要辦你是由我認定的，不是你能認定的。」

郭醫師：「雖然大家都說法院是中國國民黨開的，我還是不敢相信台灣司法眞的沒救了。」

事務檢察人員：「哈！誰開的都一樣！你堅持不認罪協商是吧！」

郭醫師：「因這樣的事被找麻煩就認罪？」

事務檢察人員：「我老實告訴你好了，這件事是全台灣檢察官商量好了的，已決定辦理原則，凡是健保局列入藥局單一診所處方箋大於70%的，均入甕了。我算是對你們很客氣了，你們只要照我們決定的數目把錢繳上來，就沒事。否則，雖然可能無法眞的定你的罪，但地檢處每個月就傳喚你一次，你受得了嗎？也許你會說：『就直接上法庭吧』，但一樣的，你還是須每月上法庭一次。不信你問問其他同行醫師。我就不信你會受得了。」

郭醫師：「擺明了就是要錢？」

事務檢察人員：「是不能這麼說，但意思就是如此！」

郭醫師：「若我錢實在拿不出來呢？」

事務檢察人員：「你可能不知道，你向健保局申請的醫療費用算少的，所以排在後面審理，我也特別對你客氣。台中縣有位醫師，和你的情形類似。他起先堅持不認罪協商。後來走法院走得怕了，才答應協商，檢察官不爽了，除了錢須照繳，還被判去勞改。你願意這樣嗎？」

郭醫師：「勞改？」

事務檢察人員：「就是勞改，你覺得奇怪嗎？台灣只是改了個稱呼——叫『社區服務』。」

郭醫師：「『社區服務』我平常就有在做，是沒問題。但是，叫我每月一次地跑法院就苦了。」

事務檢察人員：「所以囉，我算是爲你著想了，繳了錢就沒事。」

郭醫師：「那我須繳多少錢？」

事務檢察人員：「照健保局算法，你須繳回健保局的處方釋出費(包括藥局本身)，共約二十二萬元；另有公益捐款繳給『觀護人協進會』約二十五萬元。匯款帳號在此，你繳完就銷案了。」

一個月後。

郭醫師：「觀護人協進會嗎？」(電話)

男聲：「是的。」

郭醫師：「我姓郭，一個月前我有捐款給貴協進會，但至今未接到收據，請麻煩您給我一張收據。因爲當初講的是公益捐款，我想留收據報稅用。」

男聲：「好的，我查查看……。對不起，郭先生，我查不到你的捐款紀錄。」

郭醫師：「怎麼可能？我這裡還留有匯款條呢！你們的匯款帳號是xxxxxx。」

男聲：「但我們觀護人協進會的捐款帳號不是這個帳號。」

女聲：「大概又是協商捐款的，讓我來接。」

女聲：「請問是不是地檢處檢察官要你認罪協商所做的捐款？」

郭醫師：「是的。」

女聲：「那麼你的錢是送進了法院地檢處了，不是捐給我們觀護人協進會。」

郭醫師：「可是公文上明明寫著『「應該公益捐款給觀護人協進會』。」

女聲：「我知道，我已經接過幾十通詢問電話了。任何捐款我們都必須有清楚登記，不會錯漏的。你們的錢都匯到地檢處了。地檢處有一個收款帳戶，有時爲了取信於人，也說是『觀護人協進會』，但絕對不是我們，我們是眞正登記有案的『觀護人協進會』。」

郭醫師：「那請問你們有沒有地檢處那個收款帳戶的電話，我好打去問。」

女聲：「那個帳戶是未登記的，並無特定電話，你可打電話到地檢處查問。」

郭醫師：「謝謝！」

郭醫師：「地檢處嗎？」

總機：「是的。請問有什麼事？」

郭醫師：「我找『觀護人協進會』。」

總機：「這裡是地檢處，不是觀護人協進會，你找錯地方了。」

郭醫師：「對不起，我是要找地檢處內的觀護人協進會。」

總機：「地檢處內沒有觀護人協進會。」

郭醫師：「對不起，是檢察官說為我好，要我認罪協商，做公益捐款，捐錢給所謂的『觀護人協進會』帳戶，但我沒收到收條或收據，想查問一下。」

總機：「哦，我知道了，我幫你轉接。」

郭醫師：「謝謝妳。」

女聲：「檢察官辦公室，請問有什麼事？」

郭醫師：「我姓郭，一個多月前有『事務檢察官』要我認罪協商，做公益捐款給『觀護人協進會』，我至今未收到收據，想請問一下。」

女聲：「錢我們收到了，你放心。」

郭醫師：「那請開給我一張收據。」

女聲：「你要收據做什麼？」

郭醫師：「既然是公益捐款，我可以報稅。」

女聲：「沒有收據啦！我們不開收據的。」

郭醫師：「拜託一下啦！錢你們已收到了，就麻煩開一張收據給我，我好報稅。」

女聲：「跟你講沒收據就是沒收據，你囉唆什麼？老實告訴你好了，這些錢等於是罰款，不能報稅的。」

郭醫師：「即使是罰款，繳了罰款也應該有收據吧？」

女聲：「就是沒收據，全台灣都一樣。你想怎樣？想再繼續被傳喚來地檢處和法院偵審嗎？」

郭醫師：「現在已2006年了，台灣的司法系統竟還有這種事？」

「碰！」電話被對方用力掛斷了。

第 36 章

「台灣受虐症候群」副作用例一

台中楊醫師因親自拿藥給病患遭檢察官起訴

李繼宗：「台灣人民慘了，連受傷、患病時被救治的權利都沒有了。」

洪阿土：「怎麼啦？」

李繼宗：「我有一個朋友姓楊，是一位在台中開業的醫師，因爲一位急症病患在時間外求診，藥師已下班，楊醫師給予打針急救，還親自拿藥給病人，因爲醫師熱心救人，事情傳了出去，結果被檢察官以違反藥師法起訴了。」

洪阿土：「怎麼會呢？」

李繼宗：「因爲立法院早就通過藥事法第102條修正案，並於1997年3月1日實施。將原『醫師以診療爲目的，得依自開處方親自爲藥品之調劑，爲病患施藥』改爲『以經政府公告爲偏遠而無藥師之地區與醫療急迫情形爲限』。並將『藥品之調劑』解釋爲『給患者藥品』。」

曾阿淡：「眞的嗎？這樣的話，病人就不能隨時得到醫師救治了；非得隨時有一位藥師緊跟著，醫師才能醫治病人了？世界上有哪一個國家敢通過這種法律？」

李繼宗：「藥師公會要求這樣立法的原意，是因爲有一些診所草率地以一些非醫事專業人員替患者包藥。」

曾吉木：「那就應嚴格取締非醫藥事業人員處理藥品的行爲，怎麼反而限制起醫師的醫療職責了？通過這樣的法律時，衛生署長在幹什麼？醫師公會幹部們在幹什麼？」

李繼宗：「當時衛生署長是張博雅，她和醫師公會幹部見面時，竟告訴醫師公會幹部：『這些台灣的立法委員都是氣勢凌人的土包子，無知又不理性，不必去得罪他們，他們要通過這法律就讓他們通過，怎麼可能眞的實施這樣的法律嘛？』而這些醫師公會幹部竟也相信張博雅的話而放任這樣的法律通過。」

洪全示：「哈！我原以爲醫師都是社會精英哩！原來醫師中，憨呆也多的是。這就像是我要某甲寫一張千萬元借據給我，說是要給某乙掛在房間當裝飾用，某乙不會眞的拿來向某甲要錢的。而某甲也眞的無緣由地寫了一張千萬元借據拿給我，我也眞的拿給了某乙。竟有這種蠢事！」

曾吉木：「有什麼奇怪的？呆奴化教育的副作用啊！」

洪全示：「楊醫師也眞感情用事，既然法規已如此，雖是急症病患，送他去醫院即可呀！」

李繼宗：「不，楊醫師是很規矩的人，他會勉強給藥，是因爲他的一個醫師朋友，由於堅持守法，不親自給藥治療病患，不久前才被告了。因爲該病患到醫院掛急診後，再到法院控告醫師。」

洪全示：「控告什麼啊？」

李繼宗：「控告醫師沒醫德，見死不救。」

洪全示：「藥事法不是規定，在非政府公告的偏遠地區，醫師不能給藥嗎？台中又不是偏遠地區。」

李繼宗：「阿示，你忘了，急迫情形可以例外。」

曾吉木：「醫師可以判斷爲非急迫情形啊！」

李繼宗：「該病患說：『他都掛急診了，當然是急迫情形』。」

曾吉木：「這樣的話，你那位朋友楊醫師也可辯解說：『我看到是急迫情形才給藥的呀！』」

李繼宗：「哈！你忘了現在台灣的『台灣受虐症候群』啊？楊醫師給藥治療之，病人恢復健康了，現在活得好好的，楊醫師怎麼向檢察官證明情形急迫啊？」

曾吉木：「不會吧？治療前情形急迫，治療成功後當然不急迫了，還要怎麼證明？」

李繼宗：「沒用的，台北市就有醫師因急迫情形給藥受到台北市政府處罰。台北市政府就認爲病人現在好好的，不算急迫情形，駁回醫師的訴願。」

曾吉木：「那醫師不就慘了嗎？在時間外不醫治病人，會被告『見死不救』；醫治了病人，又必須把病人醫死或至少不能醫好。因爲病人若活得好好的，會被判定爲非急迫情形，又要被告上法院了。」

洪阿土：「現在的醫師眞的慘了。」

洪全示：「不對！不對。剛才阿宗是說台灣的民眾慘了。」

曾阿淡：「是呀！阿宗，明明是台灣的醫師慘了，你怎麼說是『台灣的民眾慘了』。」

李繼宗：「因爲醫師們發現，若在時間外見了病人，不把病人醫死也一定要把病人醫成殘廢，否則可能會被說成非急迫情形而受重罰，甚至被告上法院。所以現在中部已有一個區域的醫師，在時間外全都不敢接電話，不敢應門鈴；外出時也不敢在有人認得他是醫師的地方走動了。」

曾阿淡：「我知道了，這種情形若在台灣各地漫延，以後在時間外，除了往大型醫院，找不到醫師求助了。若來不及到大型醫院就死定了。」

曾吉木：「但是，台灣有不少鄉鎮是沒有大型醫院啊！」

曾阿淡：「所以囉，阿宗才說『台灣人民慘了。』」

洪全示：「原來『台灣受虐症候群』還有這麼嚴重的副作用。」

第 37 章

查辦貪汙的司法鬧劇

二十一世紀查辦貪汙的鬧劇對照民進黨聞達人士的呆奴，更養大蔣幫集團的壓霸

(2007)

2007年2月

李繼宗：「民進黨已執政七年，台灣的法院還是中國國民黨開的。眞可笑，又可悲！」

洪阿土：「怎麼啦？阿宗。」

李繼宗：「你沒看到，因爲馬英九特別費的貪汙被查，先是中國國民黨人檢舉所有民進黨行政首長；民進黨人士再檢舉所有中國國民黨行政首長。結果，眞正被嚴查的只是民進黨行政首長，所有中國國民黨的縣市長及過去行政首長全被輕鬆帶過。」

洪阿土：「這種事大家原本就心裡有數。不過，馬英九的貪汙案被起訴了，也算是台灣司法的一點小進步了。我原本還以爲馬英九會如以前的壓霸集團一般，台灣司法根本不敢碰他。」

李繼宗：「哈哈！阿土你說台灣司法的一點小進步？原來你也有一點蒙蔽！」

洪阿土：「怎麼說？」

李繼宗：「高檢署查黑中心在起訴了查無贓款的國務機要費後，見到了贓款證據確鑿的馬英九市長特別費案已公諸於世，才不得不也起訴，這也算是進步嗎？」

洪全示：「可是，檢查官公然起訴蔣幫壓霸集團的核心嫡傳份子，也應算是一點小進步了。」

李繼宗：「大錯特錯。你們想想看，在1995年時，李登輝總統已朝政治民主化和司法自主邁進了七年，蔣幫壓霸集團還利用許水德出面公然提醒司法人員『法院是中國國民黨開的』。今日這些查黑中心司法人員當時均已久任其職，他們若頭腦有點清明或人格有點自尊，早就趁機反駁許水德以改革司法、救司法了。結果還是沒見到有任何一個當時的司法人員敢站出來維護自己的尊嚴。這就足以證明這些人若不是蔣幫壓霸集團的家奴或高侵略性的假中國人，就是深中『台灣受虐症候群』之毒的自然型呆奴。看看陳瑞仁，他可能連自己本是台灣平地原住民都不知道。陳水扁總統本可以依法不受調查，但仍請他進總統府，詳細解說『基於國務機密的檯面下花費，他被騙才以為照例需以權宜發票報帳，也才不得不請夫人透過友人幫忙收集單據，實際上並未有任何人不當取財』。陳瑞仁亦查不出此筆款項有任何人不當收取。陳瑞仁還是未公正執言，以致由張熙懷來起訴。而張熙懷已是在台灣的第二代華裔移民，仍不肯在台灣落地生根，心靈扭曲地拒絕承認是華裔台灣人，也不願回去當中國人，卻常往中國朝貢，見了個地方機關的共黨書記就沾沾自豪，設立獎學金做為效忠中國的獻禮，自稱是中國台灣的檢察官。還尊稱專門迫害人民、迫害宗教的中國海淀檢察院爲模範檢察院。中國國民黨開的司法機關要羞辱台灣，當然就交由這種被蔣幫壓霸集團家奴化的檢察官起訴陳水扁總統夫婦，最能迎合心意了。你期望他們能有什麼進步？」

曾阿淡：「張熙懷竟能自己任意將國家機密事務判定爲非機密，隨意公布，亦沒人能奈他何。」

洪全示：「所謂機密及其等級，是由執行任務的人判別，經由主管首長認定的。非參與其事者怎可隨意變更？」

曾阿淡：「是呀！就單獨一個家奴化的檢察官即可推翻國家機密的認定，且將之公開，又沒有洩漏國家機密的罪責，眞是天下奇聞。」

曾吉木：「當有人質疑，若眞要說貪汙，檢際官認定的一千四百八十萬贓款不是一筆小數目，總會留下鉅款流向的線索吧！檢察官怎麼沒有去調查清楚鉅款流向呢？張熙懷竟答稱，只要他認定是貪汙，有沒有贓款並不重要。擺明的就是，只要能讓蔣幫壓霸集團滿意，他就是獨裁者了。」

李繼宗：「唉！他們從以前到現在一直都是如此，你以爲民進黨執政了七年，眞能有任何改變嗎？」

洪阿土：「講到這裡，我要爲陳瑞仁和侯寬仁說句公道話。從過去兩人所辦案件及平時行事風格來看，陳瑞仁和侯寬仁在台灣司法界，算是較有點清明的檢察官了。」

李繼宗：「但是，在1995年蔣幫壓霸集團指使許水德出來再次強調『法院是中國國民黨開的』時，也不見他們兩人有任何反應。」

洪阿土：「大家想想看，他們自小受的是呆奴化教育，中的是『台灣受虐症候群』之毒，從未有機會瞭解眞實的台灣歷史。李登輝、陳水扁主政近二十年來，亦未想到要恢復台灣歷史眞相、重拾台灣固有文化與台灣人民的民族心靈情操和人格本質。司法系統又已有六十年爲蔣幫壓霸集團服務的積習和服膺主子的家奴性。1995年時，他們還是司法界的小兵，即使想要吐口怨氣，在那一大缸墨汁裡，看得到任何痕跡嗎？」

李繼宗：「但是，他們也不應該把在司法裡有志難伸的怨氣吐在台灣人民身上啊！」

洪阿土：「司法界把受壓的怨氣吐在台灣人民身上的情形到處可見，但在陳、侯兩人身上所見並不太多。以陳瑞仁爲例，他受命偵辦陳水扁總統國務機要費，既已受命，當然就須執行。陳水扁又准他入府調查。調查報告交上去之後，陳瑞仁的同事和其家奴化長官怎麼解讀、怎麼利用、怎麼曲解，又哪是陳瑞仁所能左右的？」

曾吉木：「這在台灣的蔣幫壓霸集團家奴化司法裡也是高招，獨創偵辦檢察官和起訴檢察官不同人的辦法。若遇到偵辦檢際官不懂主子的心或沒能讓壓霸人士稱心，就再找較完全的家奴來起訴、來審判。眞是滴水不漏啊！」

洪全示：「但是，侯寬仁眞的使馬英九被起訴了啊！」

李繼宗：「起訴馬英九是在幫馬英九塑造被冤枉的假象，那是套招，是在轉個彎才能救馬英九啊！」

洪全示：「怎麼說？」

李繼宗：「馬英九是蔣幫壓霸集團的嫡傳弟子之一，志在再取台灣總統之位，是吧？」

洪全示：「是呀！」

李繼宗：「那你們認爲陳水扁爲何在『台灣受虐症候群』毒化下還有機會贏得台灣總統之位？」

曾阿淡：「除了這些壓霸之人太過貪婪而爭食外，蔣幫集團的壓霸太過明目張膽也是原因。雖然多數台灣人仍不能擺脫『呆奴化』，但不少人民還是不能苟同其惡行，甚至厭惡。」

李繼宗：「是的，蔣幫集團在無法阻止台灣走向民主化之後，現在已學會把壓霸手法轉個彎，以便配合『此地無銀三百兩』的呆奴式騙術，繼續奴化台灣人民。」

曾吉木：「我知道了，若馬英九在貪汙證據被公開之後仍未被起訴的話，2000年及2004年大選中蔣幫壓霸集團共主的被看破腳手，必會重演。所以必須先受到起訴，再由家奴化的法庭以各種似是而非的法律說詞，想辦法自圓其說，判馬英九無罪。在司法方面，可硬拗說：『本想定馬英九的罪，但法律程序定不了，我們也無奈。』用來自我遮羞。在馬英九這方面又可大叫：『司法終於還我清白了。』再演一次不沾鍋假英雄。」

洪全示：「哇！這招和盜賣國發院贓產那一招同樣高啊！」

洪阿土：「其實馬英九他們那幫人在二十一世紀了還能玩弄台灣於股掌之間，還不是全靠著蔣介石、蔣經國父子的庇蔭。要不是台灣人民中了蔣家父子呆奴化台灣人民的『台灣受虐症候群』之毒，馬英九那幫壓霸集團的伎倆那騙得了正常成長的台灣人民？」

曾阿淡：「可憐的是，在台灣，能有機會正常成長的台灣人民並不多啊！」

李繼宗：「我想到一件大家可能忘了的事。在1993年時，澎湖有一個高植澎醫師堅持投入澎湖縣長補選，成爲蔣幫壓霸集團的眼中釘。時任法務部長的馬英九，以高植澎在任職西嶼衛生所主任時，衛生所辦年終尾牙的時候，接受藥商捐贈五千元爲由，要求中國國民黨開的司法機關嚴辦，造成高植澎當選後被停職，一位護士因被冤枉而跳樓自殺死亡。另一位生病的護士也因受到侮辱，病情惡化而死亡。」

洪全示：「等等！這件事我沒注意到，各公私立醫療院所辦年終尾牙時，不都是接受廠商小額捐贈或提供抽獎品嗎？這是每年的例行活動啊！」

李繼宗：「是呀！但是馬英九爲拔除這個他認爲是眼中釘的高植澎，就以法務部長的身分，指示要以貪汙罪嚴辦高植澎。」

洪全示：「那豈不是全國各醫療院所都要被以貪汙罪嚴辦了，以過去幾十年計算起來，那全國醫護人士要全被抓光了。」

李繼宗：「若這樣的話，法院就不叫做是『中國國民黨開的』了。法院之所以是『中國國民黨開的』，是因爲蔣幫壓霸集團不辦誰，法院就不辦誰；要辦誰就辦誰；要如何辦就如何辦。這樣他們才敢大聲說：『法院是我們中國國民黨開的』。」

曾阿淡：「結果，因爲衛生所的年終尾牙是由那兩位護士主辦的，所以爲了拉下高植澎，馬英九就不惜害死了那兩位護士？」

李繼宗：「是呀！不然他怎麼叫『馬英九』？」

洪全示：「那這次馬英九自己貪汙的贓款被抓出了，罪證確鑿，看他還有什麼話講？」

李繼宗：「啊！阿示你怎會這樣想？你忘了『台灣受虐症候群』之毒有多深啊？雖然民進黨已執政了七年，現在的司法還是2000年以前中國國民黨開的那個司法在運作啊！」

洪全示：「對喔！」

曾吉木：「唉！」

曾阿淡：「唉！」

洪全示：「不對啊！馬英九現在因貪汙案被起訴了，他不是假裝清高，自訂了一條規定『凡被起訴的就不能被提名參選』嗎？那馬英九就不能代表中國國民黨在台灣參選2008年的總統選舉了。」

李繼宗：「阿示，你又在說夢話了，蔣幫壓霸集團訂的法律是在限制別人的，什麼時候有過什麼憲法啊、法律的，能限制得了蔣幫壓霸集團自己呢？何況馬英九又是現在蔣幫壓霸集團的新共主！」

曾吉木：「他們的國歌、國旗都可以隨意假造了；總統之位也可當作皇帝來無限期高坐，再傳位太子了。這種被起訴就不提名之事是小case啦！」

洪全示：「對喔！」

洪阿土：「我覺得蔣幫壓霸集團更會利用這件『被起訴就不提名』的規定來譏笑台灣呆奴。」

洪全示：「這種事也能笑話台灣啊？」

洪阿土：「你們想想看，要爲馬英九個人否定這『被起訴就不提名』的法規，對蔣幫壓霸集團來講是小case，他們不會緊張、不會急，反而是他們身旁的一些高侵略性台灣假中國人會心急。那些高侵略性台灣假中國人會急著爭先表態效忠，會積極趕著提議、運作修法，來爲馬英九解套以乞寵。屆時蔣幫壓霸集團又有了新笑話，在茶餘飯後用來譏訕台灣呆奴以解悶。」

曾吉木：「我敢說，首先無恥地爭著諂媚乞寵、爲馬英九解套的，不是吳敦義就是蔡正元。而以蔡正元在馬英九當上中國國民黨主席之前即極力獻慇勤，馬英九任主席後又得倖掌理黨產。我打賭必是蔡正元搶得先機。」

李繼宗：「無可置疑的啦！」

2007年3月

李繼宗：「這些民進黨聞達人士眞是呆奴得可以，到現在還是看不出蔣幫壓霸集團的奸詐伎倆！」

洪全示：「又怎麼了？」

李繼宗：「你們沒看到？這幾天這些民進黨的聞達人士又被蔣幫壓霸集團呆奴化了一次。」

曾阿淡：「我知道，是特別費案。台南地檢署不起訴台南市長許添財，說明是因認定特別費是實質補貼首長的個人公務所需之支出，只要有實際公務支出，不是用於私人或納入個人所有，即不能做貪汙認定。但是蔣幫壓霸集團利用家奴化電視與報紙，歪曲事實，把補貼首長『公務支出之所需』說成是首長的『薪資實質補貼』，加以擴大炒作，用來爲馬英九的貪汙事實圓謊。這些民進黨閭達人士竟不細查事實，隨著蔣幫壓霸集團起舞，幫助壓霸集團模糊司法。即使在台南地檢署檢察長朱朝亮都出來強調：『對於首長特別費的定義，南檢與北檢的認知是一致的，均屬公款的業務費，南檢並未把特別費定義爲首長的薪資實質補貼，南檢不起訴台南市長許添財是因爲許市長的特別費都已有實際支出，請外界勿以訛傳訛。』之後，還在受壓霸集團利用，還在討論並不存在的南北見解不同而模糊了案情不同的事實，而蘇貞昌身爲行政院長，竟然講出『特別費是歷史共業』的話來，好一個台灣呆奴啊！」

洪全示：「蘇貞昌、呂秀蓮、謝長廷三人在陳水扁總統被以國務機要費汙衊爲貪腐、被追打時，在旁冷笑且落井下石。雖然他們三人並非蔣幫壓霸集團的在意目標，就像港星成龍(陳港生)一樣，先罵盡天下所有男人均是『無恥豬哥』，再解釋自己也是男人，所以自己是『無恥豬哥』也是當然的事，何罪之有？馬英九等蔣幫壓霸集團與成龍教學相長，這次馬英九等人就是看準民黨閭達人士的弱點，打擊這些民進黨的行政首長，只是要嚇嚇他們而已，因爲這只是將來要判馬英九無罪的前戲。果不其然，蘇貞昌、呂秀蓮、謝長廷三人心虛了，除了自己喊冤，已不敢批判馬英九的貪汙，更連特別費是『歷史共業』的鬼話都出口了。難道他們不知陳水扁在當台北市長時的特別費是清清白白的嗎？」

洪阿土：「哈，這『歷史共業』和成龍(陳港生)的『天下男人都會犯的錯』眞是相映成輝啊！」

曾阿淡：「唉！其實只要這些台灣閭達人士的心靈足夠

清明，能直接明白指出，馬英九的蔣幫壓霸集團正利用『台灣人民呆奴化』之毒，以混淆事實在對台灣人民繼續洗腦，是爲了要模糊馬英九的司法責任做準備。並將台灣司法將會如何配合蔣幫壓霸勢力演出這醜戲的詐術，預先公諸於台灣人民，即可協助台灣人民看清馬英九那群蔣幫壓霸集團的眞面目。可惜『台灣受虐症候群』心靈之毒太深了，並未見到一個心靈清明之台灣聞達人士。」

曾吉木：「更糟的是，這些司法人員也無人能擺脫馬英九壓霸勢力的愚弄。例如，陳瑞仁說：『南檢的起訴書有如馬英九的答辯狀』表面上好像在批馬，但實際上有附和蔣幫壓霸勢力所造『南檢有不同見解』之謠言，也模糊了許添財無貪汙事證的重點。更隱含有可把『扭曲司法』硬拗成『見解不同』之隱喻在。等於在替馬英九鋪好了下一步玩弄司法之路。」

李繼宗：「看來不僅馬英九將可從罪證確鑿的貪汙罪中脫身；蔣幫壓霸集團將繼續在台灣春風得意；『台灣受虐症候群』也將在已民主化的台灣繼續熾烈燃燒；台灣人民想要覺醒、恢復眞實的歷史、尋回心靈的尊嚴、重建原有的優雅人格本質及國家正常化，均將遙遙拖延了。」

洪阿土：「其實，司法這缸黑汙泥中的有心清明人士裡，若有人骨氣夠，將蔣幫壓霸集團過去掌控司法的罪行一一揭露；對於今日馬英九等中國在台壓霸集團利用家奴化媒體繼續玩弄司法的邪惡奸計加以點破，並抗拒到底，才能眞正重建司法人員的尊嚴，更可進而有助於刺激台灣人民的早日覺醒。可惜並看不到夠骨氣、夠清明的司法人員。」

李繼宗：「唉！現在這個台灣司法還不是2000年以前那個台灣司法？雖有少數新進人員，但是被壓在底層。你不能期待司法能比一般台灣人民先從家奴化、呆奴化中覺醒，或先擺脫『台灣受虐症候群』之毒。」

曾吉木：「台灣被這麼一攪和，台灣人民的是非觀念更加混淆了。」

曾阿淡：「『台灣受虐症候群』的精神與心靈之毒更繼續惡化了。」

洪全示：「未來幾年裡，台灣人民和民進黨聞達人士有夠多的苦頭吃了。」

洪阿土：「台灣人民的苦頭裡，有一半是民進黨聞達人士須負責任的。」

洪全示：「怎麼說？」

洪阿土：「這些民進黨聞達人士常呆頭呆腦地隨蔣幫壓霸人士起舞，無意間在幫助馬英九的中國壓霸勢力呆奴化台灣。隨便一提就有好幾個例子：去年的『硬拗罄竹難書』；以貪腐來汙衊、反扁時，他們的『在旁冷笑』；最近的『歷史共業』的虛妄、『實質補貼』的誤謬和把『對台灣文化革新的讚揚』說成是『喻爲中國文化大革命的侮辱』。都是被馬英九的中國壓霸集團牽著鼻子在踐踏台灣人民的心靈。」

洪全示：「是喔！這些民進黨聞達人士眞是呆奴中的呆奴。」

李繼宗：「把『對台灣文化革新的讚揚』說成是『喻爲中國文化大革命的侮辱』？我不懂。」

洪阿土：「英國《經濟學人》雜誌最近刊出文章，讚揚『台灣終於知道政府機構需要正名；要揭去蔣介石頭上神化偉人的僞裝面紗，阻止台灣人民對這位殘害台灣的人魔繼續膜拜』，是一種文化革新、人民的醒覺。馬英九的蔣幫壓霸集團看了心驚膽跳，唯恐台灣民眾中有人發現這種國際讚揚之聲，會有助台灣人民的繼續覺醒，遂又拿出了蔣幫壓霸集團的一貫顚倒黑白的伎倆，把英國《經濟學人》所說的話顚倒黑白，利用其家奴化的報紙和電視，把『文化革新的復建』故意曲解爲『如中國的文化大革命』；把英國《經濟學人》『對台灣人民的讚揚』誤導爲『指責』。而這些台灣聞達人士竟也繼續呆奴到對馬英九之蔣幫壓霸集團的陰狠全無警覺；也不去查英國《經濟學人》的報導內容，像狗一樣被馬英九的蔣幫壓霸集團套著頸圈，被牽著隨之起舞，也加入批評英國《經濟學人》，協助馬英九的蔣幫壓霸集團繼續呆奴化台灣人民。這些民進黨台灣聞達人士眞是無知又混蛋。」

曾吉木：「英國《經濟學人》的這篇報導我看過，內容中肯又客觀，他批判蔣中正是獨裁暴君；又以同情及不解的口氣質疑尤甚強盜的蔣中正怎麼會在台灣『像神一樣的被膜拜』；並讚揚台灣人民終於知道要對『獨裁壓霸文化』及『神化文化』加以改革。全是仗義執言之聲，或許他們有人看過阿土寄到英國的那封信了。我不知道這些台灣聞達人士怎麼會受馬英九蔣幫壓霸集團的誤導和利用。」

洪阿土：「我說過，這些台灣聞達人士都是從蔣幫壓霸集團過去六十年來用所謂標準式呆奴化教育中脫穎而出的，既能聞達，必然是經過心無旁騖的埋頭苦讀，在暴政社會中勝壓他人才能出人頭地，精神和心靈的受害必然不輕，才會有此呆奴式反應。其實，只要心靈稍微清明，又學過一點英語；既知蔣幫壓霸集團有顛倒黑白、欺騙台灣人民的六十多年一貫伎倆，就會去翻看英國《經濟學人》報導的原文內容，它是以『和邪惡壓迫者之遺毒的對抗』爲標題來讚揚台灣民主政府的去中國化和去蔣神化，尤其它所用的revolution意思是『革新』或『改革』，若用於『革命』必加定冠詞the，並須在revolution的開頭改用大寫R，即會寫成the Revolution。所以，法國大革命是the French Revolution；俄國的十月革命是the October Revolution；中國毛澤東的文化大革命是the Cultural Revolution。而思想的革新是a revolution in thought；文化的改革與重建是cultural revolution。這次英國《經濟學人》讚揚台灣人民的開始清醒，用的是cultural revolution，並無定冠詞the，也不見大寫字母。這些民進黨聞達人士眞是重呆大奴，才會一再自陷蔣幫壓霸集團所挖的泥沼，反而協助蔣幫壓霸集團批評起英國的《經濟學人》。」

曾阿淡：「阿土：你不必生氣，在『台灣受虐症候群』之精神和心靈雙重毒化下，這些台灣聞達人士其實也是可悲、可憐的受害者，現在還是。」

洪阿土：「我氣的是，這些台灣聞達人士完全丟棄了台灣人民的謙恭情操；既已聞達，又輕忽而不知謹愼，自討苦吃也就罷了，因其在台灣之聞達，更拖累了台灣人民從『台灣受虐症候群』的精神殘疾中康復之路。」

李繼宗：「從這些民進黨聞達人士七年多來的種種表現看來，百分之八十的人都應該打他三十大板，看看能否打得清醒一點。」

洪全示：「講到重呆大奴，我看林濁水與李文忠正是標準代表人物，他們不僅因妒恨帶領一群子弟兵而隨施明德起舞，對陳水扁總統落井下石；還為了凸顯自命清高，竟雙雙辭去立法委員職務。其立委之職是台灣人民之所託，他倆未得台灣人民的許可，怎麼自廢台灣人民所賦予的武功。若眞自以為民進黨執政團隊不合他倆的胃口，應該是自己退出民進黨才對，反而辭去立委之職，卻選擇繼續留在讓他們『不恥』的黨內，這是什麼邏輯思想？」

李繼宗：「阿示，你忘了啊？『台灣受虐症候群』的重點之毒，就是在去除台灣人民的理性邏輯思考能力，而林濁水和李文忠正是這方面的重症患者之一啊！」

曾阿淡：「再看看TVBS電視台，明明是由中資滲透的港資所設立，法律又明白規定外資不得在台灣經營電視台，竟能假借新聞自由之名在台灣不斷製造騷亂。而民進黨政府竟也拿不出魄力將它關閉。」

李繼宗：「TVBS電視是由中國滲透進入台灣，再由患有中國躁鬱症和歇斯底里症情結的蔣幫壓霸份子運作，這是『木馬屠城記』的現代政治作戰版，在台灣的民主政治製造亂源是他們的眞正目的。從該台成立至今，歷經李登輝、陳水扁的台灣人自主當政，不斷地扭曲事實、造假汙衊，企圖顚覆民主政府不成，現在已幾近瘋狂，先在去年(2006年)12月20日製作商人用瀝青除鴨毛的假新聞，一連三天的密集渲染報導，企圖擾亂台灣民心、破壞台灣經濟秩序。並同時報導北京烤鴨、稱讚其『鴨皮無瑕』來笑衰台灣。即至其惡毒謊言與陰謀被揭穿之後，民進黨政府亦沒拿出一點作為加以懲治。以致TVBS電視台食髓知味，現在才會再偽造黑道猖狂的新聞，製作黑道份子擺出一批強大重武器槍械之凶悍畫面，恐嚇台灣民眾，製造恐怖氣氛，企圖引發社會不安。好在警方偵破此陰謀，才未讓其得逞。」

曾吉木：「可惡的是，在負責掌鏡拍攝假新聞影帶的史鎮康供出『所有過程TVBS電視台長官早就知情，他只負責拍攝畫面，要怎麼播、會配什麼新聞稿全由新聞部主導，他根本都不知道』之後，民進黨政府竟還讓TVBS電視台僅調整幾個人事位置即脫罪。眞不知台灣人民養大這些民進黨聞達人士做什麼用？」

洪全示：「行政院長蘇貞昌推說『這是國家通訊傳播委員會(NCC)的權責。』」

洪阿土：「哈！NCC？由蔣幫壓霸集團所盤據的NCC早就被大法官會議裁定是違法組織，卻呆奴十足地還讓它繼續運作、繼續為所欲為，也是現代民主政治的另一項奇聞。」

曾吉木：「企圖擾亂國家治安，引起人民恐慌，這不是恐怖活動嗎？怎麼也不見有檢察官偵辦？」

李繼宗：「你忘了『法院是中國國民黨開的』這句話嗎？」

曾阿淡：「行政院還列出了NCC的十項違法失職事件哩！①違法兼職；②違法任用親人；③圖利自己；④違法袒護中廣發照；⑤違規自設訴願會；⑥不配合防詐騙之電訊政策；⑦故意不建置詐騙集團電信人頭卡資料庫；⑧侵害交通部網路名稱註冊業務；⑨違反行政院執行無線頻譜重整計劃

之政策；⑩人員核撥程序未完成前即搶先執行。行政院長蘇貞昌說一定處理，有哪一項處理了？」

李繼宗：「像這種故意假造新聞的事件若發生在正常國家，相關新聞部人員早就全體撤職，永不得再錄用。哪會有一而再、再而三的繼續發生之理？若有人提出申請，台灣這種無法無天的新聞罪孽，保證會列入『金氏世界紀錄』。」

洪全示：「不知金氏世界紀錄有無特闢的笑話章節，有的話，肯定列入其中。」

第 38 章

心靈清明者仍是少數；呆奴也未見醒覺

精神扭曲的還是扭曲；惡毒者如故，壓霸的則圖變本加厲

2007年4月

洪全示：「我眞想不通，這些在台灣的蔣幫壓霸集團既已在台灣二至三代，既不願眞的再回去當中國人，爲什麼笨到不定下心來，在台灣眞心當個華裔台灣人？」

李繼宗：「是呀，他們到現在，不得意時就跑到兩蔣棺木前哭拜；得意時也跑去棺木前禱告。當有識人士以中正廟圍牆阻礙景觀，要改成透視性視野時，那些壓霸份子竟與台北市長郝龍斌聯手將此才二十多年的強盜厝列爲古蹟，被學者否定是古蹟後，又要列爲文化資產保護，而一些被家奴化的中國移民，竟也歇斯底里地跟著叫囂。這些都擺明了認定兩蔣是他們的靠山和神祖，他們自以爲這是貴族氣焰的象徵，是他們繼續在台灣耍特權的本錢，殊不知這等於在自己身上掛著強盜嘍囉的牌子。而那些被家奴化的中國移民，則等於自願把蔣幫蹂躪台灣的罪孽往自己及子孫身上攬，眞是何苦來哉！反過來看看我父親，他自從搬到我們這鄉里定

居，即使尚未和我母親結婚，早就拒絕別人叫他『唐山仔』或『中國人』或『外省人』。他很快學會類似河洛話的現在台語，自稱是難民，是華裔移民台灣人。從那時起，在鄉里裡大家都叫我父親「李仔」，從我懂事以來，我從未聽過有人叫過我父親『唐山仔』或『中國人』或『外省人』，也從來沒有人認爲我不是台灣人，這是實在而心安理得的心靈與生活，我們已四代同堂，完全在台灣落地生根，並受到台灣人民的接納與尊重，我眞的很難理解，那些蔣幫壓霸集團和被家奴化的中國人，爲何捨棄這種安詳自在的心靈生活不要，而選擇把自己搞成有歇斯底里情結的中國躁鬱症。我父親在每年農曆9月9日都帶我和我母親遙祭他在中國的父母，但叮嚀我，到我爲止，現在他不准我的兒女參與遙祭祖先，將來他死後也不准我繼續遙祭他的父母、祖先。我曾爲此事和他爭辯，祭祖是傳統美德，可默化人心尊禮儀、重根土、顧謙虛、不狂妄、不忘本的情操。但我父親認爲他既已是落地生根的移民，不管是爲台灣人民或爲自己著想，在台灣人民尚未恢復台灣歷史眞相，尚未從『台灣受虐症候群』中康復前，不宜讓子女有異於普通台灣人民的感覺，以免在『台灣受虐症候群』毒素瀰漫下，心靈與人格受到扭曲，甚至毒化。」

曾吉木：「但是，阿宗你並未受到扭曲，也未受毒化啊！」

李繼宗：「我也是這樣跟我父親說。但我父親解釋道：當初他特意選擇這鄉里落戶，是看上這裡純樸。雖然蔣幫壓霸集團製造的『台灣受虐症候群』已如火如荼地展開，但在鄉里間毒化較慢，這裡的民眾仍保有台灣精神和文化一段較長時間，他有足夠的時間爲我做好防疫工事。而我的子女是出生在『台灣受虐症候群』已全面化的時代，我的子女也完全有了自己是台灣人的認知，完全沒有被蔣幫壓霸集團家奴化；雖然免不了受呆奴化影響，但與其他多數台灣人民比較起來算是輕微了。在台灣人民尚未完全擺脫『台灣受虐症候群』的精神病態之前，我父親寧願我的子女保持完全是台灣人的認知，以免除萬一有陷入中國躁鬱症病態的可能，雖然在我們的家庭教育下，可能性很低，但他不要冒這個險。我父親又說：將來若有一天，台灣人民已完全擺脫了『台灣受虐症候群』心靈之毒，我的子女就可大方地認知有四分之一的漢人血緣。」

曾阿淡：「阿宗，你父親眞是深謀遠慮啊！」

李繼宗：「我父親說：不深謀遠慮不行。人活著，心靈的清明和心安理得最重要，才能輕鬆而自在地過日子。知識的增進和生活的改善當然必要，但須愼防名利的負面誘惑，以免自陷心靈殺戮的深淵。蔣幫壓霸集團就是自己深陷負面的名利泥沼，才會惡毒地在台灣製造『台灣受虐症候群』來害人害己，不但他們自己的心靈永不得祥和，更害得自己的子孫和一些家奴化的華裔移民，至今仍陷入『中國躁鬱症』的精神病態而受罪，人人成了無根浮萍，生活上不再能回去當中國人，心靈上又不認同台灣，其實是很苦的。這是病態，也是罪過。」

洪全示：「哇！你父親眞是難得的清明人士，令人佩服。」

李繼宗：「我父親又說：蔣幫壓霸集團的第二代自小成長於自以爲是貴族的環境，已視壓霸特權爲當然遺產。現在台灣於李登輝當年睿智運作下已完全民主化，民主化是壓霸特權的危機。在民主制度下要維持壓霸，必須維持其貴族印象；要維持其貴族印象，就不能讓台灣人民清醒；爲防堵台灣人民清醒，則需鞏固其僞造的歷史和兩蔣神話的騙局。所以他們要不斷朝拜兩蔣停棺處，以補強因民主化而流出惡臭的漏洞；更絕不能容忍任何要揭露眞相的舉動。」

洪全示：「我知道了，所以蔣幫壓霸集團無所不用其極，狂妄地全力阻止對整個中正廟的絲毫碰觸。因爲中正廟是蔣幫集團自命爲皇族的壓霸象徵。有蔣介石的神話，正是他們繼續在台灣壓霸的護身符。整個中正廟的建築設計正是皇陵帝殿的規格，蔣介石是天皇老子，他們才能繼續以皇親國戚自我催眠。看看中正廟的格局，『大中至正』牌樓，是和北京永樂帝長陵相同樣式；中正廟本體三側樓梯，在中國宮廷中稱爲三出，中央留下只有皇帝才能走的『御路』；本體外型雕鑿仿如北京天壇；周圍更是宮廷式迴廊；區內一律採用藍色琉璃瓦，也是北京天壇的做法。其作用完全是要以天王老子的霸氣壓人，這在有正常國民教育的現代國家裡，是一個天大笑話。在國際上，各國早就把蔣介石、墨索里尼和希特勒同列爲人類歷史上最邪惡的一百大暴君與人魔。中正廟和兩蔣陵區的存在並由憲兵護衛表演，對現代民主政治是一大諷刺。在民主國家裡，也是台灣才會有的奇蹟。會維護中正廟存在，並把兩蔣棺木當祖墳朝拜的人，只有想繼續靠霸氣維繫特權的蔣幫集團份子、需靠壓霸政權維繫負面虛榮心的被家奴化中國移民、以及長期賣祖求榮的高侵略性台灣假中國人；而會漠視這種荒謬、可笑事物存在的人，則只有習呆奴心性成自然的台灣民眾。可悲的是，在『台灣受虐症候群』的毒化心靈下，這幾種人在台灣正是到處充斥。」

洪阿土：「也難怪阿宗的父親這麼深謀遠慮。」

李繼宗：「我父親還感嘆地說：其實要解除『台灣受虐症候群』心靈之毒並不困難，只要整理出正確的台灣原始史料，再配合眞實的中國近代史，即能讓被家奴化的華裔移民和被呆奴化的台灣人瞭解蔣幫壓霸集團的強盜眞面目，以及他們如何奸邪地以詐欺手段奴化台灣今日的所有住民，則『台灣受虐症候群』之心靈病態自然會如骨牌效應般，一路不停地瓦解。可惜李登輝執政十二年未在此用心；陳水扁執政七年也未做；而這一大群台灣聞達人士，更沒有一個曾為此努力過。眞是枉然。」

洪阿土：「這實在是因爲他們這些人自己也是擺脫不了『台灣受虐症候群』之毒啊！」

李繼宗：「蔣幫壓霸集團份子的心思，其實是很容易看穿的。在李登輝未推行民主化之前，他們把在台灣坐享特權視爲蔣介石、蔣經國父子御賜的禮物，不可侵犯，輕輕鬆鬆就能得意忘形。在民主化後，雖仍有『台灣受虐症候群』的庇蔭，卻需親自上台表演、操弄，才能維繫特權。這令蔣幫壓霸集團憤怒、掠狂。他們懷念著過去養尊處優的時光。不論是今日靠『台灣受虐症候群』庇蔭的壓霸氣焰，或是想再攫取過去得意忘形的日子，都須依賴蔣介石和蔣經國神化偉人的騙局來支撐。所以，這些蔣幫壓霸集團繼承人就是要堅持：『因爲是神化偉人，所以他的篡改歷史、家奴化華裔移民、呆奴化台灣人民都是不可質疑的』；『凡人必須接受神的旨意，而他們是蔣介石、蔣經國神話的代言人』。在這種情形下，當然無法坐視蔣介石和蔣經國騙局的被揭穿，必全力維護。因爲一旦蔣介石、蔣經國的騙局破功，蔣幫壓霸集團的猙獰面目即無所遁形；歷史眞相很快會被還原；『台灣受虐症候群』的心靈毒害也將可能迅速瓦解。蔣幫壓霸集團自認蔣神是他們金鐘罩的罩門，怎可讓人觸及？」

曾阿淡：「我知道，這就是蔣幫壓霸集團份子郝龍斌和周錫瑋一當選台北市長和台北縣長後，立即串通好要抵制一綱多版本的初步教改政策，要恢復一綱一本的標準教科書。並已拉攏了假中國人的基隆市長許財利，要統一標準教科書，以標準教科書自辦基測。並以『減輕學子負擔和對升學考試的疑慮』爲藉口，正在試圖說服各縣市跟進。他們就是擔心多版本教科書會開啓了各家爭鳴的風氣。眞理越辯越明，會開啓了台灣人民理性邏輯思考的能力。萬一有人翻出了當年未被蔣幫集團燒光的漏網眞實史料，發現原來台灣人並非漢人；蔣幫集團根本就是中國逃犯、根本就是侵台強盜；現今中國之覬覦台灣其實是始自蔣幫壓霸集團之把台灣人民呆奴化；蔣幫集團的勾結美國是使台灣在國際上陷入困境的始作俑者。這樣一來，他們所費盡心機製造出來的『台灣受虐症候群』之台灣人民心靈病症，就可能逐漸康復。到時他們要維持在台灣的壓霸特權就困難了。」

洪全示：「難怪那些蔣幫壓霸集團不惜代價也要恢復標準教科書制度了。」

曾吉木：「爲了隱藏他們的奸計，那些蔣幫壓霸份子又故計重施了，特意推由任台北市教育局長的假中國人吳清基出面做『此地無銀三百兩』的掩飾。吳清基說：『97學年台北市、台北縣、基隆市將共同選出各科前三名版本。自辦基測時，以第一名版本爲依據』。還說：『各校仍可自行決定自己要用哪一版本』。眞是可笑，既然已定出基測時所依據的唯一標準版本，爲了考試成績，有哪一所學校敢再選用不同版本？雖然說得好聽，還是遂了他們恢復標準教科書之所願。」

洪全示：「那是因爲他們自信『台灣受虐症候群』之毒化已深，台灣人民已喪失了理性邏輯思考的能力，不容易看穿他們的騙局。」

曾阿淡：「也難怪蔣幫壓霸集團那麼自信，連由民進黨執政多年的台南市，也由教育局長王水文出面附和，說贊成必考科目的統一化，眞是可憐的台灣呆奴。」

洪阿土：「其實，更可憐的是被家奴化的在台華人，當初他們逃離中國到台灣，被利用爲呆奴化台灣人民的工具，蔣幫集團得到的是壓霸特權；而被家奴化的蔣幫集團以外在台華人，得到的卻只是『中國躁鬱症』，這是包著糖衣的毒藥，破壞了他們認同台灣、成爲華裔台灣人的情感；而理智上他們也不願回頭再去當中國人，這種由於心靈之空虛和扭曲所造成的不安也是很痛苦的。更由於這種心靈不安使得他們不得不依附蔣幫壓霸集團以尋求慰藉。這種對蔣幫壓霸集團的依附，更使他們莫名其妙地擔負起了蔣幫壓霸集團在台灣所造的罪孽。」

李繼宗：「『惡人沒膽』這句台灣俗語正貼切地形容了蔣幫壓霸集團這群人。他們利用『台灣受虐症候群』在台灣得意地囂張妄為，卻仍免不了心虛膽怯，所以他們暗地裡爭相想盡辦法先入美國籍，沒辦法的則自己取得居留權，再替子女先弄到公民權，才覺得安心。」

曾吉木：「那是為了替『不得已時能再次捲款潛逃』預做準備啊！」

洪全示：「就心理學上來講，當一個人過度狂妄和凶惡時，正代表了內心揮之不去的膽怯。」

洪阿土：「但是，也因為蔣幫壓霸集團多已做好潛逃退路的準備，已無所顧忌，使得他們更加狂妄了。就以郝龍斌和馬英九這兩位代表性人物為例：郝龍斌去年當選台北市長時那句『報告總長，我把這個山頭攻下了』大家還記憶猶新吧！馬英九則在被起訴當天宣布參選2008年總統，中國國民黨也立即為他個人廢掉『被起訴就不能參選』的規定。4月1日更大言：『一審被判有罪，仍要參選到底』。4月2日更狂妄地說：『能有非台灣籍的人來當台灣總統是台灣人的福氣。』這些話都是『我就是看不起你，你又能怎麼樣？』的意思。」

曾吉木：「『報告總長，我把這個山頭攻下了』聽起來是不是很耳熟？那是電影和小說裡，強盜黨羽完成侵襲任務後，回來向強盜頭子報功時得意的慣用語。」

李繼宗：「郝龍斌還用早年郝柏村得意忘形時的職稱，喊他父親『報告總長』，擺明了還想要掌天下大權，壓霸態度表露無遺。」

曾阿淡：「馬英九的『一審被判有罪，仍要參選到底』是也把壓霸態度表露無遺。而其這句『能有非台灣籍的人來當台灣總統是台灣人的福氣』則是明白說出了『你們就是賤，我看不起你們，你們還是會選我當總統』。這若在正常國家講出口，比如一位中國人跑到日本說：『能有一個非日本籍的人來統治你們日本，是你們日本人的福氣』。大家想想會發生什麼事？想必每個日本人都會對他吐口水，這個中國人不被日本口水淹死才怪。」

洪阿土：「正因爲這些蔣幫壓霸集團份子心裡清楚，他們精煉的『台灣受虐症候群』對台灣人民毒化之深，他們才敢、也才能狂妄地橫行。」

洪全示：「要說狂妄地橫行，最惡劣的莫過於邱毅了。」

李繼宗：「阿示啊！不要講邱毅了，邱毅不値得我們談論。他只不過就像是蔣幫壓霸集團養的一隻惡犬，蔣幫壓霸集團養他只是爲了放出來咬人。咬人是惡犬僅有的職責，當一條惡犬不再咬人，主人不是棄養就是宰了吃牠的狗肉。若是棄養，又會曝露主人野蠻的本色，所以這條惡犬不再咬人時，肯定會被主人當香肉吃了。因此，『永遠必須像瘋狗一樣的亂咬人』已成了邱毅的可悲宿命。談他不值啦！」

曾吉木：「再看馬英九吧，我每次在電視畫面上都看到馬英九當台北市長時的兩名隨扈繼續跟著馬英九當保鏢。」

洪全示：「那兩位是台北市警察局長特派給馬英九的。」

曾阿淡：「那就是領國家薪水的警官了。」

洪全示：「是呀！」

曾吉木：「在馬英九卸任市長後，台北市警察局長怎麼可以繼續派這兩位警官去擔任一位平民的私人保鏢？而民進黨民主政府也呆奴式地放任，難道這位警察局長也是蔣幫壓霸集團的家奴之一嗎？」

李繼宗：「不這樣做哪能稱得上壓霸？馬英九到處走動時還有總統規格的警車開道和保護呢！」

洪全示：「這位警察局長就是去年紅潮之亂時，配合馬英九，放任違法集會的那位警察局長啊！也是驅趕帶有所謂『國旗』圖案的民眾那位警察局長啊！而且馬英九以一個平民身分之人，所到之處都有交通管制及警車開道。若已確定爲政黨之總統候選人還說得過去，馬英九只是『想』選總統而已，警方就給予總統規格的護衛。台灣人民看在眼裡，竟還能忍受，眞是奇蹟！」

曾吉木：「其實那個許信良自小就立志當總統的，照警方的邏輯，許信良更應從小就每天24小時保護了！」

曾阿淡：「這也是『台灣受虐症候群』之一啊！」

李繼宗：「以三年多來蔣幫壓霸集團的全力操弄『台灣受虐症候群』；民進黨聞達人士又持續呆奴化看來，雖然馬英九已馬腳全露，明年他仍肯定當選總統，到時這位警察局長必然是警政署長了。」

洪全示：「若馬英九當上台灣總統，這位台北市警察局長是當定了警政署長。但是阿宗，你怎麼那麼肯定馬英九明年必當選總統？」

李繼宗：「看看現在民進黨聞達人士中的代表人物，

呂秀蓮的妒恨醜態看多了；蘇貞昌則越來越變成自我膨脹的呆奴；謝長廷是較深沉的人，其內心卻是呂、蘇的綜合體。謝長廷外表較沉穩，除了陳水扁被紅軍追打時，謝長廷在一旁說風涼話外，一般人沒能很清楚地看出謝長廷有很重症的『台灣受虐症候群』。例如：2005年謝長廷接任行政院長前受訪時表示，『台灣正名運動』應該由社會來推動，行政院不會做。」

曾阿淡：「他要在蔣幫壓霸集團面前做好人就是了。」

曾吉木：「是呀，社會怎麼推動正名嘛？所有在台灣的『中國』、『中華』機構百分之九十都和政府有關。」

李繼宗：「謝長廷又主張『和解共生』和『憲法一中』。」

曾阿淡：「當強盜把你視做奴隸時，你如何去跟強盜談和解共生嘛？何況『和解共生』又是當年施明德逐漸露出狐狸尾巴而在黨內漸失光環時，欲攜械投敵時所想出來的投帖標語。」

曾吉木：「而『憲法一中』更是非常呆奴的用語，這憲法一中正是毒化台灣、奴化台灣的魔法呀！」

李繼宗：「所以我才說，謝長廷的『台灣受虐症候群』精神疾病患得不輕。呂、蘇、謝這樣的三個人哪是馬英九的對手？」

洪全：「阿宗，你忘了，還有游錫堃在。」

李繼宗：「游錫堃是較正直的人，正直的人不會私營派系。在各派系傾軋的民進黨內，游錫堃出不了線的。而且游錫堃謀略不足。」

曾阿淡：「看來無能爲力了。」

洪阿土：「更糟的是，2004年陳水扁讓蔣幫壓霸集團大感意外地再當選了台灣總統之後，從此他們不再大意。更精心策劃，藉由家奴化媒體操弄『台灣受虐症候群』。例如最近由TVBS製作的瀝青鴨及黑道猖狂嗆聲等假新聞，目的就是要引起呆奴式恐慌，以重新強化『台灣受虐症候群』之毒。意思是要把台灣人民再次洗腦：「還是受壓霸統治的好，只要完全順服，至少能安定；有了民主、自由和正義，生活會變得不安，甚至生命都會有危險。』這種心理威嚇對呆奴化的人民是有用的。但卻被警方所偵破，以致令他們大失所望。所以在4月11日就改由『中國』時報繼續製造假新聞，謊報說：「國安會與軍方正在做兵推預演，表示：馬英九若敗選，紅潮會再起，台灣將大亂，中國也會有犯台藉口，所以先做兵推預演。」意圖達到恐嚇台灣人民『若想繼續有安定生活，即不得不選馬英九』之目的。」

李繼宗：「在『台灣受虐症候群』的心靈毒化下，『中國』時報僞造的這種假新聞會達到恐嚇的效果。因爲TVBS僞造的瀝青鴨和黑道猖狂的假新聞，有時間、地點和民間人物可供警方追查，偵破了，有確鑿證據可拆穿其謊言。而『中國』時報這次製作的假新聞，則以『祕密管道的消息來源』爲藉口，內容說的又是國安會和軍方。國安會和軍方出來強調『沒這回事』，『中國』時報就說是『不敢承認』、『不能承認』，就陷入了各說各話而混淆事實的情境了。其恐嚇台灣人民的效果，至少會有百分之五十以上。」

洪全示：「難道台灣的司法就眞的要讓這些家奴化媒體

以新聞自由爲藉口，行『對台灣恐嚇、威脅』的事實而坐視不管嗎？這不是恐怖活動的一環嗎？」

李繼宗：「阿示，你又忘了『法院是中國國民黨開的』啊？」

曾阿淡：「民主政府也眞的拿不出管理辦法嗎？要繼續姑息養奸嗎？」

曾吉木：「民進黨執政團隊自己都無法完全擺脫呆奴心靈了，怎麼會有這種魄力？只要這些家奴化媒體一哭訴『政府殘害新聞自由』，他們的手腳就軟了。」

李繼宗：「何況NCC(國家通訊傳播委員會)又是由蔣幫壓霸集團所盤據。」

洪阿土：「講到NCC我就有氣，都二十一世紀了，既然大法官會議都宣判NCC違法違憲了，卻還在繼續運作、繼續胡作非爲。這在正常民主國家裡怎麼可能存在嘛？人民早就示威抗議，甚至暴動了。」

曾阿淡：「這是由於大多數台灣人民謙和、容忍的本性啊！謙和與容忍原是良善的本性，但遇到壓霸集團就被軟土深掘了。」

李繼宗：「追根究柢，這還是『台灣受虐症候群』的心靈病態啊！」

第 39 章

難道不能清醒一點嗎？台灣人民啊！

2007年5月初，加拿大企業家Mr. Harman又因業務來台，並藉機逗留與台灣友人敘舊，洪阿土又受邀參與。

姜經理：「Harman先生，四年前與君的一席晤談，有如醍醐灌頂。今能再聚，甚是歡心。」

林課長：「我也是。但我現在心裡還是有一個疙瘩，不吐不快。」

Harman：「請講。」

林課長：「我是已瞭解，『中華民國』是蔣幫集團在台灣賣狗肉所掛的羊頭假招牌，這是世界各國早明白之事。既然『中華民國』本來就是中國政府的名稱，指的就是中國；而『中華人民共和國』指的也是中國，所以國際上不可能讓『中華民國』再占據一個席位的。就像一個國民不可能用本名和別名同時領兩張身分證一樣。」

Harman：「是呀！所以你們要瞭解，其實包括日本和現在的美國，世界上的主要國家都是很同情台灣、很挺台灣的。例如：各國都宣稱認知『中國只有一個』的道理，但只是瞭解『中國宣稱台灣屬於中國』。意思就是：中國當然只有一個，就是中華人民共和國的中國。而中國是中國，台灣是台灣，二者是不同的。中國既然大叫『台灣是屬於中國』，我們是聽到了，所以各國瞭解『你中國有這麼說』，但我們知道這不是事實，所以只是知道，並不承認。」

姜經理：「但是，你們也沒有加以否認，也沒說出『台灣不屬於中國』的認知啊！」

Harman：「你們台灣自己都掛著意思是『中國』的『中華民國』招牌，你們怎麼期望別人拆你的招牌，再替你掛上台灣之名。別的國家無法理解你們台灣的矛盾心態，但還是替台灣設想，替台灣留了一條退路，已算仁至義盡。你們何不自己看看自己？台灣參加國際活動時，自己都用Chinese Taipei或Chinese Taiwan，你們都學過英文，應該明白這是什麼意思吧！」

林課長：「就是中華台北、中華台灣啊！」

Harman：「我知道你們台灣人民已習慣於不經思考的認知。但現在請靜下心來想一下，不論是Chinese Taipei、Chinese Taiwan，或中華台北、中華台灣，先完全把自己脫離台灣的思緒，把自己當作是外國人，你會理解那是什麼意思的。」

林課長：「Chinese是指『中國人』、『中國人的』，或是『中國的』、『中國語文』。」

Harman：「對的，所以Chinese Taipei、Chinese Taiwan就是在告訴全世界，台灣是中國的台灣或是中國人的台灣。

而且台灣的政府還設有中國航空、中國郵政。」

姜經理：「不，不是中國航空、中國郵政，是中華航空、中華郵政。」

Harman：「哈！都已經是2007年了，台灣早已民主化近二十年，你們的腦筋還轉不過來。你們所用的中華，是在催眠台灣人民所玩的中國文字遊戲啊！你們想想看，China Airline和China Post不是中國航空和中國郵政嗎？你們還以爲中華二字除了用來騙台灣人民，也能用來在國際上騙國際人士嗎？」

洪阿土：「這是『台灣受虐症候群』呀！」

Harman：「我最近是有聽過『台灣受虐症候群』這句話。但是，你們台灣還有『“中國”國民黨』在立法院能占多數哩！也還有國營的中國石油公司，更養了六十年的中國青年軍，還是未見台灣人民嚴重抗議。看在國際人士眼裡，眞是不知該怎麼說。洪生先，你又怎麼說？」

洪阿土：「Harman先生，『台灣受虐症候群』之毒化比你想像的深多了。這些都是台灣人民被毒化洗腦後，所產生的『台灣受虐症候群』症狀之一啊！」

林課長：「什麼中國青年軍啊？」

洪阿土：「唉！就是騙台灣人民叫做『救國團』的那個組織啦！它的眞正名字是『中國青年軍』。英文是『China Youth Corps』。國際人士知道的是台灣人民養了六十年的『中國青年軍』，台灣根本沒有什麼『救國團』。」在台灣騙人民說是「救國團」，這也是蔣幫壓霸集團呆奴化台灣人民的手段之一而已。

Harman：「但是，一群台灣的政客竟然到他們本來一直視為『發誓要消滅的敵人』之中國共產黨朝拜。還簽定一堆契約和聲明；還說要聯共制台，這是通敵叛國的行為啊！還能回到台灣風風光光的，並未受到任何調查。台灣的民主政府也沒拿出有效的制裁行動。在這種情形下，你們還想要別人認為台灣是台灣、中國是中國，兩不相干。這不是在開國際玩笑嗎？」

洪阿土：「更可笑的是那個『連戰』竟在中國高喊『我是純種的中國人』。事實上連戰的父親連震東甚至百分之一的中國人血緣都不可能有，他父親連震東雖是帶領中國人盜取台灣的『半山仔』之一，但也不必跑到中國去大聲『半路強認假老爸』呀！」

姜經理：「其實，連戰這句他是『純種』中國人說得好。」

林課長：「怎麼說呢？」

姜經理：「哈！只有禽獸和人養的動物才會講純種，因為只有近親交配才會生出純種後代。人類是高度演化的生物，身上已累積很多不良的隱性基因，人類不可以近親結婚，因近親結婚的後代多會有畸形或顯示出惡質突變，正常的人類是不可能有純種的。所以連戰說他是純種中國人，等於是在說他自己是惡質的禽獸或寵物。」

林課長：「那連戰是在宣示自己是惡質的禽獸、寵物了。」

姜經理：「應該是吧！」

Harman：「你們看看圖博(中國稱之為西藏)，圖博的條件比台灣差太多了，不論政治、經濟、文化、教育、科技和人民生活各方面都落後台灣一大截；在國際上受到中國的打壓更甚。但圖博人堅持尊嚴；維護自己的歷史、文化。當要參與國際活動時，只要被掛上中國·圖博之名，他們立即否認並退出，即使是虛華的選美行爲，其代表明明已出頭在望，當主辦單位受到壓力而強行報出『中國·圖博』之名時，其選美代表也立即聲明是來自圖博，與中國無關，並拂袖而去，絲毫不留戀。圖博人民並無人爲了安全或要改善生活而主張『忍氣呑聲，認賊作祖、認盜作父』。雖然也使得圖博的生存空間更狹隘，生活更困難，但卻贏得了全世界的尊敬。圖博受到中國的無情欺壓，尤甚台灣，然其領袖『達賴』在世界各國通行無阻，世界各國的政治領袖和人民都願意抗拒來自中國的壓力，出面迎接達賴的到訪，並聽其演講。所以，世界各國雖然常爲了自己國家的利益而做出對強權的妥協，但仍堅守著基本的人情和道義。」

洪阿土：「我不同意Harman先生把台灣和圖博放在一起所做的比較。台灣四面環海，在蔣幫集團入侵時，台灣人民並無退路。沒辦法像圖博一般，形成夠龐大的流亡政府。台灣又原本是在日本占領下，缺乏明確自主的政府組織。何況蔣幫集團侵台時是由美國派軍艦運送過來的，美國是現代化的民主國家，當時的台灣人民對美國存有一些正面憧憬，哪知美國當時與蔣幫集團狼狽爲奸。當台灣人民發現被美國出賣時，一切都已來不及了。另外蔣幫壓霸集團比中國共產黨加倍邪惡，才會在中國被看破腳手而一路遭追剿。逃到台灣時又有美軍協助封鎖台灣，關起門來專心呆奴化台灣人民；

連多數中國難民也被家奴化，在全台灣煉製『台灣受虐症候群』的精神之毒。台灣人民之忘卻自己的歷史、文化，忽視人格尊嚴，認盜作父、認賊作祖，全是被催眠、被麻醉、再被洗腦的結果，並非台灣人民的原意或本性。」

Harman：「嗯！或許『台灣受虐症候群』的精神之毒，比我所知道的要厲害得多了。」

林課長：「Harman先生，你剛才所說，台灣掛著中華民國、中華台灣、中華台北之名參與國際組織或活動，是自取其辱，我能瞭解；我也同意。但是，我們已改用台灣之名要加入WHO和聯合國，還不是因中國的蠻橫打壓而被排拒。」

Harman：「唉！我剛才就說過，你們的腦筋怎麼還是轉不過來？你們要以台灣之名加入聯合國、WHO或其他國際組織，當然必須先自己稱自己為台灣。你們自己必須先掛起台灣的名牌，再告訴別人你們是台灣，然後再以台灣之名登記參加才是。你們掛的名牌是『中華民國』，卻要以台灣之名登記，那不是太瞎了嗎？」

林課長：「但是，既然大家都已明白『中華民國』是冒牌貨，而且我們眞的是叫台灣，有什麼不可以？」

Harman：「好吧，就以我自己來當例子說給你聽好了。如果我進入『美國』時拿的護照寫的姓名是『胡錦濤』。『美國』海關一看『胡錦濤』明明是中國人民，怎麼會是『加拿大』人，『美國』海關會怎麼樣？」

林課長：「拒絕入境，遣送回『加拿大』。因為你持的是假護照或是錯誤的護照。」

Harman：「是的，我回『加拿大』後，又拿著這本寫著是『胡錦濤』的護照到『美國』，入境時在入境單上塡寫我的本名『Harman』，然後告訴『美國』海關，我的姓名叫『Harman』，『美國』海關會怎麼樣？」

林課長：「還是會拒絕入境，並將你遣送回『加拿大』，因爲你護照上弄錯的名字尙未改正過來。」

Harman：「那我要怎麼辦才能再順利入境『美國』？」

林課長：「當然要趕快重辦一本寫明持有人是『Harman』的正確護照，再到『美國』呀！」

Harman：「眞奇怪！你們腦子很清楚，也很聰明嘛！怎麼一遇到國家認同和政治議題，你們就糊塗了？錯亂了？」

林課長：「怎麼講？」

Harman：「你把我們兩人以我爲例的談話中，『胡錦濤』改成『中華民國』；『加拿大』和『Harman』改成『台灣』；『美國』改成『聯合國』或『WHO』或其他國際組織，你就能理解了。」

林課長：「哦……對呀！我到底怎麼啦？這麼簡單的道理怎麼會一時想不通？」

洪阿土：「林課長，不僅你剛才沒想通，大多數台灣人民一直都沒想通。更慘的是，沒有一個台灣聞達人士想得通啊！」

Harman：「所以我說：在國際上，世界各國是很同情台灣人民的，也很挺台灣的，是台灣自己不爭氣而已。例如兩個月前英國《經濟學人》雜誌，刊出評論，讚揚『台灣終於開始覺醒，知道要正名；要眞相；要揭去蔣介石神化偉人的假面具；在進行文化革新，阻止台灣人民對這位摧殘台灣的人魔繼續膜拜』。你們台灣不但不知感謝，還出現莫名其妙的誤解和責難。但是英國學界非但未因而洩氣，似乎能理解台灣的悲哀，還於前幾天(2007年5月10日)又在《經濟學人》雜誌「亞洲觀點」中爲文繼續替台灣仗義執言。以『台灣被世界健康組織(WHO)不健康地排拒』爲標題，並附有台灣總統陳水扁先生的照片。英國衛生學院的兩位專家，前幾天也在世界聞名的《刺絡針》(*The Lancet*)醫學期刊中急呼『WHO嚴重影響台灣的主權及台灣在健康衛生資訊獲得的時效，這些除了羞辱台灣之外，且極具危險性。任何因政治官僚對壓霸中國的無道屈從，以至危及台灣人民性命的風險，都是令人無法接受的。世人應該幫助台灣，而不是屈從於壓霸來羞辱台灣』。這些都證明國際尙存的正義與良心。」

洪阿土：「Harman先生說的這些我都知道，是由於不少台灣聞達人士其呆奴化和心靈的腐蝕不輕，所以才被蔣幫壓霸集團牽著鼻子耍弄，不但對不起台灣人民，還對不起諸多國際良心人士。」

Harman：「再如四月底我來台灣時，我由東京轉機，搭日空航空班機飛台北，在落地桃園機場前，空服員以日語廣播『本機即將降落中國台灣』，但立即發覺有誤，馬上改稱『本機即將降落台灣』。有一許姓台灣旅客在機上聽到了，下機後向日空航空抗議，日空航空立即由主管親自出面道歉，並保證說所有日本旅客都訂有回程票，回程在機場辦理報到時，會每人發給一封說明信函，爲降落台灣前的一句錯誤話道歉，並提醒每位日本人，他們是在台灣旅行，與中國無關。」

姜經理：「那是應該的呀！」

Harman：「姜經理，那是你以台灣自私的觀點所認爲的。以一個外國人而言，我是對台灣有較深的瞭解，一般外國人對台灣的認識都是由新聞消息和你們表現給人的感覺而認知。而台灣一直接受Chinese Taipei的稱號，在外國人看來，Chinese Taipei等於Taipei belongs to China或Taipei belongs to Chinese，台北是台灣首都，當然代表台灣。以一個日本人用日語會一時說溜了嘴講出『中國台灣』是受你們散發的信息所影響的。以一個外國人的觀點看來，台灣根本沒立場苛責他。而且這位機上廣播員在說出『中國台灣』後，立即發覺有誤，立即更正。可見這位廣播員是瞭解台灣的，是親台灣的，他會一時快嘴說錯話，台灣所散發的矛盾訊息不能說沒有責任。何況就在最近，台灣一些過氣政客率領一批批現職的台灣立法委員到北京朝晉，完全是人民和地方政府向中國中央政府陳情的姿態。這在正常國家裡，這些人回國必須接受叛國調查的，但台灣的民主政府卻還坐視他們風光回國。這次北京舉辦2008年奧林匹克運動會，明顯把台灣擺在香港、澳門同樣是附屬中國之內的地位。台灣有做出要退出的抗議嗎？而且，眞正認知台灣情況的外國人，看到你們台灣人民，包括一些執政的民進黨政治人物，還一直跟著蔣幫集團稱中國爲大陸；也跟著中國稱中國與台灣的兩國關係爲兩岸，稱華裔移民爲外省人；到中國還拿著中國發的台胞證當護照。你們知不知道？這些用語聽在外國人耳裡，根本是你們台灣人民自己硬要把台灣送入中國的虎口。在理性的邏輯上看來，你們跟著稱中國為大陸，意思是你們自己承認台灣是中國邊疆領土；你們跟著稱中國移民為外省人，意思也是你們自己承認台灣是中國的一省了。你們明明是拒絕被侵略，卻說成拒絕被統一，『拒絕被統一』的意思也是表示台灣原屬中國。這眞是天大的矛盾和笑話。你們台灣人民到中國，還心甘情願地拿著中國所發的台胞證當台灣護照使用，這是擺明了向中國稱臣。台灣的以上種種表現，叫各國如何在國際上為台灣的國家正常化仗義執言？」

洪阿土：「可是，多數台灣人民被呆奴化；全台灣被施放了『台灣受虐症候群』精神之毒，所以蔣幫壓霸集團至今還能在各項選舉中向人民騙得多數席次。這是台灣人民被下毒、被洗腦後的精神病態，不是台灣人民的本意。」

Harman：「台灣已由李登輝執政十二年；陳水扁執政七年；也民主化了十一年。在外國人眼裡，這已不能再當藉口。看看十多年來，台灣的民主政府，在恢復台灣歷史眞相、重建台灣人民理性思考能力和維護台灣人民心靈與人格尊嚴方面，做了什麼沒有？全部沒有。所以這已不能再做為藉口。反而是外國人因同情台灣的遭遇而更盡力在維護台灣的尊嚴。例如這次日空航空是一時嘴快說錯話，立即改正，事後還正式道歉。按理日空航空可到此為止，但還是不厭其煩地發信給每位旅客強調台灣不是中國的。相較於你們台灣自己的表現，到底誰比較尊重台灣？對於那位起身抗議的許先生我是既驚奇又欽佩。雖然日空航空廣播員說出中國台灣立即更正，但聽得懂日語的人已聽到了，總會有『有人這樣說』的印象在，所以許先生堅持日空航空須『正式公開道歉，並向每位日籍旅客嚴肅地說清楚』。意思是在向國際傳達『絕不可產生台灣和中國有任何關係的錯誤印象』。能這樣做，除了有勇氣外，還要有非常清明的心靈。這種清明的心靈，我在台灣的政治人物裡很少看到。」

洪阿土：「唉！Harman先生，現今台灣的聞達人士都是從蔣幫壓霸集團的呆奴化洗腦教育下脫穎而出的，其心靈所中的毒，反而是比很多台灣的隅居平民更深。這是我們痛苦的無奈啊！」

Harman：「那怎麼辦？洪先生，你總不能在台灣不自覺、不自救的情況下，要把台灣國家正常化的期望全寄託在國際正義上吧？」

洪阿土：「不，我們不會有這樣無知又無理的奢求。我們台灣人民的韌性夠，我們對台灣人民和國家的正常化仍有信心。我們由衷感謝Harman先生對台灣的義氣和醒蟄鐘聲。也因爲有不少像Harman先生這樣的國際友人，讓我對台灣人民心靈的早日全面康復和台灣國家的早日正常化更增添了不少信心。謝謝你，Harman先生。」

第40章

「有呆奴要玩真爽」vs.「我想當個華裔移民台灣人」

郝龍斌心想：「有呆奴要玩眞爽。」

洪全示：「郝龍斌和李永萍眞敢，竟然於昨日(2007年5月20日)對原中正廟的台灣民主紀念館掛布幔一事，開出罰單，說是破壞古蹟，並揚言要強制拆除。」

李繼宗：「他們有什麼不敢的？他們對台灣人民的呆奴化太有信心了，當然肆無忌憚地囂張、壓霸了。」

曾阿淡：「記得去年(2006年)10月台北市政府文化局公然在眞正的重要歷史古蹟——警察署(現大同分局)大興土木，還掛上各式標語到今天。」

曾吉木：「去年1月7日台北市文化局更視文化資產保護法爲無物，把原公會堂古蹟(中山堂)提供大財團辦婚宴。」

洪全示：「早在2000年3月，當時馬英九爲台北市長，龍應台爲文化局長。陳水扁讓這些蔣幫壓霸集團大感意外而當選總統時，這些人就將眞正的古蹟景福門掛滿了出氣標語，還噴漆洩恨呢！」

曾阿淡：「東門(景福門)、公會堂(中山堂)和現在的大同分局都是眞正的百年古蹟，都被這些蔣幫壓霸集團視法律爲無物地糟蹋，台灣人民無能對他們如何。現在他們反而把二十多年的中正廟強盜曆拗成是古蹟，指責起台灣人民來了。」

李繼宗：「這有什麼奇怪的，法院是中國國民黨開的，所有國家機關人員多是原臣服壓霸統治的蔣幫家奴或台灣呆奴。蔣幫壓霸集團自視爲律法不及身的皇親國戚也從未停止過。在他們眼裡，法律僅是用來對付台灣呆奴、有時用來管理家奴的。可理會、可不理會，隨他們高興而已。大家看看現在猖狂的郝龍斌，在當上台北市長前即特權蓋了一個百多坪的超大違建，當上市長後即繳個十三萬元意思意思的罰款，竟然就地合法了。羨煞所有台灣人民。有哪個非蔣幫壓霸集團的台灣人民曾經能有大違建就地合法化了？」

洪全示：「不只這樣哩！郝家本來就拿國家的錢繳整個家族的水電費；郝龍斌當台北市長後，在辦理台北市政府誤徵下水道使用費之退費時，更大膽優先退給自己，其他地區的一般市民都被打回票。這種事若發生在正常國家，是一大醜聞，不引起暴動才怪！還能繼續當市長嗎？」

洪阿土：「有『台灣受虐症候群』讓他玩弄啊！」

蔣介石第四代的蔣友柏於2007年5月接受媒體專訪時說：「我的家人『曾』迫害台灣人，惡事做盡。蔣家人(與幫眾)不應再懷念過去的威權」；「中國來的中國國民黨在台灣選派子孫放洋留學，這些中國人第二代回國卻未帶回民主」；又說：「台灣是我永遠的家」。

曾阿淡：「蔣友柏生於壓霸陰狠的家族，自幼放洋留學，卻能異於其他蔣幫霸集團子孫，他虛心接受現代文明和民主風潮的洗禮，不願再沾手骯髒的壓霸特權。雖有蔣家餘威庇蔭，卻能走自己的路，開創自己的天空。是蔣幫壓霸集團內少見之骨氣。」

洪阿土：「蔣友柏的骨氣是令人心服，但他清明不足，勇氣不夠，仍是可惜。」

曾阿淡：「是呀！其實蔣友柏是在接受蔣幫家奴化媒體之一專訪時講這些話的，他的本意是在好心勸告在台的蔣幫壓霸集團，尤其是蔣(章)孝嚴。告訴他們，繼承壓霸威權必也承擔壓霸威權所造的罪孽；玩火不知適可而止，則必自焚。蔣友柏完全是在試圖挽救那些有『中國躁鬱症』且歇斯底里化的在台中國人，奉勸他們趕快覺醒，擺脫心魔，安心、理性地做個華裔移民台灣人。」

李繼宗：「是呀！蔣友柏是在蔣家成長，必然清楚蔣幫集團在台灣篡改歷史；呆奴化台灣民眾；煉製『台灣受虐症候群』毒化台灣人民心靈的情節。若蔣友柏心靈夠清明且勇氣足，他可大方、坦白公開蔣幫集團過去對台灣篡改歷史；呆奴化台灣民眾的陰狠、殘忍手段，讓台灣人民早日心靈康後，也可替他的先人做一點救贖。」

曾阿淡：「阿宗，那是最理想的，可是理想與現實總會有距離。蔣友柏當然也知道，現今的蔣幫壓霸集團已鬼迷心竅，有什麼事是做不出來的？他是不敢太過刺激他們的。」

洪阿土：「我對蔣友柏有點瞭解，他受西方教育薰陶，加上他是有點本事，自己也已做出一番事業成果，充滿自信。有本事、有自信的人，當然不屑靠壓霸特權發達。反觀其他蔣幫集團份子，由於自幼受到優勢庇蔭，不知上進，未曾努力充實自己，憑實力不足以傲人，又難捨囂張氣焰，只有繼續撐起蔣幫神話，以維護其壓霸特權。」

李繼宗：「最可悲的是章孝嚴，蔣經國也許是出於對他母親章亞若的虧欠，費盡心力要免除章孝嚴兄弟承擔蔣家罪孽的宿命。章孝嚴不明白蔣經國的苦心。在蔣經國死後，即處心積慮要繼承家族威權，自以爲得意，殊不知是在自腐啊！相較於蔣友柏，現在的蔣孝嚴顯得眞是十分可笑！」

曾吉木：「蔣孝嚴說：『如果沒有蔣介石，就沒有今日的台灣。』說得眞貼切。如果沒有蔣介石，今日的台灣，國家怎麼會變得如此矛盾又不安；人民怎麼會變得如此混亂和畸形。如果沒有蔣介石，以台灣人原就勤奮、和諧的本性，今日台灣必定是名符其實『幸福的美麗之國』。」

曾阿淡：「其實在中國移民的第二代裡，早就有不輸蔣友柏的半清明人士。例如，黃舒駿十八年前就詞曲創作了一首『雁渡寒潭』的校園民歌，寫道：『歲歲年年，多少人默默揮下他們的汗水熱血；多少人只是販賣檯面上的謊言；多少人隨時準備遠走高飛；多少智慧才能破解這虛僞的一切……。』」

李繼宗：「哇！阿淡，十八年了，你還記得這麼清楚。」

曾阿淡：「不，我只是有印象而已，我現在能這麼清楚的唸來，是因爲昨天(2007年5月28日)剛看到一位也是和你一樣心靈清明的第二代華裔移民陳維綸先生刊在報上的文章，才又記憶如新的。陳維綸先生和另一位明燈先生是這樣介紹自己的：『我是自食其力的第二代華裔移民，我絕不像蔣幫壓霸集團或其家奴是心境如渡鳥的雁，也沒視台灣若寒潭。我是已落地生根的華裔移民；既無特權，也從未想要依勢。我只是普通的台灣國民，並以此爲傲。』」

李繼宗：「我父親幾次告訴我：『中國華人』並非全部都那麼『厚黑』、那麼『醜陋』、那麼『阿Q』，是吧？」

洪阿土：「是的。李宗吾1917年的《厚黑學》，魯迅1921年至1922年間的《阿Q正傳》；逃難到台灣的柏楊在1984年出版的《醜陋的中國人》，都是有感於不少中國人的惡質和不仁，基於『愛之所以責之切』的有感而發。若眞的中國華人都是如此惡質，這三本書就不會皆成了禁書還會發光發熱。就像台灣人民被陰狠地全面呆奴化後，中了『台灣受虐症候群』精神之毒，其實隅居的清明人士還是不少，只是不見聞達而未凸顯罷了。在台灣的華裔移民及其後代，清明人士也是不少，亦是受蔣幫壓霸集團擠壓，未見聞達而沒受注目罷了。」

第41章

「台灣受虐症候群」副作用例二

從摧殘家庭制度破壞台灣社會根基

洪全示：「5月5日(2007年)立法院通過了民法親屬篇第1059條修法，『子女從姓應以父母書面約定』要正式實施了，全台灣的聞達人士卻沒有一人警覺到這是陰狠的可爛根之禍！」

曾吉木：「台灣早已有世界最寬容、最客觀的親屬、姓名法規，不知爲何這些民進黨聞達人士會促成這樣畫蛇添足的立法，在台灣埋下一顆炸彈。」

李繼宗：「因爲在『台灣受虐症候群』毒化下，蔣幫壓霸集團仍盤踞著立法院，這些台灣聞達人士所提出的法案無一能順利通過，因洩氣而有飢不擇食地力求表現機會的心裡。蔣幫壓霸集團看準了這個弱點，裝做無意間洩漏了一個讓民進黨立法委員可以表現的機會，余政道以爲如獲至寶，得意地大力推動，自以爲是尊重女性，眞是悲哀。」

洪阿土：「人類的倫理文明的維繫，是由個人而家庭；由家庭而社會；由社會而國家。家庭是國家的基礎，家庭制度不穩，國家就失去支撐。所以人類文明社會裡，不論是母系社會、父系社會都以姓氏為家族之名。西方人稱姓氏為家之名(Family Name)，因西方以父系社會為主，故又稱Sir name(surname)。只要頭腦清楚又有理性思考能力的人都知道，這無關男女平等與否。所以雖然西方社會女權高漲，在父系社會裡，女性結婚後就必須取消原有姓氏而由夫姓取代。任何女權運動者都不敢就此現象做質疑，因為這是維繫家庭之所需。在美國，雖然幾年前已可以就個人情況選擇姓氏，但也沒有強制規定在孩子出生時，需要父母由書面簽字約定。台灣女性結婚後可選擇保留原有姓氏；而且所生子女，在情況需要時(例如想延續女方香火)也可特別申請冠以女方姓氏。這是女權高漲的原西方社會所沒有的。所以台灣早就有最寬容、最客觀的親屬法規了。今天竟然在台灣通過一個硬性規定『在孩子出生時必須書面簽字選擇其姓氏』的立法。這明明是要將家庭制度從根腐蝕嘛！果眞做到了藉由台灣聞達人士之手，意圖摧殘台灣的人倫根基。」

李繼宗：「如此下去，一個四代同堂，子孫較多的家庭，就會有十幾個姓氏，還可能數十個姓氏。因為姓氏是家族之名，失去了家族名稱，家族就瓦解了。」

洪全示：「漸漸地，可能會有夫妻因孩子的姓氏而心存不滅的芥蒂；姓氏不再顯示家庭，家庭觀念也逐漸毀敗。這是多麼可怕的人倫毀滅啊！」

曾阿淡：「我倒沒這麼悲觀，這次由民進黨主動配合的姓名條例修法是讓我驚覺『台灣受虐症候群』比我們想像的還可怕，竟然延生出這種不可思議的副作用。但我還是對台灣人的韌性有信心。多數台灣人民被呆奴化和被剝奪理性思考的能力雖是事實，但良善本質還在，雖有姓名條例這條長了腳的毒蛇在那裡，多數台灣人民不會去玩牠的。台灣人倫基礎還不至危歹的。」

李繼宗：「大家應該都同意阿淡的看法。但是，有誰會在家裡擺一顆大炸彈呢？雖然相信它也許暫時不會爆炸。」

曾吉木：「唉！我們以前都低估了『台灣受虐症候群』的可怕程度了。」

第42章

楊泰順到底是什麼東西？現今台灣司法又是什麼東西？

曾任檢查官多年的馬英九律師宋耀明法院申請查看偵訊紀錄時，竟將偵訊錄音複製和筆錄一併偷帶出來。再將錄音及筆錄截取變造，使用張冠李戴的手法，於7月19日(2007年)藉由家奴化媒體大肆傳播「檢查官侯寬仁僞造筆錄陷害馬英九」的假象。

洪全示：「宋耀明好大的膽子，竟然將法院的偵訊錄音和筆錄偷帶出法院，還篡改內容，將十多處內容以移花接木手法，栽贓侯寬仁檢察官僞造筆錄。」

曾吉木：「最誇張的是將證人吳麗洳所說的『首長有因公支用的地方』剪接成『侯寬仁說』。」

洪全示：「宋耀明明顯已犯了六罪：①違反刑事訴訟法；②違法律師法；③偷盜重要證物；④僞造文書；⑤妨害公務；⑥公然侮辱公署。這些罪名都是非告訴乃論。不但會被取消律師資格，還會坐牢一段長時間了。我奇怪的是，宋耀明從馬英九或蔣幫集團拿了多大的好處，可以讓他這樣鋌而走險？」

曾阿淡：「更何況只要調出正版偵訊錄音及筆錄，即可眞相大白，宋耀明豈不自己找死？」

李繼宗：「你們忘了『法院是中國國民黨開的』啊？宋耀明有什麼好怕的？我只是不明白馬英九那群蔣幫壓霸集團這樣做的用意是什麼。」

洪阿土：「其實他們早在馬英九被發現貪汙特別費時就已套好招式了，一路走來都是在演戲。演員有一半是司法人員參與演出。目的是製造司法公正的假象；以及『不是不要，而是無法把馬英九定罪』的騙局。從故意嚴辦民進黨以逼出『歷史共業』說；不起訴許添財時無中生有的『南北見解不同』、『實質補貼』說；到誤指『筆錄造假』；最後檢察官捨『侵占公有財物、貪汙罪』而以『利用機會詐取財物』起訴，全是早就套好招式，照劇本演出。可惡的是，這中間還有台灣聞達呆奴配合演出，才能這麼精彩。」

洪全示：「前段的逼出『歷史共業』說、無中生有的『南北見解不同』和『實質補貼』等手法我們都已瞭解，是因馬英九的貪汙已鐵證如山，這麼做是要模糊罪行和罪名。但是，演出『筆錄造假』這集我就不明白了。」

洪阿土：「首先，律師看筆錄和聽偵訊錄音是不是要提出申請，再由檢察官取出給律師看、聽，並當場監督？」

洪全示：「是呀！不然若讓律師能隨便自己拿，筆錄和錄音如果被變造或被破壞、或遺失，那還得了。」

洪阿土：「所以囉，律師當場如何能複製筆錄和錄音，並攜帶出檢察署呢？除非檢察官默許。也就是說有配合宋耀明的共犯檢察官。」

李繼宗：「對哦！」

洪阿土：「公訴主任檢官黃惠敏等人都已仔細勘驗錄音內容和筆錄，證實內容登載無誤，是宋耀明變造的。此時若非演戲，即應立即申請拘票，逮捕宋耀明及檢察署內的共犯。為何連侯寬仁本人都沒任何行動，還提出『考慮』將宋耀明移送懲戒。宋耀明還大剌剌地說『那就送啊！我不擔心。』」

洪全示：「我一直奇怪，宋耀明等人所犯六項罪行中的任何一條都可立即起訴，為何還要『考慮』移送懲戒？更扯的是，法務部檢察署檢察長邱忠義在出席中國國民黨座談會後還說到：可能要研擬修法，對『以後』『證據外洩課以刑責』。六項罪行之任一都可直接起訴了還要『考慮』移送懲戒？外洩證物就已違反了刑事訴訟法和律師法，何況宋耀明等人是複製、盜取；還偽造文書和侮辱官署，還需修法嗎？還要等『以後』？」

洪阿土：「這是戲中戲啊！要模糊馬英九的貪汙罪是整齣連續劇，這段是要模糊宋耀明等人在此集『偽造筆錄』內的罪行之戲中戲。用以阻斷較清明人士的理性邏輯思考，以免露出的馬腳被察覺。」

李繼宗：「那演出這集『偽造筆錄』戲的用意呢？」

洪阿土：「是為了混淆視聽，把馬英九貪汙案的偵辦與審判複雜化。當案情複雜糾纏時，大部分的人就會一頭霧水，案情被轉移焦點，如一池混水，坐在混水中摸魚，別人較難察覺。更為了塑造檢察官是真心要辦馬英九的假象，以掩飾檢察官不以『貪汙罪』而以『利用機會詐取財物』爲起訴法條之漏洞。」

洪全示：「嗯！『侵占公有財物貪汙罪』罪刑較重；『利用機會詐取財物』罪刑較輕。」

洪阿土：「不，他們演出這齣連續劇不是爲了罪刑輕重，是爲了要脫罪。」

洪全示：「罪刑輕的不一定就能脫罪啊！」

洪阿土：「阿示，你看看起訴法條裡的『利用機會』，到時蔣幫壓霸集團所開法院的法官就可輕鬆判馬英九無罪了。因爲馬英九會說：『我沒有利用機會詐財啊！是我手下替我製造機會的。』法官就會說：『嗯，是別人製造機會給馬英九，不是馬英九自己要的機會，以"利用機會"起訴馬英九不對，所以判馬英九無罪。』」

李繼宗：「就這樣？這就是這『馬英九貪汙案』的完結篇？」

洪阿土：「請不要懷疑，肯定是這樣了結。我是不知會不會演出二審、三審的，但結局肯定都是這樣，不必有懷疑。」

洪全示：「天啊！都什麼年代了，這是什麼年代啊！」

李繼宗：「若結局眞的是這樣，頭腦較清明的人士可能會群起抗議。」

洪阿土：「不，不會的。到時蔣幫壓霸集團及部分家奴必會敲鑼打鼓，慶賀『法院是公正的』。而多數呆奴化的台灣人民也只會呆坐電視機前嘀咕：『這樣啊！』」

李繼宗：「現在開始有醒覺、心靈也較清明的台灣民眾總漸多了吧？」

洪阿土：「無論如何，雖然曾被呆奴化，台灣人民善良、呑忍、和氣的本質都還在。你沒看到？當台灣人士選舉失敗或落入陷阱時，哪一次有劇烈抗爭的？蔣幫集團若主將選輸或惡行露出馬腳，哪一次不是大鬧一場的？患有中國躁鬱症的人，更不時暴力偷襲維護台灣的人士。」

李繼宗：「眞應了這句台灣俗語『軟土被深掘』啊！」

曾阿淡：「這也是另一種台灣人民的悲哀啊！」

李繼宗：「不，善良、呑忍、和氣的本質是人類文明的價值所在，只是不幸遇到蔣幫壓霸集團才造成這種天理失常。」

曾吉木：「原來天理已失常，所以那個有中國躁鬱症病態心理，並因台灣人民當上總統而惡化爲重躁鬱症的楊泰順敢於6月29日(2007年)在公投審議委員會會議中大叫：『台灣是什麼東西？』公然羞辱台灣。」

洪阿土：「楊泰順是在台灣生長，受台灣養大。得蔣幫壓霸集團庇蔭而在台灣養尊處優，當過所謂的『省議員』，是毫不掩飾地自稱中國人壓霸貴族的新黨黨員。一貫不把台灣和台灣人民看在眼裡，他才不知什麼是天理！」

李繼宗：「我以一個台灣華裔移民第二代的身分，現在就可以回答楊泰順：『台灣是一個國家，台灣當然不能說是東西。東西無人性、沒人情、不講正義，你楊泰順才是東西。』」

曾阿淡：「阿宗，你這樣講，楊泰順會到法院告你喔！那個中國國民黨開的法院可能會判你關幾個月甚至幾年。」

李繼宗：「那太好了。我父親一直告誡我，要感恩圖報。若沒有台灣的收留他，就沒有今日的我。我一直因沒能替台灣做什麼事而自覺慚愧，若我能因替台灣頂蔣幫壓霸集團的嘴而受點苦，我反而能夠活得輕鬆一些。」

洪阿土：「阿宗，你不要這樣想，你是在台灣出生、長大、工作，你和我們台灣原住民沒什麼不同，你心地善良、人格清明、安居勤勞、感念台灣；已盡到做一個台灣人民的本分。這就是對台灣的很大貢獻。若你講『沒能替台灣做過什麼事』，那我們這四個人又比你多替台灣做過什麼呢？」

曾阿淡：「我一直認爲『安分守己』的平民百姓最偉大。」

洪阿土：「是的，能不被『貪、瞋、痴』所誘引才能安分守己。看似平凡，卻是佛陀所宣揚佛意中最難眞正做到的修身基礎。」

2007年8月14日台北地方法院就馬英九貪汙案一審宣判無罪。吳敦義於前一天搶先放話：「中國國民黨不會因馬英九被宣判有罪就號召群眾上街頭抗議司法，但『若民眾自發性的活動則又另當別論』。」司馬文武則隨後在報紙上大言：「這個年頭，還講『法院是中國國民黨開的』的人，可能會被人當作是神經病。」又說：「司法系統似乎故意給藍綠雙方各打五十大板，不讓一方得意忘形；而有一方灰心喪氣。總是給雙方都保留希望。」

洪全示：「眞奇怪！明明他們已套好招式在演『馬英九貪汙無罪』這場戲，爲何這個假中國人吳敦義，已經用『若馬英九被判有罪，不會號召群眾』暗指『馬英九被判無罪，若有人膽敢出來抗議，就會號召群眾去對付』這樣的話來恐嚇台灣人民，還要講出『若馬英九被判有罪，民眾可能自動自發上街抗議』這樣的話去威脅中國國民黨自己開的法院呢？」

曾阿淡：「這個假中國人吳敦義不是在威脅中國國民黨自己開的法院。這句話只是在闡明『中國國民黨會號召群眾“自動自發”上街，你們別輕舉妄動』。台灣假中國人早已習慣於搶著替蔣幫壓霸集團恐嚇、欺壓台灣人民，以累積交心的點數。他們會這樣事先恐嚇，實在的意思是『馬英九貪汙無罪的判決出來後，若有人膽敢上街頭抗議，我們已準備好一大批“自動自發”的隊伍等著對付你們。』」

洪全示：「那蔣幫壓霸集團份子司馬文武爲何要在『馬英九貪汙無罪』了之後，還『此地無銀三百兩』地說：『還講“法院是中國國民黨開的”的人，可能會被人當作神經病。』呢？」

曾吉木：「司馬文武話裡的意思是：『我們近幾年已不再提“法院是我們開的”這件事，有誰敢再提而讓蔣幫集團或司法感到難堪，我們的司法保證會讓這個人死得很難看。因爲馬英九貪汙罪證確鑿，法院都可判成無罪了，我們一不高興，隨便給你套個假罪名，判你個重罪有何難處？你如果不知死活，當然是神經病了。』」

洪全示：「對喔！我剛看到這則新聞時還在奇怪，司馬文武是頂精明的人，怎會說出『此地無銀三百兩』的話來呢？原來如此。」

李繼宗：「其實，司馬文武講這句話另有一個用意，就是再一次向台灣人民及台灣司法人員強調與恐嚇，提醒大家，別忘了『法院是中國國民黨開的』。因為有部分民眾已逐漸淡忘；另外，一些新進的司法人員則因年輕時全神灌注『標準教科書』以求在升學考試中脫穎而出，可能並未注意到他們『法院是中國國民黨開的』這項宣導，也許因而沒認清這一點。由於台灣已形式上的民主化，『法院是中國國民黨開的』已不宜明講，所以就由司馬文武講出這句話來提醒十年來新進的司法人員；連帶再次教訓一下台灣人民。」

洪全示：「第二句『司法系統故意給藍綠雙方各打五十大板』我也不懂。司法照理說，不是要堅持正義和公理的嗎？雖然蔣幫壓霸集團早已掌控司法為他們效命，但過去幾年，至少表面上裝一下維持正義和公理的假象，這次為何要揬臭司法，指出：『台灣司法不問是非、公理，就是要各打五十大板。』？」

洪阿土：「其用意和剛剛阿木與阿宗講的一樣，就是要再一次恐嚇台灣人民及教訓新進的司法人員，強調作用而已。大家想想看，司馬文武的發言是緊跟在馬英九貪汙案宣布無罪之後。司馬文武的意思是：『你們台灣人士膽敢再揭發我們蔣幫壓霸集團的醜事，就如這次你們揭發馬英九的貪汙一樣，蔣幫開的司法就在空氣中對馬英九揮揮法棒，做做樣子；同時重打你們五十大板(指辦陳水扁國務機要費與台灣人士的首長特別費)。非但動不了馬英九一根汗毛，你們自己反而會死得很難看。』」

洪全示：「真是壓霸又狂傲！」

李繼宗：「蔣幫壓霸集團能肆無忌憚地壓霸又狂傲，這些台灣聞達人士是要負一半責任的。」

洪阿土：「我仔細看來，台灣司法人員也是有點可憐。」

李繼宗：「可憐？爲虎作倀的人，你還覺得他可憐？」

洪阿土：「是有一點可憐啦！大家想想看，經過李登輝爲台灣的民主化起了個頭，陳水扁又已執政七年，留給了司法系統這缸黑墨汁寬又長的清醒空間和時間，但這些台灣聞達人士卻不知著手重建歷史眞相與從恢復台灣人民正常心靈、尊嚴、人格做起，讓蔣幫壓霸集團繼續操弄『台灣受虐症候群』。台灣民主政府是留司法充分的自醒空間，但卻坐視蔣幫集團照舊操縱司法、玩弄司法。整個司法系統還是原來蔣幫壓霸集團開的那個司法系統啊！」

洪全示：「但總有少數司法人員開始有點清醒了吧！」

曾阿淡：「問題是，一缸墨汁中加入幾滴清水，有何作用？有何影響？」

洪全示：「總是個開端。有開始，才能對以後存著希望。」

洪阿土：「問題是，現在這些少數有在清醒中的司法人員，其『台灣受虐症候群』心靈之毒並未能完全排除。加上長期對當政者、當權者的唯唯諾諾，自是積壓不少悶氣；現今民進黨民主政府維護司法自主，蔣幫壓霸集團在司法內部的黑手也全部未改變過，這個司法系統還是原來蔣幫集團當政時的整個司法系統。僅是有些清醒的人，仍是不敢冒險與之對抗。但是，要把『受當政者擺弄的悶氣』出在今日當政的民進黨民主政府就輕鬆如意了，因爲民進黨民主政府不是一直在宣揚『司法要獨立、司法要自主』的道理嗎？民進黨民主政府必不敢、也不會想要出手整頓司法，所以才有『馬英九貪汙與贓款都證據確鑿下，卻反過來重打民進黨民主政府五十大板』。而此時，這些司法人員即可阿Q式地自欺欺人，大聲地說：『我們司法人員骨氣十足，我們是不懼怕當政者的』。自以爲快活地出了這口『長期被當戲偶耍的悶氣和怨氣』。而其他司法人員心裡想的是：『大家不是都在暗罵司法人員沒骨氣嗎？不是一直都要求司法獨立辦案、自主審判嗎？現在是民進黨民主政府執政，我們司法人員連當政者、當權者都整了，我們就是在獨立辦案，就是在自主審判，看你們還有何話說？這下子啞巴吃黃連了吧！爽！爽！爽！』」

李繼宗：「這是在『台灣受虐症候群』心靈之毒完全排除之前的必然結果，只是這些台灣聞達人士無知、不覺罷了！」

第 43 章

是台灣聞達人士自己不爭氣，或真是各國屈服於中國壓霸而打壓台灣？

洪全示：「我以前一直以爲，世界各國都是自私自利，屈服於中國壓霸才在國際上打壓台灣，其實不然。」

曾吉木：「各民主國家當政者的首要職責當然是維護自己國家的利益。但在不損及各國自身利益，或損害不大時，仍會站在正義與公理這邊的。」

洪全示：「以欺善怕惡姿態坐上聯合國祕書長寶座的韓國籍潘基文，在拒絕受理台灣入聯申請時，說出『一個中國包括台灣』的睜眼瞎話後，美國立即提出糾正，指出『二次大戰後的和約並未有台灣歸屬中國的認定，請潘基文不要誤導』。美國並持續向聯合國祕書處交涉，表明『美國從未、也絕不接受台灣是中國的一部分』之主張，美國只是尊重中國『中國只有一個』之說法。美國所表明的立場並立即得到日本、加拿大等國的支持。布希更在APEC上發表演說，把台灣與亞洲各國相提並論，並且多次讚揚台灣今日的民主政治。隨後日本也訓令其駐聯合國代表向聯合國提出照會，指出『聯合國(尤其潘基文之言論)有關台灣地位的解釋並不適當』。並表明『日本二次大戰後在舊金山和約中只是放棄對台灣的原來管轄權，與中國一點關係也沒有』。強調『日本沒有權利或立場談論台灣歸屬的問題』。向潘基文表達了『不認同潘基文對"一個中國"的解釋和看法』。」

洪阿土：「美國和日本是在解釋他們所謂『尊重一個中國』的說法。中國當然只有一個。中國是中國，台灣是台灣，台灣與中國是兩個不同的國家。至於台灣政府、中國政府各自怎麼說，我們是聽到了，但並不表示我們同意任何一方的說法。」

李繼宗：「所以，是台灣被強掛上中國國號(中華民國)，又硬要說擁有中國，才會在國際上鬧笑話的。」

洪全示：「看來美國和日本還滿有正義感的。」

洪阿土：「不，那談不上正義感。日本殖民統治了台灣五十年，雖然建設台灣有功，但還是以日本利益爲出發點。台灣當年就像是一個被清廷偷抱走的孤兒，後來日本買了台灣這個孤兒，卻在戰敗後就把台灣這個孤兒丟棄不管。日本還是欠台灣一個公道。至於美國，更是欠台灣一個贖罪。二次大戰末期，要不是美國爲了反共和私利，勾結蔣幫壓霸集團，並縱容蔣介石覬覦台灣，台灣也不會淪落到今日這種地步。」

李繼宗：「是的，若日本和美國眞有正義，日本要還台灣一個公道；美國要贖罪，就應以菲律賓爲例，眞心協助台灣復國。菲律賓遭受外敵侵略、統治，比台灣更久。菲律賓自1565年起即被西班牙占領、統治，比台灣被強占的歷史多了一百年。菲律賓於1898年6月12日由領導建國運動的阿奎那多宣布建立『菲律賓共和國』，同年12月10日卻由西班牙將菲律賓割讓美國，不久菲律賓共和國即解體。後來第二次世界大戰時，菲律賓也曾被日本侵占。而台灣更比菲律賓早了三年(於1895年5月23日)宣布建立『台灣民主國』，雖然和『菲律賓共和國』又同樣是短命的半年壽命就被日本瓦解。但菲律賓在二次大戰結束時，能由美國協助而建國，菲律賓仍訂1898年阿奎那多宣布建國的日子6月12日爲建國國慶日。而台灣卻遭日本遺棄，並被美國引狼入台。所以，美國和日本過去正義不足，今日也執言不夠。若日本眞有正義，美國眞想贖罪，應以菲律賓爲範本，盡力協助台灣，把台灣還給當初1895年日本所奪取的『台灣民主國』。台灣也可如菲律賓一般，年年慶祝5月23日的建國國慶日了。」

洪全示：「但是，1895年5月23日正式成立的台灣民主國總統唐景崧、大將軍劉永福都是原清廷派駐台灣的統治官吏；民兵統領邱逢甲、議院議長林維源則又是台灣『假中國人』，似乎不像眞正的台灣建國吧？」

曾阿淡：「那是眞的台灣建國運動！阿示你想想看，清廷占領台灣期間，台灣抗清事件不斷，但由於清廷強勢武力及一些假中國人出賣，一一失敗。1895年得知清廷放棄台灣，是一個台灣自主復國的好機會，但日軍即將侵台，時間緊迫，要自力整編民兵已來不及。況且武器、軍餉全由清廷官吏掌控，若讓他們降交日軍手中，台灣人民更沒機會了。所以，雖然明知這些人視台灣爲敵境，絕不會眞心爲台灣付出，日本軍隊一來，必定棄甲潛逃，仍讓原清廷官吏及假中國人先暫時掛名。這是不得已的權宜措施。只是沒料到，數日內唐景崧、邱逢甲、林維源等人即把數十萬兩的公款、餉銀和重要財物捲逃中國，使得真正的台灣民主國運動者失去後勤支援，但台灣人民仍盡力奮鬥有半年之久。雖有一段時間劉永福仍掛名留在南台灣，但當日軍開始南下，劉永福也立即逃回中國。清廷官員及那些假中國人從未抵抗過日軍，真正舉『台灣民主國』之旗抵抗日軍來侵的全是台灣人民自己組成的軍隊。台灣民主國軍隊因缺乏糧食、武器、彈藥等後勤支援，最後才被訓練有素、武器精良的日軍一一殲滅。直到1895年11月18日，日本才宣布『全台悉予平定』。這期間，『台灣民主國』對抗日本軍隊的入侵，完全和清廷官吏或台灣假漢人一點關係也沒有。所以日本是由台灣人民的『台灣民主國』手中奪取台灣的，並非奪自清廷。『台灣民主國』怎麼說不是台灣真正的建國呢？」

洪全示：「原來歷史真相是這樣啊！在華裔移民第二代的阿宗面前，我真慚愧。我受『標準教科書』之毒，竟比阿宗深！」

洪阿土：「所以，日本還欠台灣一個公道，美國還欠台灣一個贖罪！」

第 44 章

蔣幫壓霸集團毫不掩飾的2007年馬腳

蔣幫壓霸集團爲了2008年1月的立委選舉和2008年3月的總統選舉，故意露出馬腳，翻攪「台灣受虐症候群」的毒水，打出一陣陣毒浪，衝擊他們心目中的台灣呆奴，使之心靈滅頂。

馬腳毒浪一：立即直航

李繼宗：「蔣幫壓霸集團現在一直配合中國，宣稱台灣是中國的一部分。推動直航是向中國交心啊！因爲中國必稱是它的國內航線，這種直航等於是把台灣拍賣給中國了。」

洪全示：「馬英九能讓台灣—中國航線保證在國際航線的位階嗎？如果不能，那豈不是向中國投降了。」

曾阿淡：「保證是國際航線？不可能的，馬英九是在玩『向中國屈膝同時腐蝕台灣』的兩手策略，繼續玩弄『台灣受虐症候群』而已。」

曾吉木：「另外！若眞和中國通航，台灣船隻、飛機到中國，中國視為其所管轄的國內船隻、飛機，中國要對台灣船隻、飛機的任何管理、制裁，台灣均無力反抗。反之，中國船隻、飛機來到台灣，掛起五星旗，才不理會台灣的法律規章呢！中國必會叫囂『不受地方政府管轄』。到時台灣政府要如何到中國去為台灣船隻、飛機和人員討公道？在台灣又要如何壓制中國船隻、飛機和人員的霸道？看看今日無數台商在中國被坑殺，有哪一個討得到公道？看在國際人士眼裡，台灣則更不像一個國家了。」

馬腳毒浪二：開放中國人來台觀光

洪全示：「中國旅遊局局長邵琪偉已多次強調『中國人民赴台灣旅遊絕不是國與國之間的旅遊』，蔣幫壓霸集團還是與中國共舞，跑到中國去與之簽旅遊協議草案，文件上就是用『中國台灣』字眼。」

李繼宗：「蔣幫壓霸集團是先畫一個『有利可圖』的中國大餅催眠被呆奴化的台灣人民，再暗示『丟點國格、損點人格又沒少塊肉』來消費台灣人民。」

曾阿淡：「何況中國向來把中國人訓練成敵視台灣，怎麼會帶來多少經濟價值呢？中國人來台後，為了防制脫逃所付出的社會成本、經濟成本、治安成本有算過嗎？」

馬腳毒浪三：解除對中國投資的管控；開放中國資金來台投資產業

曾吉木：「台灣赴中國投資的動機僅著眼於中國的低工資和對廣大市場的幻想，而在蔣幫家奴化媒體的催眠下，忽視了面對中國貪婪官員和狡狠社會所要付出的代價，才會眼見前仆無數，後繼仍然不斷。」

洪全示：「世界各國之赴中國投資者，有正常的國際外交管道可給予支持和維護，仍然小心謹愼。因爲各國都知道，中國人對外來投資者的心態向來是『第一年叫你阿公，對你禮遇有加；第二年稱你兄弟，要你表現義氣；第三年視你爲兒子，坐等你供養；第四年就踐踏你如龜孫子。』所以近年已有不少吃到虧的外國商人紛紛斷尾求生地撤離中國。」

李繼宗：「其他外國人有外交關係聲援，還可認賠安全撤退，台灣被坑殺的就很難看地死在中國了。」

洪全示：「所以，一些台灣大戶赴中國時，就結交中國當權高官，藉國際名望及依附權貴求自保。商人無祖國，唯利是圖嘛！」

曾吉木：「這些台灣大戶自以爲聰明，就以王永慶的兒子王文洋爲例，2003年9月，以百億元投資，風風光光地和江澤民兒子江綿恆在中國成立宏力半導體晶圓廠，不到半年王文洋即被江綿恆踢走，其中還有美國總統布希三弟Neil Bush的一千六百萬港幣顧問費持股，江綿恆照樣坑了。中國商界當時流傳著一句話：『連美國總統的弟弟都坑了，王永慶的兒子王文洋算老幾啊！』王文洋黯然回到台灣，至今沒臉再提宏力半導體一事。」

李繼宗：「近的還有新光天地被搶奪一案較爲眾所周知。」

洪阿土：「講到王永慶我就有氣，王永慶由盜伐林木起家，再與蔣幫壓霸集團不知怎麼勾串的，在台灣建立起放肆汙染的塑化王國而坐大。在台灣賺飽了之後，也屈向中國，到中國初受抬舉而得意洋洋，老眼昏花地被耍往海滄設電廠。發覺受騙後，竟回台灣要脅政府，逼迫政府讓其將已投下巨資購買的電廠設備轉來台灣蓋電廠，還要政府高價購買其電廠所生產之電力，政府再貼錢賣給人民。」

曾吉木：「華人環境的企業家多是唯利是圖才能坐大，坐大之後就又結交當權者圖利，更加大勢力。台灣現在雖是民進黨民主政府，台灣企業家基於過去與侵台蔣幫壓霸政權勾結所養成的習性，遇有失算或不順，就挾其經濟影響力，要脅、勒索政府。這些民進黨執政者受過呆奴教化的影響，又一時得意而忘形，根本招架無力，就讓其予取予求了。」

曾阿淡：「不談王永慶，連較保有台灣人精神的張榮發、許文龍還不是爲了事業的拓展，而向蔣幫壓霸集團傾斜、再向中國屈服。」

洪阿土：「我對張榮發是不覺意外，對許文龍倒是較傻眼了。」

曾阿淡：「古訓『少年戒之在鬥、老年戒之在得』是有其道理的。怎麼講呢？年少血氣剛，會堅持理想，但易衝動。年長識廣，精於權謀，所以風範爲要。若再貪得，易見利忘義而毀了一生累積的英義名節，那就不值了。張榮發、許文龍都是『在商不捨得』的臨老失節。」

李繼宗：「世界各國在中國的投資雖有其政府在維護其權益，仍戒愼爲之，占其國內生產毛額的小數點後兩位，微不足道。但台灣投入中國的資金，據美國『美中安全經濟報告』指出，至2006年4月已達兩千八百億美元，占全世界投到中國資金的一半以上，近60%，已到了動搖台灣國本的地步。中國視法治爲無物，又是外匯管制國家，眞是令人心驚。」

曾吉木：「難怪中國可任意操弄台商，協助其企圖合理化對台灣之覬覦。」

洪全示：「只是不知這些台商明明眼見在中國的眾多前仆，卻爲何仍勇於後繼？」

曾阿淡：「那是因爲在受『台灣受虐症候群』毒化的過程中，天天被灌輸對中華的頌揚，暗蓄了對中國的傾斜心理；加上蔣幫家奴化媒體的隱憂報喜；以及奴化效應，以爲自己應該不會那麼倒霉。」

洪阿土：「還有長期被蔣幫壓霸集團誘導出的貪念，眼裡只有利益，尊嚴就可擺一邊去。又以爲利機在那裡，先到先占有，後到的吃沒有，才會不怕死地往裡跳。」

洪全示：「我知道了，就像時下層出不窮的詐騙伎倆，大家耳熟能詳，卻還是有很多人繼續落入圈套。」

洪阿土：「就是啊！」

李繼宗：「可憐台灣資金被掏空，產業大量外移，職工失業率上升，使台灣經濟陷困境啊！」

曾吉木：「哼！蔣幫壓霸集團還以『擴大對中國的轉移製造業，有助台灣產業升級』來對台灣百姓催眠。」

李繼宗：「眞是可笑，對廉價勞工的依賴只會使業者懶於精進；資金的外移，更會使台灣無力研發，這是普通常識嘛！」

洪全示：「蔣幫壓霸集團還大罵：『陳水扁總統的管控

產業外移中國，是鎖國政策在誤國』。」

曾阿淡：「這就可笑了，台灣自被蔣幫占領以來，有什麼時候比現在更開放了？」

洪阿土：「更可笑的是，他們更以台灣每年對中國有很多出超來支持對中國開放。台灣有什麼產品大量外銷中國了？反而是台灣現在滿街充斥著中國來的劣質、有毒廉價商品。看看台灣每年匯往中國三千億元，這還不包括大量地下匯款和洗錢管道所匯出去的錢，匯進台灣的卻僅5.2%。再看外移中國的產業和人員，在中國大量繳稅、消費，台灣卻收不到他們的稅，這是對台灣生計的三重打擊啊！」

李繼宗：「我就一直奇怪，蔣幫壓霸集團和一些台灣呆奴怎麼會說出台灣是對中國出超的話來？」

洪阿土：「這是蔣幫壓霸集團自侵台以來，一直慣於使用來對台灣人民洗腦的方法，就是利用不完整的資訊騙人。所謂對中國出超，他們是以進出口報單來統計的。首先，他們沒把轉口第三地進入台灣的造假產品算入；另外，中國是外匯管制國家，台灣業者爲順利自中國取出往來所需資金，不得不在向外國採購原物料時，以採購自台灣名義申報，中國才會批准匯出款項到台灣；連由外國輸入的半成品，轉進中國時，也全値算是輸出中國的金額。因爲這樣，就灌水到台灣對中國輸出的數目內了。」

洪全示：「蔣幫壓霸集團存心搞爛台灣之意圖已很明顯。可是，這樣做對他們到底有何好處呢？」

洪阿土：「台灣已進入知識經濟的時代，這是自然蛻變和演進的結果，正配合台灣地狹、人稠的態勢，也已成今日台灣的優勢。這和2004年榮獲諾貝爾經濟學獎的席德蘭2007年4月份來台演講時道出的觀點是一致的。在農業方面向精緻化發展，科技業必須建構於『創新』和『資本的匯集與累積』。蔣幫壓霸集團大力推動開放對中國投資會造成資本的外流、發散，是要抽台灣的根，毀台灣意圖明顯。這是中國共產黨和中國國民黨聯手要掏空台灣啊！其實，工廠、資金外移，國內投資減少，會造成民眾就業困難，收入減少，失業率高，民生就困苦，這是簡單的道理。蔣幫壓霸集團難道不知道這種道理，仍大力鼓吹投資中國？因爲台灣的民主化，使他們的壓霸特權受到侷限，他們看到台灣的民主化已難回頭，只有趁『台灣受虐症候群』還可煽風烈燒之時，盡快搞爛台灣，以製造中國侵台的形勢和藉口，到時台灣才能重回壓霸統治的狀態。屆時他們恣意而爲的壓霸特權，就全部再恢復『爲所欲爲，坐享其成』的時代了。」

洪全示：「馬英九還說要開放中國資金來台投資產業。中國不是都在靠台灣那些心中無國家意識的商人在替它振興產業嗎？中國有能力來台灣投資什麼產業？騙誰啊！」

李繼宗：「中國有一項產業也許比台灣有能力，那就是核子武器工業，只是不可能移來台灣的，而且台灣也不能要。」

洪阿土：「馬英九還說：『海空同開放，會讓業者開懷大笑』，那倒是眞的。那些無國家意識而前進中國的大商人是方便多了，但一般的老百姓呢？企業前進中國方便了，留下產業空洞化的台灣，一般民眾以後的日子怎麼過啊！」

李繼宗：「唉，馬英九敢這樣大剌剌地擺明要腐蝕台灣，同時畫個中國大餅要引人民垂涎，就是他敢肯定，多數成自然型呆奴的台灣民眾，已沒有足夠的理性邏輯思考能力，看不穿他們的假面具。」

曾吉木：「原來這就是那個『半山假中國人』連戰在中國向胡錦濤諂媚時所說的『聯共制台』啊！」

洪阿土：「其實，今日蔣幫壓霸集團的嘴臉，馬英九早在三十年前就表露無遺了。當年馬英九在美國當學生間諜監視台灣留美學生時就說了：『當有一天中國國民黨和中國共產黨連手時，你們台灣人還能有生存的機會嗎？』意思是說『到時我要台灣人民，沒死也會比奴才還不如』。」

李繼宗：「所以，蔣幫壓霸集團是對台灣民主化非常生氣，就在立委和總統選舉雙雙接近時，故意叫衰台灣，以期合理化施放『對中國開放、向中國屈膝』之毒藥，期待恢復更如意的壓霸特權！」

洪全示：「是呀！所以先在11月份由僞裝成臨時工的貿易商『查理』向陳總統大叫『活不下去了』，由家奴化媒體炒熱；12月再由屏東縣黨部副主委方華雄假扮基層民眾訴說『百姓已沒飯吃』；以及由黨代表蘇慶賢假扮『要餓死的蕉農』；現在剩三天就立委選舉日了，更唆使在台灣已撈足油水的紀姓企業主叫囂『台灣已哀鴻遍野』。在在都是故意叫衰台灣，形成台灣人民生活不易、企業經營困難的假象，用來合理化進一步掏空台灣去救濟中國的計謀，以達成馬英九「要台灣人民沒死也會比奴才還不如」的惡毒陰謀。馬英九當上總統後，台灣人民的苦難有得瞧了。」

曾阿淡：「蔣幫壓霸集團的這些陰謀，還不是都有那些假中國人在爲其當走狗才能輕鬆得逞！」

李繼宗：「講到這些『假中國人』我就想到蕭萬長，馬英九爲了製造拉攏台灣人士的假象，找他配合選副總統，蕭萬長大概樂昏了，竟說出『台灣今日的富足，全是當年蔣經國英明地解除戒嚴才有的結果，台灣人民要知感恩』這樣的話來。就照蕭萬長的邏輯好了，台灣解嚴二十年就有今日成果，那麼，要不是有蔣幫在台灣四十多年的戒嚴，台灣應該早就是世界第一強國了。」

曾阿淡：「是沒錯啊！以台灣人的資質和勤奮，在當年日本人替台灣打下的基礎上發展，要是蔣幫壓霸集團沒來侵略台灣，台灣絕不只是今天的局面而已。」

馬腳毒浪四：消費台灣民主鬥士蔣渭水

李繼宗馬：「馬英九是不是想騙台灣人想瘋了，竟說出『蔣渭水曾祕密(不爲人所知)加入同盟會，算是中國國民黨的黨員』這樣的話來。」

洪阿土：「馬英九不是想瘋了，他是故意在消遣台灣人的靈魂。無論是台灣人的英靈魂魄或受害悲情，他都要消遣一下才滿足。這位蔣幫壓霸集團的代表人物，前不久在聽到大家又談起當年受海外黑名單的迫害時，不也是說了『他亦曾是黑名單之一』的冷笑話嗎？這都是在消遣台灣魂啊！」

曾吉木：「馬英九自己就曾承認是海外黑名單的製造者，他說：他在美國六年，有一半的時間都是在替黨國效勞。」

曾阿淡：「馬英九會講這種冷笑話消遣台灣魂，是因爲他以爲當初蔣幫壓霸集團燒光了台灣史書，台灣人都是只讀『標準教科書』長大，殊不知台灣人民還藏有多少台灣眞實史料。蔣渭水不畏日本迫害，於1927年在台中聚英樓成立台灣民眾黨；僅他成立的台灣工友聯盟就有會員11,446人。」

李繼宗：「由於蔣渭水勇於挑戰外來統治者的霸權禁忌，企圖以民主邁向台灣自救，這是蔣幫壓霸集團最忌諱的，所以在蔣幫侵台時，僞造台灣歷史，甚至連蔣渭水這個名字都不准人提起。所以在解嚴之前，台灣人知道有蔣渭水這個人的寥寥可數。這個壓霸的外來權貴，現在竟也學著談蔣渭水。我倒想問問馬英九，他到底是幾天前才知道有蔣渭水這個台灣鬥士的？」

洪阿土：「愛爾蘭哲學家Richard Kearney有一段名言：『事實若沒有因被記述而流傳，就等於沒發生過。任何眞實發生過的歷史，都必須以被講述和記錄的形式流傳下來。』這是一個國家的靈魂所繫，所以，蔣幫侵台時，即澈底捕殺『台灣民眾黨』成員，並禁絕所有蔣渭水和台灣民眾黨的所有的講述與記錄。今天蔣渭水和台灣民眾黨的史實被尋回了一部分，馬英九只好再篡改歷史一次，想把它加入蔣幫壓霸集團僞造的『歷史標準教科書』中。」

馬腳毒浪五：舉著公投反公投

李繼宗：「蔣幫壓霸集團眞的把台灣人民當傻子耍。看到民進黨提出『以台灣名義加入聯合國』的公投案，就提出『中華民國重返聯合國』的公投案。中華民國早就被全世界否定了，還能返回聯合國嗎？故意出來亂的意圖太明顯了吧！民進黨提出『台灣入聯』雖是呆奴式想法，但至少是眞心的。」

洪全示：「『台灣入聯』爲何是呆奴式的想法呢？」

洪阿土：「台灣自己不稱自己是台灣國，既然沒有台灣國，台灣怎能申請入聯合國呢？聯合國會員國是要以自己國家的國名登記的。我舉例來說好了，阿示你的身分證若被誤寫爲我的名字『洪阿土』，你要報名參加考試時，拿寫著『洪阿土』的身分證要報名『洪全示』參加考試，雖然你眞的是洪全示，但有誰會讓你報名？你還是要先把身分證寫錯的名字改正後，然後才能拿著正確的洪全示身分證去報名，才會被接受的。」

洪全示：「對喔！」

曾阿淡：「民進黨提出『追討中國國民黨的贓產』公投案，蔣幫壓霸集團又提出『反貪腐』公投案對抗。雖然『追討贓產』也是呆奴式想法，但反貪腐也要公投？眞是可笑！何況他們才是貪腐大戶呢！」

洪全示：「怎麼『追討贓產』也是呆奴式想法？」

洪阿土：「『追討贓產』是司法問題，怎麼也需公投呢？」

洪全示：「可是法院說『已過了追訴時效』，所以只好推由公投立法來追討了。」

洪阿土：「這也是呆奴式想法。我再舉例說明你就會明白。如果我強占你的家產，並把你囚禁起來，你根本無力反抗，也逃不出去。雖然你一直大叫『還我家產』，我就是不理你，又向全台灣宣告：『法院是我開的』。這樣過了五十五年。現在你終於逃出去了，你可以讓司法替你討回公道嗎？」

洪全示：「當然可以。」

洪阿土：「不是過了二十年追訴時效嗎？」

洪全示：「沒有過了追訴時效，因爲所謂過了追訴時效，是指當我家產被侵占時，在追訴時效期間內不提出追訴才算。而我在家產被你侵占後，當然就要提出追訴了。是你把我囚禁起來，法院又是你開的，不讓我完成追訴手續而已；因爲被你囚禁，外人聽不到我提出追訴的聲音。你的強盜行爲也還在持續中。追訴時效，應是從我脫逃成功，你的強盜行爲停止了，你也不再公開大言『法院是你開的』後算起才對。」

洪阿土：「那就對了，蔣幫壓霸集團侵占台灣家產時，他們同樣在台灣使用武力極權控制著台灣人民；法院又是中國國民黨開的，有誰能夠完成追訴蔣幫壓霸集團的手續？現在民進黨主政才幾年，所以追訴時效應該是『蔣幫壓霸集團形式上不再直接明目張膽地壓迫台灣人民』的時候算起才對。」

洪全示：「對喔！那追討中國國民黨贓產的問題，還是卡在『中國國民黨開的法院』了。」

洪阿土：「是啊！所以這『追討贓產』的公投案也是呆奴式的想法。」

曾阿淡：「蔣幫壓霸集團還一直叫罵『公投綁大選』是惡質，要求公投單獨舉行。事實上，除非是緊急公投案，世界上有哪一個國家的公投不是和選舉一起辦的 ，因爲一起辦不但節省人力、物力，又能提高投票率，高的投票率才能眞實反映民意，低投票率是民主的敗筆，這是普通常識。」

曾吉木：「蔣幫集團的地方首長更要抗拒中選會的一階段領票、投票的決定，堅持二階段分開領票、投票。」

李繼宗：「他們是存心亂台，所以堅持二階段。是要將選舉複雜化，以造成投票所內的混亂。更希望有人因而放棄領公投票，以下降公投的投票率。」

洪全示：「但是全國性選舉是由中選會主導，他們搞一國兩制，不怕犯法嗎？」

曾阿淡：「唉，蔣幫壓霸集團早看衰了這些民進黨執政人士。大家沒看到？民進黨政府還是妥協了。」

洪全示：「最可惡的是，自提公投議案，竟利用贓(黨)產在電視、報紙上大力宣傳，叫人民不要去公民投票。這等於明白在說『台灣人民，我們就是在玩你』。」

洪阿土：「郝龍斌更令台北市政府故意只發給台北市民立委選舉通知單而不發公投通知單。」

李繼宗：「這是妨害選舉、妨礙投票啊！是重罪喔！」

洪阿土：「是重罪，但誰去辦他們，他們開的法院嗎？可能嗎？」

曾吉木：「蔣幫壓霸集團阻公投、亂公投、反公投，事實上是在反台灣人民自決，怕台灣人萬一清醒。其實這是違反蔣經國死前遺願的。蔣經國臨死前，歷經驚悚而現出懺悔之意，宣誓：『台灣的命運由兩千萬台灣人民決定』，就是要台灣人民自決。」

洪阿土：「我早說過好幾次了，馬英九、郝龍斌所代表的蔣幫壓霸集團嫡傳既得利益者，太瞭解蔣介石、蔣經國父子了，他們雖承襲其在台遺霸，但並無眞的感念蔣介石、蔣經國父子。他們之所以捧著兩蔣神主牌不放，純粹是要靠著兩蔣神主牌來維繫『台灣受虐症候群』之毒，繼續精神毒化台灣人民，以避免此毒素經自然風化而衰退，好鞏固他們在台灣的既得權貴和壓霸。」

馬腳毒浪六：馬英九把你當人看

2007年12月8日，馬英九對著台灣住民說：「你來到我們的城市」；接著又說：「我把你當人看，要好好地把你教育，原住民的心態要從那個地方調整起。」

李繼宗：「太狂妄了，太壓霸了。馬英九，你好不要臉喔！是你來到台灣人的城市，台灣人可沒到過你們的城市啊！」

曾阿淡：「要說狂妄、壓霸，這句『我把你當人看』更甚，這句話的意思是『在我馬英九這幫人眼裡，你們根本不是人。我把你們當人看，你們就該感謝我的大恩大德了。』」

洪全示：「早在兩個月前的10月3日，蔣幫壓霸集團就在高雄掛起『他馬的就是愛台灣』的髒話來羞辱台灣這塊土地和人民了，這種事若在正常國家發生，必引起群眾暴動，但卻無事發生。在此同時，蔣幫壓霸集團患有中國重躁鬱症的立委朱鳳珠，也無緣無故潑婦罵街地說：『蘇貞昌的母親和一名老芋仔交往密切』。這些都是公然踐踏台灣人民的言語啊！也沒事發生，難怪馬英九敢如此囂張。」

曾吉木：「更可惡的是，在出現『他馬的』之前不久，蔣幫壓霸集團早就在高雄設立『趕羚羊之聲』和『LP之聲』電台。完全是『我就是看不起你們台灣人這些狗奴才，怎麼樣？』的意思。」

李繼宗：「『他馬的』是侮辱人的中國罵，大家都知道；LP是新興的頭字罵詞，我也知道。可是，『趕羚羊』是什麼意思啊？」

洪全示：「『趕羚羊』是台灣話發音的粗暴話，意思是『我強姦了你母親，所以你必須尊稱我爲老爸』。」

李繼宗：「哼啊？聽見這樣的侮辱，不但未見暴動，連遊行示威去抗議都沒有，台灣人民忍辱偷生的功力眞是厲害！」

洪阿土：「有什麼辦法呢？這就是『台灣受虐症候群』的劇毒啊！」

李繼宗：「看來馬英九等人已把『台灣受虐症候群』的毒性告訴中國人，才有(也是在10月初)於世界電玩大賽中，台灣代表勇奪第三名，領獎下台後，被中國選手追打，並被中國選手罵『狗生的』。每次在國際賽事上，中國人都是粗暴地對台灣代表叫罵，但以10月初的囂張爲最，比流氓更流氓，追打後再追打，更用『狗生的』罵台灣人民。中國國民黨罵台灣人民『他馬的』、『趕羚羊』、『LP』和中國罵台灣人民『狗生的』都是在同一時間。原來他們早已連通一氣啊！」

馬腳毒浪七：痟想「雞犬要升天」的假中國人詹啟賢

曾吉木：「詹启賢自以爲他功在蔣幫集團，在退休後至少也會有個不分區立委來過過癮。」

洪全示：「詹启賢眞不知死活，『兔死走狗烹』是中國名言，他沒被宰殺烹煮已是大幸了，還想當雞犬隨主子升天？」

曾阿淡：「2004年連宋選輸後，蔣幫壓霸集團不甘心，由『中國躁鬱症病態心理』惡化爲重躁鬱症，想藉扭曲319陳水扁被槍擊事件來翻盤。他們原先的如意算盤是由詹启賢以奇美醫院院長身分去施壓，定要當時參與急救陳水扁和呂秀蓮的醫護團隊模糊事實，不然至少也不要做肯定的陳述，以利他們操弄319槍擊事件來打下陳水扁。蔣幫集團的壓霸行徑向來得心應手，殊不知醫療規矩是以主治醫師負全責的，主任和院長僅是行政業務的主管，並不能在醫療行爲上對主治醫師頤指氣使。詹启賢知道他不可能成功指使醫護人員做僞證，所以最後只好硬僞造個虛擬的『奇美小護士』，來讓因妒恨而嗜血的陳文茜帶頭發揮。詹启賢以爲只要他躲起來不出聲，裝做默認的樣子，就已經是大功一件了。」

李繼宗：「但是蔣幫壓霸集團不瞭解醫院生態，認爲以一個院長之尊，怎麼可能壓不住醫師和護士呢！必定是詹启賢沒盡全力配合了。所以，這裡在認知上就出現很大的落差了。」

曾吉木：「詹启賢認爲要不是他默認『奇美小護士』這個角色，又拒絕出面來挺替陳、呂急救的醫護團隊，蔣幫壓霸集團怎能藉著319槍擊案亂台這麼久呢？三年多來蔣幫壓霸集團在『台灣受虐症候群』上煽風點火，能這麼順利地操弄台灣，叫衰民進黨民主政府，全建立在醜化319槍擊案的基礎上，而他正是幕後的大功臣。」

洪全示：「所以，當詹啓賢發現他竟被從中國國民黨不分區立委名單中剔除，且理由又是『在319槍擊案的抹黑中未全力配合』時，他就火大了，詹啓賢說：『319槍擊案又不是現在才爆出來的，怎麼現在才來質疑我在其中的配合問題呢？』；『319事件在我詹啓賢內心留下的烙印，只能以"寒冬飲冰水，冷暖自知"形容；交心的結果卻惹來一身腥』。他大膽要求到中國國民黨的中常會做『清楚交待』；又說：『假如交待清楚後還有問題，我退出』；『假如沒問題，請不要再拿這個問題做文章』。」

李繼宗：「這時蔣幫壓霸集團就怕了，319槍擊案的抹黑造謠怎麼可以拿來清楚交待呢？那不是馬腳全露了嗎？」

曾阿淡：「所以馬英九趕緊出來肯定詹啓賢，加以安撫，以免他眞的豁出去了，眞要『清楚交待內情』，那還得了。」

李繼宗：「看來吳伯雄也是知道內情的，吳伯雄說：『我當初就向馬英九推舉詹啓賢做爲馬的副手。』還說：『詹啓賢將來扮演的當然不只是立委的角色』。」

曾吉木：「哈！吳伯雄是在消遣詹啓賢呀！吳伯雄知道，就如馬眼看蔡正元一樣，馬英九是不會讓太奸巧的高侵略性假中國人近身的。所以吳伯雄才再加一句『詹啓賢當副總統的機率比當不分區立委的機率還高』。消遣詹啓賢的語氣太明白了，大概只有詹啓賢自己聽不出來吧！」

洪阿土：「詹啓賢應該不是聽不明白，是啞巴吃黃連。眞要說出內情，不只是惹來一身腥，是一身腐臭吧！」

曾阿淡：「不，詹啓賢聽不明白的。大家沒看到？最近當一群護理人員的論述傾向贊同民進黨正副總統候選人時，詹啓賢竟出來公開大罵『護理人員是一群白髮宮女』。爲了向主子再交心，不惜粗野地侮辱這些爲維護民眾健康而長年勞苦功高的護理人員。」

洪阿土：「任何人都知道，護理人員是醫師在救治傷患、進行醫療過程中不可缺少的重要助手，護理人員的奉獻和成效，對醫療水準有一半的決定性。所以任何一位有仁心、對醫療工作眞正奉獻過心力的醫師，都是尊重護理同仁的，絕不會任意出口傷人，或做出有辱護理同仁的行爲。怎麼會連太監罵人的惡毒話『白髮宮女』都出口了？」

李繼宗：「詹啓賢這位假中國人，雖是有牌照的醫師，什麼時候爲台灣人民的第一線醫療工作盡過心力了？他一直是在台灣求官位當官僚。爲了名利早習慣汲汲於諂媚主人、服侍主子，這次聽了馬英九和吳伯雄半敷衍、半消遣的話，自以爲得到摸頭。以爲他只是意外錯過了副總統和立委之位，將來馬英九當上總統，他眞以爲若沒當行政院長，至少也有個部長位子坐，所以才不知羞恥地衝向前替主子出氣、洩恨。馬英九眞當上總統後，我保證這一身腥臭的假中國人呆奴詹啓賢，會和蔡正元一樣，蔣幫壓霸集團必是避之唯恐不及。」

馬腳毒浪八：台灣人民再不順服，我就引中國解放軍入台，怕了吧！

洪全示：「蔣孝嚴發放的競選立委宣傳品贈筆，裡頭所附2008年年曆，不僅是簡體字，還用紅筆標出『10月1日是國慶日』。眞的毫不掩飾地表明，要把台灣當貢品獻給中國了。」

李繼宗：「其實蔣幫壓霸集團早就毫不掩飾了，蔣幫壓霸份子早就紛紛到中國稱臣。他們爭先恐後向中國國務院台灣事務辦公室(對台工作小組)所屬機構大獻題詞交心，宋楚瑜題『氣通寰宇』；鍾榮吉題『鴻圖大展』；吳伯雄題『氣概山河』；連戰則題『氣聚人和』，和他的『聯共制台』合成上下聯。這些不是都公開表明和中國沆瀣一氣了嗎？」

曾吉木：「當然囉！5月初馬英九就派馬家軍大將——中國國民黨立委吳育昇——率團到中國向中國表明效忠，在中國中央電視台節目上向中國說明：『馬英九不是在選總統，只是在選台灣領導人』，而且連續強調四次以上。另稱立法院院長王金平只是『台灣立法機構負責人』。爲了表示不是吳育昇個人交心而已，是整個在台灣蔣幫壓霸集團的對中國效忠，還特別由隨行的蔡詩萍再強調一次『是在選台灣領導人』。」

曾阿淡：「在中國藉奧運聖火傳遞，欲把台灣歸入其國內傳遞路線，台灣民主政府聲明『台灣只接受國際路線，否則拒絕羞辱式的聖火入台』的同時，郝龍斌竟然表示堅持要引奧運聖火來台，並請來曾護送1964年東京奧運聖火的韓繼綏主持聖火在台北市傳遞的預演，還標明『暌別四十三年的奧運聖火再現』爲主題。試圖把台灣歸入中國國內路線造成事實。好在民進黨民主政府還稍微有點清醒，沒讓它實現。」

洪阿土：「其實，當年的東京奧運會上，我們的代表隊還是被掛上『台灣』之國名的，蔣幫壓霸集團人士還曾對主辦單位抗議呢！當時蔣幫煉製的『台灣受虐症候群』已開始要進入『習慣型呆奴』階段，所以現在知道的人大概不多。」

曾吉木：「這些蔣幫壓霸集團以前不是還做點遮掩嗎？現在立委及總統選舉接近了，爲什麼反而大剌剌地表明要出賣台灣呢？」

李繼宗：「唉！這三、四年來他們在『台灣受虐症候群』上加油添火，看來已燒開了，他們已有恃無恐。這些是公開恐嚇，表明『再不順服我的壓霸，我就把你們賣給中國』。在『台灣受虐症候群』的協助之下，這是搏命的一擊啊！」

馬腳毒浪九：銷贓、分贓

曾吉木：「中國國民黨的出脫中影、中視、中廣分明是假買賣，買賣哪有不完成付款即交割的，且交割後也不見完成付款。」

李繼宗：「那是銷贓、分贓啊！自從國發院土地出脫順利，馬英九見識到了蔡正元的奸巧和細膩手法，遂起用蔡正元來進行的。」

洪全示：「我就一直奇怪，中國國民黨七年來賣了三千三百九十億元的股票，除了故意大量賣股票使股市大跌以笑衰台灣外，還可用來選舉時做銀彈攻勢。但是，選舉花下去的錢再寬估也沒那麼多呀！何況中國國民黨還向銀行大量借錢，錢都到哪裡去了？」

李繼宗：「『惡人沒膽』呀！2008年的立委和總統選舉，蔣幫壓霸集團雖已自信滿滿，但還是要預防萬一。所以銷贓是需要，分贓是必要。」

第 45 章

現在的台灣司法是不是東西？真不是東西！不，是東西！

2007年8月，強摸女人胸部十秒——無罪；加害人未承認已引起性慾——無罪。

在法庭上，司法官對貪贓證據確鑿的馬英九不斷噓寒問暖。對台灣人總統夫人吳淑珍女士嚴詞厲色，更將重度殘障的她，以遊街示眾式地展示。

10月，一般候選人的宣傳品超過30元以賄選定罪；蔣幫壓霸集團份子在高雄則發放500元無罪。

12月，蔣幫壓霸份子胡忠信捏造陳幸妤在美國銀行開戶洗錢之事，公開散布，無罪。

高雄市環保局長蕭裕正依每年安排之例行，到清潔隊犒賞第一線清潔隊員之辛苦，先收押再講。

法院派由劉景星審理馬英九貪汙罪之二審。劉景星法官於1991年以擁有史明著作的書及獨台會貼紙為由，判陳正然、王秀惠徒刑兩年；林銀福一年半；安正光十個月。2007年則判贓款已被查獲的貪汙犯馬英九無罪。

台北市安湖里長尤樹旺被以「買餐券方式捐助徐國勇競選經費」視爲賄選收押。

台北市議員王孝維捐款給孤兒院全體幼小孤兒5000元被調查、辦公處及宅室被強力搜索。

中國國民黨立委候選人江連福當面交錢賄選的錄影、錄音在電視上播放一遍又一遍，檢方就是不予理睬。

曾吉木：「看來馬英九眞是奸人無膽。」

曾阿淡：「怎麼講？」

曾吉木：「馬英九不是早就以家奴化媒體和中國國民黨開的法院合演一齣他要無罪的連續劇了嗎？」

曾阿淡：「是呀！法院會判馬英九貪汙無罪並沒人懷疑啊！」

曾吉木：「那法院爲何要選任一個專替蔣幫壓霸集團焚書坑儒的法官劉景星來擔任二審法官呢？法院要隨便選一位法官來配合演出是輕而易舉的事。但選了一位惡名昭彰的劉景星，馬腳露得長長的？」

洪全示：「我知道了，馬英九雖然有把握，但仍怕有萬一，推出劉景星任審判長他才能完全放心。」

曾吉木：「所以我說他奸人無膽。」

李繼宗：「等等！你說『焚書坑儒』，我聽不太懂。」

洪阿土：「阿木講的『坑人』不是像秦始皇一樣把讀書人埋了，坑人是指『殺害』或『送進監牢』例如：1991年蔣幫壓霸集團爲了壓制稍微萌芽的自由思想，要殺一儆百，就抓幾個有史明著作的書或獨立台灣會小貼紙的人，就是由劉景星以此做爲『內亂罪』的證據而判處重刑的。」

李繼宗：「但1991年不是已解除戒嚴四年了嗎？」

洪阿土：「劉景星用的是馬英九當年爲了誅殺異己，所堅持在解嚴後還要保留的刑法第一百條，只要他們認爲你有嫌疑即可不經法律程序抓你。」

李繼宗：「即使解嚴了，還是可以不經法律程序抓人？」

曾吉木：「阿宗，你忘了法院還是中國國民黨開的啊？連十多年後的現在，陳水扁已兩任總統，檢調還不是在『非常光碟』尚未出刊就違法搜索、查扣，又有誰奈何得了他們？」

李繼宗：「也不對啊！即使刑法第一百條也是要有預備內亂的嫌疑啊！家裡有一本書、一片貼紙就是預備內亂了嗎？」

洪全示：「阿宗，你又忘了，蔣幫壓霸集團要辦誰、要怎麼辦，司法部門照做就是了，所用的法條只是隨手抓來用的藉口而已。」

曾阿淡：「所以才有：他們說你貪汙，司法就判你貪汙了；他們說他沒貪汙，司法就判他沒貪汙了；他們說你賄選，司法就判你賄選；他們說他沒賄選，司法就判他沒賄選了。」

洪全示：「我較奇怪的是，『強摸女人胸部十秒並不構成強制猥褻罪』怎麼說得出口？還說明『並未強制』；『客觀上並無引起加害人的性慾，所以無罪』。」

曾吉木：「眞是可笑，沒強制怎麼能夠持續撫摸一個陌生女人的胸部十秒呢？還要侵犯者有了性慾才有罪？以後台灣大概不會有『強制猥褻犯』了，因爲只要侵犯他人者說：『我還沒引起性慾』，那就無罪了。」

李繼宗：「這位法官不知有沒有妻子、女兒？但一定有母親吧？是不是要請有侵犯傾向的變態者去找他的妻子、女兒或母親發洩十秒，以免台灣女性民眾受害？」

洪阿土：「阿宗你別傻了，他們是專門以玩弄別人爲樂，才不會玩弄自家人呢！若眞有誰侵犯了他們的家人，保證會死得很難看。」

李繼宗：「這樣的人還能繼續當法官，台灣民眾的忍功也眞是奇蹟！」

洪阿土：「有什麼辦法呢？『台灣受虐症候群』啊！」

第46章

親人被凌遲時我旁觀；現在我被追殺，已沒四肢健全的人救助了

當年他們被迫害時，我袖手旁觀；現在我被追殺，沒人幫忙，因為已經沒有四肢健全的人在了！

——Niemoller

李繼宗：「靠著『台灣受虐症候群』精神之毒，馬英九大露馬腳，乃能踢出陣陣毒浪，再深一層毒化台灣人民。看來2008年的立法委員和總統選舉，蔣幫壓霸集團和台灣假中國人必然大獲全勝。台灣人民要精神康復、國家要正常化又得後退一大段路了。」

曾阿淡：「是呀！只嘆李登輝和陳水扁執政二十年來不知著手恢復台灣歷史眞相和重建台灣文化，以致未能及時復建台灣人民心靈和人格的尊嚴、從『台灣受虐症候群』殘疾中復甦。馬腳踢出的毒浪，才所以能有效地繼續毒化台灣。台灣人民在這種前後相乘的毒化下，原未清醒的就更呆奴；原有點清醒的也再度迷糊了。這些民進黨聞達人士還剩多少

機會可想而知。」

曾吉木：「不少民進黨聞達人士的派閥眞是呆奴得可笑，當陳水扁總統被追打時，因妒恨而冷笑旁觀，以爲陳水扁被鬥臭後就是他的出頭天，連覆巢之下無完卵的道理都不懂。蔣幫壓霸集團意在顛覆整個台灣，怎麼會單留他活路呢？」

李繼宗：「哼！即使他先一步溜逃成功，還不是只能撿食蔣幫集團吃剩下的。」

洪阿土：「只是這也連帶拖累了民進黨內一些較清明的人士。」

曾阿淡：「其實這也是2000年民進黨過早取得政權時，早預見的結果。這些民進黨聞達人士多數得意忘形、膨脹、輕忽、甚至妒恨，人人自以爲都是他個人的功勞，個個以爲將要一步登天。」

李繼宗：「比較2000年前與後民進黨人士面對台灣人民態度的轉變就一清二楚了。2000年以前，尤其更早時台灣媒體全由蔣幫壓霸集團掌控，政治資源更是一把抓，根本沒有他們發言的空間，言行更總是受到騷擾，他們更有鬥志，頭腦也較清醒。每到週末，無數民進黨人士及以前的黨外，不分彼此；不辭辛勞，四處到各城鄉演講，述說台灣苦難的歷史(雖還是有不少呆奴式的認知)；揭發蔣幫集團的壓霸惡行；灌輸民眾民主觀念；宣揚台灣尊嚴。搖醒不少被呆奴化的台灣民眾，才有足夠的民眾力量支持這些台灣聞達人士逐漸累積政治成就。」

洪阿土：「但是，在2000年之後，總統選舉民進黨獲勝，立委席次也大增(雖然仍讓蔣幫壓霸集團在立法院占多數)，這些民進黨聞達人士反而被這一點點政治成就沖昏了頭。有的自我膨脹，對陳水扁因嫉妒而懷恨；有的因得意而忘形。就如一些上進之人，在名成利就之後，把栽培他成長的父母遺忘在僻壤一樣。不但平時不再屈身向民眾宣揚理念，更因勢得利，自以爲貴氣逼人。連選舉期間，也只會花錢在大城市做重點式的舉辦大型造勢晚會，談一些多數基層民眾並未眞正關心的政治高調。政治高調並不能搖醒更多的台灣民眾；貴氣逼人則更拉大了和基層民眾距離。」

曾吉木：「就講實際的競選效果好了，選舉逼近才辦大型造勢晚會能增加選票嗎？會長途跋涉去參加的，都是早就死忠的支持者，對尚未決定支持對象的民眾根本影響不了。若能分批深入各角落宣揚正確的理念，不是更有機會打動心志未堅的選民嗎？」

李繼宗：「加上四年來民進黨內妒恨人士的自扯後腿；不少人又得意輕忽而自墜別人擺好的陷阱，令人失望而流失了很多意志不堅的原支持者。」

洪全示：「代表民進黨參選總統的又是受『台灣受虐症候群』毒化較深的謝長廷，他完全對『陳水扁能兩次連任總統是因爲陳水扁激起台灣人民維護台灣尊嚴之良心』不知不覺，反而遭受蔣幫壓霸集團的牽引，提出一些似是而非的可笑政見。」

曾阿淡：「謝長廷說要走『中間路線』、『和解共生』。馬英九的蔣幫壓霸集團擺明的就是『台灣人民只能當順民』，有何『中間路線』可走？而『和解共生』就是你不去揭穿他的眞面目囉！那豈不正中了蔣幫壓霸集團的下懷？謝長廷還說：『比馬英九能早三通！』」

曾吉木：「一聽馬英九踢出『全面開放對中國投資』的毒浪後，謝長廷竟也說出要取消對中投資的40%上限的話來，還逼行政院配合。眞是呆奴得可以，今天台灣失業率的無法下降和產業集資不足，不正都是企業和資金轉移中國所造成嗎？眞要畫中國大餅來騙民眾選票，以馬英九之蔣幫集團有中國配合演出的情形下，你謝長廷有何勝算？眞是無可救藥。」

李繼宗：「難怪辜寬敏先生說：『謝長廷笨得要死。』又說：『謝只顧討好企業主，卻不知要讓基層台灣人民感動。』這些心中無國格尊嚴的企業主和大商人有幾張選票？值得謝長廷用『腐壞台灣經濟根基』來換取嗎？」

曾阿淡：「謝長廷更不知存什麼心，見到陳水扁、游錫堃等人忙於立委輔選，他卻躲起來翹二郎腿，還說『立委選完我就是主角』。他連『拉抬立委選情，就是拉抬自己選總統的行情』都不明白，等立委選舉崩盤，看他兩個月後還有何資本選總統！」

洪全示：「再看看那因妒恨、自我膨脹而躁鬱症發作的呂秀蓮，竟然說出『自己比毛澤東還厲害，靠一張嘴就能拐到選票』這樣冰冷的笑話。好笑嗎？眞是無可救藥！」

曾吉木：「當呂秀蓮爭取提名選總統失敗後，還跑到無所不用其極要叫衰台灣的蔣幫家奴化電視，接受不要臉的陳文茜訪問，還恨恨地說：『民進黨基層黨員背棄了我』。完全沒有自省能力。」

洪阿土：「不要再提到呂秀蓮了，會想吐，我等一下還想吃飯哩！」

曾阿淡：「難怪不少台灣民眾會說：『含淚不去投票』；更多清明人士說：『要含淚去投票』。這些民進黨聞達人士眞是該死！」

李繼宗：「不只是民進黨，李登輝和其感召成立的台聯黨也在被侵蝕了。李登輝因自覺沒得到陳水扁的足夠尊重，患了不甘寂寞而憤恨的毛病。台聯黨更似忘了成立的宗旨是台灣意識，爲了解決和民進黨意識重疊的困境，竟不惜飲鴆止渴，縱容賴幸媛經由她在中華統一促進黨的密友蔡建仁(又名趙萬來)引進紅潮之亂的副總指揮劉坤鱧，提出『毀綠計劃書』，企圖與民進黨同歸於盡。當台聯黨內清明人士廖本煙、黃宗源、尹伶瑛、黃適卓提出質疑時，竟被逐出台聯黨。」

曾吉木：「台聯現任黨主席黃昆輝看起來是好好先生，但他只是因受李登輝提拔而入台聯，並無清晰的理想，易受操縱，才會接受毀台計劃而不知台聯將先自毀。」

洪全示：「台聯中央還辯說：『劉坤鱧曾是民進黨黨員；張富忠也是紅潮之亂的重要幹部，他的妻子前教育部長范巽綠更不要臉地要硬擠入民進黨不分區立委名單，民進黨也沒有開除他們黨籍。現在你們沒資格抹紅台聯。』」

李繼宗：「這完全是陳港生(成龍)的齷齪強辯法。民進黨中央沒有主動開除背叛的昔日戰友，乃是因爲存有台灣人『你雖無義，你自去，不必我絕情』的善良本質在。然而民進黨多數人士還知道要和他們保持距離，沒有如台聯般被毀台頭領盤據。」

曾阿淡：「李登輝呢？他應該清醒一點吧！」

洪阿土：「本來是，但李登輝不知『老年戒之在得』，他卸任總統之後，曾盡心協助陳水扁順利繼任總統，陳水扁由於得意、輕忽，讓李登輝覺得沒受到應有的足夠尊重而起了憤恨之心，李登輝的憤恨心已逐漸侵蝕他在當總統時的理性和清明。」

李繼宗：「依我看來，賴幸媛若非是蔣幫壓霸集團早就安排在台聯的奸細，就是被牛郎策反了。」

洪阿土：「我倒有不一樣的看法，賴幸媛本身是一個沒有自己清明意識的人，她是尋求機會者，眼見台聯受到民進黨陰影的遮掩，壯大不易，她在台聯名成利就的機會太小。這種人在這時候最容易被收買，賴幸媛是『食西瓜偎大爿』去了。」

曾阿淡：「無論賴幸媛是屬於哪一種看法，她這次讓台聯和民進黨同歸於盡的謀略是成功了，這是大功一件。馬英九當上總統之後，賴幸媛會是準備升天的雞犬之一了。」

在「台灣受虐症候群」的麻痺下，馬腳踢出的陣陣毒浪，跟隨蔣介石、蔣經國的腳步，成功地追加了「台灣受虐症候群」精神之毒，已註定了台灣人民在民主化之後的另一深層苦難。蔣幫壓霸集團的即將得逞，民進黨聞達人士八年來「輕忽、忘形和自我膨脹」須負一半以上的責任。台灣聞達人士有辱台灣人民之所託，每人打他五十大板亦不足以謝罪。而李登輝主政十二年、陳水扁主政八年，在長達二十年內，兩人身爲一個台灣人民領袖，從沒想到應該要重新仔細研讀台灣眞實史料，以致錯失了恢復台灣歷史眞相的良好機會，使得大多數台灣人民在「台灣受虐症候群」呆奴化之下，繼續錯認自己是漢人之一支，繼續認賊作祖，認盜作父。也因而沒能重建台灣的文化和優雅傳統，以進而復建台灣人民的人格尊嚴。台灣國家正常化之路已註定要在2008年中斷、倒退了。這不是天命，是人禍。我誠心求請：「台灣人民早日清醒吧！」

第47章

民進黨慘敗的必然

2008年糊塗戰略導致慘敗，主帥仍不知為即將來臨的決戰虛心整備；閒士更往前線的受傷勇士身上撒鹽

曾吉木：「1月12日的立委選舉，民進黨僅取得不到四分之一的27席，這當頭棒喝，仍打不醒台灣聞達人士。」

曾阿淡：「一些假清高之台灣聞達人士竟猶不知清醒，任意自扯後腿，持續妒恨；更將立委敗選歸咎於義無反顧地做該做之事的杜正勝、謝志偉、莊國榮，企圖藉以撇清自己的責任。」

李繼宗：「要不是有杜正勝、謝志偉、莊國榮三人的表現所激勵，相信會有更多『含淚不投票』的台灣民眾。民進黨立委可能連21席都沒有！」

洪全示：「當有辛苦抬轎的人看不懂謝長廷的意識和心態而有點洩氣時，謝長廷竟說出『要留下來的我很感謝；要離開的，我也尊重，並給予祝福』這樣的話來，擺明了用酸溜的客套話趕人嘛！看來已難起死回生了。」

洪阿土：「其實民進黨的漸失支持，主要是自2000年以後，沉醉於『中華民國』體制的權力之中，醉得把台灣意

識拋之腦後，更有時還向蔣幫壓霸集團拋媚眼。只有選舉到時，才把台灣意識拿出來當作吸引深層台灣民眾的工具，讓台灣民眾大失所望。」

李繼宗：「更糟的是，此次立委和總統選舉中，更不自知地模糊、扭曲了台灣意識，當然激不起台灣人民感動。」

曾吉木：「現在的民進黨聞達人士根本已無人知覺『2000年和2004年陳水扁能當選總統，就是由於陳水扁兩次都力持台灣主體意識，能感動多數的台灣人民』。」

第48章

可憐啊！現在才想到台灣文學，還是呆奴式的想

繼2007年教育部公布台語第一批「推薦用字」後，5月1日(2008年)再公布河洛語系「推薦用字」100字，卻是錯別字一堆。

李繼宗：「不簡單，這些台灣聞達人士中，終於有人想到要重建台灣語文了，雖然太慢了。」

洪阿土：「不只慢了，可能已來不及了。若李登輝能在二十年前即想到要救回台灣語文，那是一個良機，二十年前還存在不少現在台灣二次語文耆儒，把他們禮聘來集中撰述，必能讓台灣人民好好見識台灣語文的正雅尤勝北京土話百倍。可惜二十年前年李登輝不知不覺，八年前陳水扁也無意無識。」

洪全示：「慢了是可惜，但總比繼續不靈好點。」

曾阿淡：「不見得，看看他們到底用了多少心，只輕率地找來幾個也是『標準教科書』教育出來的所謂學者，就想

拼湊出被銷毀六十年的二次台灣語文。難道不能用心點？強力放送禮聘現在台灣二次語文耆儒的消息，也許還有倖存者也說不定；另重金懸賞逃過銷毀的台灣語文著作和前人的手札、筆記；或褒獎借閱。再派專人察查台灣的老教會、陳年宗祠、寺廟和舊圖書館，幸運的話還能挖出一些被埋藏塵封的珍寶。這些都沒做就想重建台灣二次語文，看來只是在草草敷衍應付而已，並未啓發了眞心。」

曾吉木：「難怪只敢說是『推薦字』。堂堂一個教育部，竟只做推薦，還是輕率推薦！」

洪阿土：「最扯的是，不少錯別字竟然推說因『是罕見古字』所以不採用。」

李繼宗：「這樣說就更呆奴了，他們從小侷限在使用『標準教科書』，腦子裝滿的是中國北方土話的語文，一大堆中國北方土話的俗造字就成了常用字，台灣語文的正字被查禁了六十多年而不被他們所熟悉，就成了『罕見古字』。」

曾阿淡：「我看他們這些人連『“他”是中國北方土話的俗造字，“伊”才是自古至今的常用字』這點都不知道吧！」

洪全示：「無可懷疑啦，他們只學了北京方言的教科書，根本不瞭解實質漢文，至今連一套統一實用的台語注音法都整理不出來呢！」

第 49 章

2008年5月22日，台灣更不像一個國家了

洪全示：「唉，你們都在這裡啊！你們沒看總統選舉的開票轉播啊！」

李繼宗：「何必呢？大家不是早就知選舉結果了嗎？」

洪全示：「是沒錯啦！但我總有一種說不清的心思，想要看一下結果報出來。」

曾吉木：「是有一點不甘心？還是希冀奇蹟？」

曾阿淡：「都有一點吧！」

李繼宗：「沒見奇蹟吧？」

洪全示：「沒有，馬英九贏謝長廷兩百多萬票。大家都有投給謝長廷吧！」

洪阿土：「當然！雖然含淚；雖然明知謝長廷不會勝出，且即使謝長廷當選，對台灣的正常化也不見得有何助益，但總不能把票投給一個看不起台灣，隨時準備出賣台灣的人吧！」

李繼宗：「台灣竟然眞的選出一位整個家族不是外國

人就是等著即將當外國公民的人來當總統。而這個準美國人總統公然貪汙公款，直接匯給自己妻子，匯給自己女兒，還裝清廉，大罵他人貪腐，台灣竟選出這樣的總統，眞是悲慘。」

曾吉木：「其家人還都早是美國人了呢！」

洪全示：「當選票開了超過一半時，我一時感嘆也是說了這句話。一起看電視的一些親友竟然說『至少馬英九自己的美國永久居留權已自動失效了！』」

李繼宗：「美國移民署官員不是說過了嗎？美國所發的永久居留權綠卡，只有當美國政府認為擁有者已失格，才由美國政府判決失效的，在美國政府未判定失效前，是不會自動失效的。」

曾吉木：「選戰時的批判這麼激烈，若馬英九的『美國永久居留權』眞的失效了，馬英九早就發函美國在台協會，請求其發一張證明，證明馬英九確無有效的綠卡存在，即可杜眾口，何必一再賣力含糊其辭呢？」

曾阿淡：「唉！這些在報紙上和電視上不是都已明白指出了嗎？還要在開票時再提啊？」

洪全示：「所以囉，我當時實在氣結，就沒再回話。」

洪阿土：「看看『台灣受虐症候群』之毒把台灣人民的理性邏輯思考能力磨失得多麼澈底！」

李繼宗：「今年的立委和總統大選中，謝長廷和這些民進黨聞達人士還是對台灣有一點點的貢獻。」

洪全示：「阿宗你說什麼？」

李繼宗：「是有一點點啦，立委和總統都由蔣幫壓霸集團大勝，至少他們不會再大鬧一場了。而台灣人民素來善良，不會比賽輸了就要找別人吵架。謝長廷和這些民進黨聞達人士至少替台灣人民帶來了幾天清靜。」

洪全示：「嗯，是沒錯！」

曾吉木：「拜託！我已兩餐吃不下飯了，你們非要我連胃酸也吐出來不可嗎？」

第 50 章

不論正式完全掌政後賣台求榮的成效如何，能撈的先入袋為安

2008年4月15日台北市都市計劃委員會火速通過變更，將中興山莊(即國發院)的4.7公頃機關用地變更爲住宅區。官員與業者粗估開發獲利爲一百五十一億至二百億元。本案當然還須送內政部都市計劃委員會審議，但馬英九即將在一個月後就任總統，內政部都委會也將改組，這是要「馬上過關」的前置作業。

洪全示：「蔣幫壓霸集團很快就要再完全掌控台灣了，不知爲何馬英九那幫人要急著完成國發院土地五鬼搬運法的最後一鬼？」

李繼宗：「自從台灣民主化後，蔣幫壓霸集團雖然還能操弄『台灣受虐症候群』，繼續壓霸台灣，但總是累人。他們眞正懷念的是往日不費力的爲所欲爲，若出賣台灣能換得中國特許的再次永續壓霸特權是最好。但是到時面對的也是壓霸，而且更精於鬥爭的中共，馬英九那幫人自須先預防萬

一偷雞不著蝕把米，所以當然要先完成國發院暗盤交易。先撈足了，再有個萬一也無所謂了。」

洪全示：「原來這是馬英九那幫人的心思。先前馬英九放任蔡正元掏空中影，我就覺得奇怪，以蔣幫壓霸集團的一貫作風，連一塊小餅乾都不可能讓人白呑了，何況是中影這塊大餅呢！原來也是藉由蔡正元這假中國人之手搬運而已。」

李繼宗：「是呀！所以就把立法院財委會召集委員之位賞給蔡正元，讓他去財經界上下其手，做為謝禮，也算是封口費。不過，我看蔡正元的奸巧，馬英九那幫人看在眼裡，蔡正元大概也到此為止了。」

曾吉木：「嗯，我知道了，蔣幫壓霸集團特意要將『鐽震公司汙名化』，不惜將它封殺至胎死腹中不可，也是這種心思了。」

曾阿淡：「其實鐽震公司還在籌備階段，由國防部持股近半，其他股東以國營企業為主，定位為國防武器管理產銷公司。過去因台灣由政府出面採購軍品有障礙，均由軍火商和掮客居間操作，以致弊端叢生，浪費國家龐大金錢。其中以拉法葉艦和掃雷艦的採購案最誇張，竟付出超過國際報價兩倍的金額，無數將校牽涉其中，以當時的參謀總長郝柏村層級最高。還大膽殺害了原本要拿來做替死鬼的正直軍人尹清楓。最後還是因軍中貪贓的惡勢力龐大，司法動不了其皮毛而不了了之。所以連前國防部長、行政院長唐飛都於3月6日表示，成立鐽震公司是一個好方法。形式上是民營公司，國防部持股近半，其他股東也以國營企業為主，未來可配合軍方需求，方便向外採購軍備，還可和外國公司合作研發，分享技術；台灣還能因而加入軍品的全球產銷供應，立即解決了『自行研發太浪費；外購又維修、補給不易的困境』。」

洪阿土：「但這等於切斷了蔣幫壓霸集團日後藉由操弄軍品採購，持續在台灣巧取豪奪之路了。」

李繼宗：「所以囉，蔣幫壓霸集團必然無所不用其極，非將鏈震案打壓到胎死腹中不可。」

洪阿土：「這些輕忽無能的台灣聞達人士對蔣幫壓霸集團的打壓根本招架無力。已是走到執政的尾聲；已是台灣的罪人；已受到台灣人民的當頭棒喝，仍不知不覺，無能知覺蔣幫壓霸集團的狼心狗肺，不但招架無力，還人人惹上一身腥，更無法將蔣幫壓霸集團的陰謀公諸於世了。」

第51章

「帶著骨氣的台灣人」vs.「賣祖求榮的台灣假中國人」

曾吉木：「假中國人蕭萬長拿了台灣人民血汗錢二十五萬美元向中國朝貢，換來和香港、澳門相同位階，去中國參加博鰲論壇，還洋洋得意。更由新聞稿發出『達成一個中國原則的共識』。」

洪全示：「最不要臉的是，蕭萬長已當選副總統，且即將就任，卻大搖大擺地手拿中國發的台胞證當護照進入中國，丟盡了所有台灣人民的臉。」

曾阿淡：「難道他不知道？當初辜振甫僅以海基會董事長的身分去中國，就拒絕中國發的台胞證，是手持台灣發的護照去中國的。」

洪阿土：「蕭萬長是想到中國認老爸想瘋了。他如果還清醒一點的話，就應該手持台灣護照去。中國接納了，回來是英雄；中國若拒絕入境，回來台灣更是滿身尊嚴的英雄！」

李繼宗：「哈！蕭萬長是高高興興帶了副總統的榮耀，

代表馬英九去向中國老爸獻寶求摸頭的，他怎麼敢這樣做？他怕中國老爸一不高興，就可能不認他了。」

洪全示：「講到這裡我想到了吳伯雄，他在馬英九上任後，不顧中國瞄準台灣的飛彈已漸增至一千四百枚，便迫不及待地也趕著到中國朝貢，也是去認賊作祖的。吳伯雄在中國學馬英九高喊『同是中華民族』，胡錦濤也回應『堅持維護中華民族的根本利益』。就和兄弟團圓一般，還學吳育昇稱『馬英九先生』而不敢稱馬總統；在台灣寫中山陵祭文明明寫民國97年，到了中國卻在題詞時寫2008年。」

李繼宗：「哈！吳伯雄也對中國卑躬屈膝得太鼠輩了吧！他當時不知有沒有仔細瞧瞧，就在他題詞的中山陵裡，明擺著一面中國國民黨黨徽，旁邊還留著大大的註記『民國十八年六月一日』字樣。竟學連戰、宋楚瑜、郁慕明等人，不敢在中國稱民國。」

曾吉木：「更扯的是，吳伯雄更跑到孫中山陵前喜極而泣地報告說『中國國民黨又奪回政權了』。真奇怪！孫中山是推翻清朝的中國黨共主，是蔣幫壓霸集團的中國國民黨把中國丟輸給中國共產黨的。吳伯雄向孫中山說『又奪回政權了』，難道中國國民黨又打倒了原先趕走他們的中國共產黨？又占領了中國？不然怎麼在中國說『又奪回政權了』？」

洪全示：「更奇怪的是，中國共產黨聽了也不生氣？」

曾阿淡：「我知道了，吳伯雄是去向中國共產黨報告『中國國民黨替中國又拿到台灣控制權了』。」

洪阿土：「看到這幾個賣祖求榮的台灣假中國人，令我想到一位較少爲人所知的骨氣台灣人許博翔。許博翔是元智大學機械系四年級學生。去年(2007年)12月31日他在馬來西亞第二屆國際先生比賽中，奪得最佳國服獎和最佳新人獎。但因被大會稱爲中國台灣而拒絕上台領獎。」

曾吉木：「看來對『台灣受虐症候群』精神之毒有免疫力的台灣民眾還是不少的，未能凸顯罷了。」

李繼宗：「講到對『台灣受虐症候群』精神之毒的免疫力，我就以半個華裔移民台灣人爲榮了。台灣本來已準備好參加今年(2008年)5月14日至18日在南韓首爾舉行的國際書展，但是4月底南韓主辦單位在中國壓力下，突然通知我國要將台灣的參展名稱改爲中華台北。謝志偉擔任新聞局長僅剩幾天了，仍然堅持退出，取消參展。雖然謝志偉也不算完全清醒，但這是台灣政府首次知道要堅持以台灣爲名啊！」

洪阿土：「我若有機會見到謝志偉，一定向他敬禮。」

第 52 章

壓霸救災與救災呆奴

5月2日(2008年)緬甸風災挾帶洪水，摧毀緬甸全國三分之二地區，成了人間煉獄。台灣的「人道」慈善家不聞不問。

5月12日中國四川地震，台灣的人道人士全都興奮了起來，在馬英九夫婦帶領之下瘋救中國震災。

7月17日卡玫基颱風襲台，18日造成苗栗以南三分之二的台灣大淹水，人死、屋淹。總統馬英九躲了兩天，不聞不問。第三天出來了，大罵氣象局只報導中南部「嚴防豪雨成災」，沒有特別提醒他需要防災救災。7月27日台北市長郝龍斌上電視大言：「只要一天雨量不超過78毫米，保證台北市不淹水不會成災。」

自5月份以來，台灣的社會福利救助、照護機構就斷了慈善捐贈。因不論企業或個人，慈善捐款預算都超支給中國四川賑災了。台灣靠救濟存活的弱勢貧病已斷糧。

曾吉木：「台灣的慈善人士和企業家都哪裡去了，台灣遭受卡玫基颱風摧殘，那麼多人死了；那麼多房子被淹沒；那麼多財產、作物被沖走；那麼多人無家可歸。那些人不是爲善不落人後嗎？怎麼現在鄰有餓殍而不聞呢？5月份時救濟中國四川震災的人溺己溺精神哪裡去了？」

李繼宗：「馬英九不理睬；蔣幫家奴化媒體不重視，這種捐輸就顯得善小而功德不揚，非慈善『家』這種大人物所屑爲的。」

曾阿淡：「當卡玫基颱風來襲，造成台灣中、南部嚴重災害，馬英九這位總統竟悠然氣閒，過了兩天才出來說『氣象局只說要嚴防中、南部豪雨成災，並沒有說中、南部一定豪雨成災啊』的冷笑話。」

曾吉木：「郝龍斌更在緊接著的第二個颱風來襲之前，上電視消遣台灣的風雨災害，他說『若一天雨量不超過78毫米，郝龍斌保證台北市不淹水、不成災。』一陣較大的西北雨都超過78毫米啊！這樣幸災樂禍，眞是可惡！」

洪全示：「這有什麼奇怪的？這是馬英九的習慣啊！任何事只要找個代罪羔羊，他何必費神呢？而郝龍斌認爲，既然馬英九能拿氣象局消遣台灣的風雨災害，他爲什麼不拿風雨災害消遣一下台北市呢？」

李繼宗：「其實，馬英九已在台灣當了兩個月的總統了，他正忙於『國共合作』呢！既已開始國共合作，『看台灣人民還能活下去嗎？』，台灣人民不死也比奴才還不如了。奴才他看都不看一眼了，何況比奴才還不如的台灣人民呢！」

洪阿土：「我知道，當年馬英九在美國當學生間諜，監視台灣留美學生時就說過『當有一天中國國民黨和中國共產黨聯手時，你們台灣人還能活下去嗎？』這樣的話了。」

曾吉木：「好啦，即使是受馬英九集團的影響，這些慈善人士和企業家認爲台灣的風災水災不夠醒目，善小而功德不揚，不屑爲之，那5月2日的緬甸風災、水災呢？緬甸全國三分之二受重創，死了十三萬八千人；災民二百四十萬人無家可歸；一百二十五萬棟房屋被毀；60%的學校被沖走。災情夠慘了吧，尤慘過四川大地震百倍了。這種功德夠揚名了吧！爲何沒見人聞問呢？何況緬甸雖也是和中國一樣的獨裁暴政，至少緬甸沒有以一千四百顆飛彈瞄準台灣，天天威脅要攻打台灣啊！」

李繼宗：「唉！這也是『台灣受虐症候群』毒發症狀之一呀！捐輸中國可討馬總統歡心，又能向中國求饒。所以不但不敢不爲，還爭先恐後呢！」

洪阿土：「據我所知，緬甸災情傳出後，台灣是有法鼓山派出救助隊伍前去，盡了不少心力，救了不少難民。只是不得蔣幫壓霸集團關愛，其家奴化媒體不予凸顯罷了。」

洪全示：「講到蔣幫壓霸集團的關愛，同樣是在5月份時的四川地震，看看台灣『愛心人士和企業家』的表現。」

李繼宗：「馬英九在四川地震後那種要求愛心捐款的急切、熱情樣子，對照他在台灣921地震後，對台北市東星大樓受災戶的冷漠，我就想吐。阿示請不要提他。」

洪全示：「我不會再提蔣幫壓霸集團的，我只提平時看起來好像正常的人士和企業家。每個人都像在趕流行一樣，個人不勝數，僅高雄縣一對要結婚的新人，把婚禮費用及禮金捐出就四百萬了。企業家則以台塑四億四千萬元最高，其他鴻海、大潤發、霖園、富邦、遠東、裕隆與數十家企業從幾億到數千萬不等，僅兩天之內就超過三十億台幣。怎麼沒人把這些企業救濟中國捐款數，拿來和1999年台灣921大地震後這些企業對真正的同胞、近鄰之關愛數比較一下。他們是對供養他們成就今天事業的台灣民眾關心多，還是對每天用一千四百顆飛彈威脅台灣的邪惡國家多？何況那些錢多數是廣大台灣投資人的血汗錢啊！」

曾吉木：「阿扁政府更拿了二十億的人民血汗錢幫助對台灣無情打壓的中國政府。所有這些來自台灣的所謂愛心捐款都被打上『中國台灣』的印記。」

曾阿淡：「這些人都忘了，1999年台灣921地震慘狀發生時，中國竟發表聲明，『任何國家對台灣的救災都必須徵得中國同意才可進行』，更刻意阻撓俄羅斯救援隊飛機到台灣。」

洪全示：「2003年時，台灣慘遭中國SARS禍害肆虐時，中國衛生部長更在全球媒體之前大罵台灣『誰理你們！』。台灣人未免太健忘了、太大肚量了！」

洪阿土：「就在中國四川大地震已發生了三天之緊急時刻，中國還拒絕外國救援隊的協助。竟不要臉的說：『中國只歡迎金錢和物資進來』。看看我們台灣在921大地震慘劇的第一時間，即向各國要求『緊急救難隊的協助救人』，說『金錢與物資的援助暫時是不需要的』。」

李繼宗：「當然囉，當時台灣是正常的國家，大家都知道，災難的黃金搶救時間是三天內，超過三天能救出生還者的機會就開始大大下降了。只有像中國的邪惡政府，才會只要錢不顧人民死活。」

洪阿土：「其實主要捐款還是來自台灣。中國人口世界第一，死個幾萬人對當權者不痛不癢。看看四川大地震三天內，台灣來的捐款就五十多億了，中國自己國內的捐款才折合台幣一億四千萬元。『要錢、不要救人』雖是向各國說的，但主要是看在台灣人民竟是這麼的凱子而樂歪了。」

曾吉木：「中國當然樂歪了，經過了四川大地震，中國已有了更足夠的錢製造更多精良飛彈對準台灣，買更多蘇俄精密飛機威脅台灣了。」

洪全示：「佛光山、中台禪寺、慈濟與這些宗教大戶，更爲川震大力揚名功德，爲中國吸走了大部分台灣人民每年救濟台灣弱勢貧病的福利預算。使得台灣各救助機構自6月份起預算無著。連維護弱勢兒童生存的基金都面臨斷糧危機。甚至當兒福聯盟執行長王育敏先生疾呼『請一半救國外，留一半救國內』時，亦未見這些『大善人』肯予理會。眞是可悲！」

洪阿土：「這又是『台灣受虐症候群』延伸的副作用啊！」

第53章

賴幸媛、沈富雄、錢林慧君、張俊彥、王建煊與蘇安生

李繼宗：「馬幫集團眞不愧是蔣幫壓霸集團的嫡傳弟子。看看馬英九上任後，起用了賴幸媛任陸委會主委；提名沈富雄、錢林慧君、尤美女候選監察委員；王建煊爲監察院院長；提名張俊彥爲考試院院長；再產生一個不時從旁竄出偷襲有台灣精神人士的家奴化蘇安生；再加上一些原來就附庸於旗下的假中國人，構成了一幅蔣介石、蔣經國煉製『台灣受虐症候群』的縮影圖。堪稱得足蔣家父子的精髓。」

洪全示：「我知道，尤美女代表眾多的呆奴化台灣善良人民；錢林慧君代表少數被名利腐蝕、食西瓜偎大爿的妒恨台灣人；沈富雄代表被名利腐蝕的奸巧台灣人；賴幸媛代表的是缺乏個人尊嚴、爲奶尋娘的台灣人；張俊彥代表的是典型『斯德哥爾摩症候群』台灣人受難家屬；王建煊代表的是得了『重型中國躁鬱症』的蔣幫壓霸集團份子；蘇安生則是代表被蔣幫壓霸集團家奴化，心理上無能在台灣落地生根，又不願回去當中國人，已由中國躁鬱症惡化爲重躁鬱症的蔣

幫家奴。」

曾吉木：「賴幸媛是早在去年(2007年)就已顯露眞面目，她在今年立委和總統選舉，使台聯和民進黨同歸於盡的計謀裡算是大功臣。但以馬幫集團的用人哲學，應該不至於因單一功勞就委予要職的。」

李繼宗：「我去年就說過了，賴幸媛最可能是蔣幫壓霸集團老早安排在台聯的奸細，你們當時不信的成分居多。看看劉兆玄在5月4日接受媒體專訪時就說溜了嘴，劉兆玄說：『我當初和很多人一樣，的確對任用賴幸媛很有疑問，但是在和馬英九談過後，我才知道是可以接受的。』爲什麼馬英九講了幾句話，劉兆玄就覺得任用賴幸媛當陸委會主委是可以信得過了呢？如果短短幾句話就能讓人把素來的死敵轉爲親信，那只有一種可能，就是這人只是短暫僞裝爲敵，實質上這人本來就一直是密友。」

洪全示：「我現在相信了。看看賴幸媛一上任後，立即一改在台聯當立委時澄清『九二共識是中國國民黨和中國共產黨合作假造出的中國騙局』之態度，先是同意一個中國加上各自表述，很快就連各自表述都不要了。並配合蔣幫壓霸集團的加速向中國諂媚稱臣。」

洪阿土：「事實上所謂的『各自表述』根本是在騙取台灣呆奴的中國咒語而已。大家想想看，蔣幫壓霸集團的表述是，他們僞稱的『中華民國』羊頭代表全中國，那麼他們所謂『中華民國』的一個中國不就等於中國共產黨的一個中國，台灣不論是被哪一個稱號的中國侵占不都是被中國占有。這道理只有被呆奴化的台灣民眾理解不清而已！」

曾阿淡：「難怪中國對蔣幫壓霸集團派蘇起捏造出的九二共識笑哈哈了！」

曾吉木：「看來李登輝眞的老了，老得不知『老年要之在守，戒之在得』，可能還已進入痴呆症的病程。居然在馬英九虛情假意地向他表示尊重，說請賴幸媛去減緩兩岸開放速度時，竟然忘了2000年時馬英九如何羞辱他、踐踏他。還笑歪了嘴去參讚馬英九的就職大典。可憐啊！」

曾阿淡：「沈富雄則是蔣經國煉製『台灣受虐症候群』中，以名利腐蝕台灣人良心的最典型成功案例。沈富雄自2000年以來，只要蔣幫壓霸集團向他拋一下媚眼或丟一根骨頭餵他，他就不惜大扯民進黨團隊的後腿做爲回報。以沈富雄的小聰明加上奸巧的個性，確實替蔣幫壓霸集團立功不少。」

洪全示：「奇怪的是，馬英九上任後非但沒給予有長期合作關係的沈富雄任何甜頭，還把他當猴子耍。反而善待選前才見大爿西瓜而偎靠的錢林慧君！」

李繼宗：「一點也不奇怪，兔死走狗烹是中國的壓霸名言，何況沈富雄的奸巧和善於妒恨表露無遺，蔣幫壓霸集團還懼怕三分呢！而錢林慧君雖也易於妒恨，但不夠奸巧，侵略性又不高，只要這大爿西瓜還在，她會偎得緊的，馬幫集團又不是傻瓜，當然選用錢林慧君這樣的人當裝飾較放心了。」

洪阿土：「可笑的是，沈富雄在被潑糞羞辱一陣後，再被踢下台時。竟在台下還向馬英九謝恩，並高抬下巴，不要臉地大叫『如釋重負』、『只嘆報國無門』。眞是台灣奇恥。」

曾吉木：「不知道沈富雄記不記得他在去年(2007年)12月2日大聲放送：『這次立委選舉一定要有一方大勝，才有勇氣改革；但如果(肯定)中國國民黨大勝，卻還自甘平庸，不肯改革，那我只有選擇自殺一途。』怎麼到現在過了半年還不見他自殺？」

洪阿土：「我太瞭解沈富雄了，沈富雄不會自殺的。他一定會說：『擁有超過四分之三立委席次的中國國民黨有在改革啊！已改革得更壓霸、更自肥、更加速賣台、更不要臉了。怎麼沒有？』」

曾阿淡：「較令我意外的是張俊彥。張俊彥當過交通大學校長，還是現任中央研究院院士，竟然也看不清蔣幫壓霸集團的嘴臉，馬英九出手一揮，他就自甘上前被戲耍、羞辱。被玩夠了還被重踢一腳而倒地不起，直到眼看白文正(白手起家的寶來企業董事長)被射向他的流彈所傷而死，才驚醒而趕緊爬出場外。」

李繼宗：「張俊彥的父親因反對蔣幫壓霸集團的壓榨台灣，奴役台灣人民，在228事件中不幸犧牲。張俊彥也因受難者家屬身分而長期被警備總部管控，當年他申請到好學校想出國深造時，還因是受難者家屬的身分而被禁止出國。是寫了無數交心哀求的書狀、不知跑了多少趟台北，央求了多少人作保，才得以成行。年幼時受到了228事件的過度驚嚇，成長過程又受到無盡的監視和磨難，已把他強壓塑入『斯德哥爾摩症候群』的病框中，『永遠順服以求生存』的意念已深深刻印他腦中，才會有今日仍自甘上前，再受馬腳一踢的糗事。」

曾阿淡：「我較意想不到的是，蔣幫壓霸集團竟把一向正直善良的張俊彥視為殺父仇人般，以扭曲事實和反因為果的手法，連『買賣學位』、『中飽私囊』、『被包養』、『坐擁豪宅』等惡毒謊言，都一再拿出來汙衊、羞辱張俊彥。」

洪全示：「可憐的張俊彥，自幼即因228事件而失怙，辛苦上進。在台灣被譽為半導體之父，對台灣貢獻良多，臨老卻再落此下場，眞替他惋惜。」

曾吉木：「在民主制度裡，重要的政務官需國會行使同意權時，總統都會先令由調查單位做身家調查，並預先演練『可能會受質疑的因由』，以便應對。以免在送到國會時被挖出瘡疤，否則總統和被提名者都糗。等調查與演練無礙後，再照會同黨國會議員，有意見者可在正式送進國會前提出，協商解決。這是政黨政治的必然走法。陳水扁總統時期雖被蔣幫壓霸集團惡意杯葛，提名過程也是如此。哪有可能在執政黨占四分之三優勢的國會出現這種烏龍鬧劇？由自己人惡毒地羞辱自己總統所提名的人。」

李繼宗：「這分明是蔣幫壓霸集團事先安排的鬧劇，意在羞辱所有台灣人民，以吐『八年不能為所欲為』的怒氣。」

洪阿土：「馬英九這群蔣幫壓霸集團份子也眞夠狠毒、奸巧了。藉由這次監察、考試委員的提名，除了在踢走他們眼中已因兔死而不再有利用價值的走狗前，把他裝成小丑娛樂一番，榨乾這走狗最後僅存的剩餘價值外，還再玩弄起全台灣人民，一個也不放過才甘心。」

曾阿淡：「是呀！大家看看，尤美女代表眾多被『台灣受虐症候群』呆奴化的台灣善良人民；陳耀昌則代表部分自以爲是的學者型沉淪呆奴；許炳進代表的是山地住民，眞是一網打盡。」

李繼宗：「我倒對『蔣幫壓霸集團也叫來許炳進，對其所代表的山地住民羞辱、戲弄一陣』有些愕然之感。山地部落住民不是一向被蔣幫用『原住民』裝飾、安撫著嗎？山地部落住民不是也一向順服嗎？馬英九何苦要在罵人『我把你們當人看』之後，還要對山地部落住民羞辱一番呢？雖然許炳進並不能眞的代表山地部落，但他總是被馬英九拉上台的唯一山地部落代表啊！」

洪阿土：「唉！這就是蔣幫壓霸集團『非錯殺一百不可』的個性，既然想玩台灣人民，哪肯放過一個？何況這樣更能凸顯蔣幫集團有鎮懾力的壓霸。而馬英九更能以『不是我對你們不夠好，是別人對你有意見；是你自己沒能討得眾人歡心』來圓謊，搞不好還更得這些呆奴的人心呢！」

李繼宗：「是啊！看看沈富雄就知馬英九的奸計完全得逞了。沈富雄在被鞭打夠慘後，遭踢下台時，還不忘大叫『謝主隆恩』。當有人質疑馬英九的用心時，他還立即護主心切地說：『馬英九的心肝沒那麼壞啦！』」

曾阿淡：「咦！我突然發現，把沈富雄和馬英九放在一起正好是一本厚黑學全集。」

曾吉木：「沒錯！中國厚黑學的意旨是『臉皮要厚如城牆』；『心要黑如煤炭』、『黑得發亮』。其目的和最高境界是『害完人後，還能讓受害者跪在地下感謝你』。沈富雄把『爲了台灣好』常掛嘴邊；爲了名利，做的又都是幫助蔣幫壓霸集團毀台、賣台的行徑；在被馬英九等人潑糞灑尿之後，還趕緊『謝主隆恩』，還『如釋重負』，嘆『報國無門』。臉皮夠厚了吧！馬英九遠的說不完，近的就以『手握贓款反貪腐』；站在別人土地上說『你們來到我的城市』、『我把你們當人看』，剛說完『首長特別費是公款』，緊接著又說『我的特別費是政府對我個人的補貼』，臉皮之厚不輸城牆了吧！」

洪全示：「他全家在台灣受供養六十年後，不但進行毀台、賣台，加深『台灣受虐症候群』精神之毒的毒化台灣人民，還大聲說：『要台灣人民活不下去』、『會死得很難看』；竟公然更對台灣人民大叫『他馬的就是愛台灣』、『趕羚羊』、『LP』。心夠黑了吧！」

李繼宗：「我知道了，沈富雄的臉皮雖厚可比城牆，但心沒黑如煤炭，所以他連當蔣幫壓霸集團的狗奴才都不夠資格。」

曾吉木：「馬英九那幫人又再度取得了中國厚黑學的最高境界。看那沈富雄在被潑糞灑尿之後，立即代表那幾個剛被一陣拳打腳踢的人，跪地感謝馬英九。馬英九那幫人眞不愧是蔣幫壓霸集團的厚黑嫡傳弟子！」

洪阿土：「其實蔣幫壓霸集團煉製『台灣受虐症候群』，蹂躪台灣六十多年，還不是都以這本厚黑學當指導教材！」

曾阿淡：「馬英九拉攏『代表凶殘、冥頑之老蔣幫壓霸集團份子』的王建煊，則是向中國明示吃台、毀台、賣台的心機，乞求中共老大哥分進合擊的第一步。」

李繼宗：「自從陳水扁當上總統之後，王建煊立即不甘心而移居中國，投向他那一直以不共戴天視之的仇敵。並爲了表示忠心效命，立即籌組了一個龐大的『慈善機構』，專挖台灣民脂民膏奉獻中國，做爲向中國哀求接納他回歸祖國的貢禮，以及求賜榮耀功名的謝禮。」

曾吉木：「我就奇怪，王建煊既已回歸祖國八年，馬英九怎麼會想到這個不對盤的他，而他王建煊竟也喜形於色地放下身段，說：『用爬的也要爬到台灣當監察院院長』，原來王建煊是帶著中國使命到台灣監督馬英九的毀台、賣台承諾。」

李繼宗：「阿木你現在才知道啊！當年李登輝主政時，逐漸停止中國國民黨的黨庫通國庫，時任財政部長的王建煊，便同時出任中國國民黨首屆的新設金融黨部主任，開創另一支黨國黑手，入侵台灣金融體系，繼續上下其手。」

洪全示：「王建煊利用其財政部長的權勢，將原本打算開放五家民營銀行加入良性競爭的計畫。獨斷在半年內開放十六家，故意分散銀行規模，降低競爭力，更造成惡性競爭，才有後來的金融亂局。這是他毀台陰謀的第二步。加上他發現李登輝將繼續擔任總統時，立即創立『配合中國儘速併吞台灣』的新黨。這些都是王建煊申請回歸祖國時所帶去的漂亮成績單。」

曾阿淡：「原來如此。我原先就覺得奇怪，王建煊只是一個被馬英九提名的人，怎麼一到台灣，馬上就『做主刷掉原先馬英九所列的提名名單』，馬英九竟也乖乖聽令。而且當馬英九想留下沈富雄，讓集團內同志玩玩當出氣筒時，還須懇求王建煊高抬貴手。」

李繼宗：「哈！阿木、阿示，你們若對外這樣講，有可能會被王建煊命令中國國民黨開的法院抓去關。因爲王建煊說了：『我並沒抓住馬英九的脖子，說非這樣不可。』」

洪阿土：「當然了，是中國抓住馬英九的脖子，王建煊只是用嘴巴傳話，去命令馬英九而已！」

曾吉木：「對了，大家有沒有注意到？自從馬英九上任總統之後，那些在陳水扁當總統時由『中國躁鬱症』惡化爲重躁鬱症的人更囂張、更明目張膽了。」

李繼宗：「當然有了，陳水扁當總統時，他們只確定法院還是中國國民黨開的那個法院，警察是不是還能由蔣幫壓霸集團指揮得動，他們並不敢確定。所以這幾年，他們要偷襲有台灣意識或對台灣有功之人，只有身邊沒警察在時才出手，不然就是集結成群。現在好了，他們的馬英九當總統了，即使成群的警察就在前面，單人獨行也敢放手出擊了。」

曾阿淡：「蘇安生偷襲許世楷就是具代表性了，這些歇斯底里化的『中國躁鬱症』患者，現在更無顧忌了，見到在釣魚台撞船事件中，馬英九縮起了頭，劉兆玄更只會說大話而不慚，反而許世楷替台灣爭得日本的放人、道歉和賠償，那些人認爲許世楷爲了台灣遮掉了馬英九的面子，恨得牙癢癢的。現在他們靠山更硬了，即使成群治安人員在場，照樣拳打腳踢的。」

洪全示：「唉！現在對蘇安生這類人而言，成群的治安人員，反而是對他最安全的人身護衛呢！」

第 54 章

馬英九的保釣真面目

2008年6月10日3:35，海巡署南雅安檢所接獲報案，得知台灣聯合號海釣船在釣魚台島附近外海遭日本巡邏艦故意由右舷高速撞擊。海巡署立即派出和星艦前往救援。

8:07和星艦抵達釣魚台東南方9浬處，和日艦對峙、溝通。同時行政院及總統馬英九均已獲通知。

9:00和星艦被日方告知，聯合號海釣船已沉沒，船上人員被日方救起，並押往石垣島。

9:05馬英九指示不可惹事，劉兆玄轉知由外交部日本事務會執行長蔡明耀致電海巡署，命令和星艦立即撤退，退到12浬外待命。

11日和星艦因一早即被命令返航，於14:30返抵基隆港。台灣百姓群情憤慨，大罵政府無能。馬英九則繼續躲在家裡和總統府，不敢表態或不知如何表態。

12日上午外交部派由夏立言出面，強調外交部絕無要求海巡署下令和星艦撤退。

12日14:30蔡明耀終於坦承，外交部是由他致電海巡署下令撤退。

在此同時，總統府獲悉，經由駐日代表許世楷的努力，日本已態度放軟。除了已釋放釣客和船員外，船長也將在明日返台。日本並道歉及答應賠償聯合號的所有損失。馬英九見許世楷已成功穩住台灣政府顏面，是他出面裝英雄的時機了，趕緊下令於16:00開總統府記者會，表明：「堅持釣魚台主權，對日本嚴正抗議」。

13日，行政院長劉兆玄見日本態度放軟，且已道歉並答應賠償，講話也敢大聲了，但卻衝過了頭，竟說出「不惜一戰」。下午馬上就鴨嘴變軟，說他沒說過。

馬英九見日方已全部放人，也趕快裝強硬地說：「我的原則是『日方先放人再談判』。」

釣魚台島嶼是台灣陸棚的延伸，自古即屬台灣之附屬島嶼，也一直有台灣漁民在此島活動，幾十年前還設有台灣漁船業者的補給站。是清廷讓渡台灣給日本時才一併受到日本勢力所及的。

二戰末期，蔣介石覬覦台灣之富庶和進步，意在搜括。在美國答應讓他占領台灣時，蔣介石主動放棄他認爲是負擔的釣魚台，釣魚台遂由美國託管。1951年的二戰後舊金山對日本和約中，日本已聲明放棄台灣澎湖等不法取得之領土。依國際法慣例，日本聲明放棄的當然包括蘭嶼、火燒島、龜山島、釣魚台島等附屬島嶼。但是，當時以蔣介石爲首的據台蔣幫壓霸集團仍然不要釣魚台，美軍遂於1953年12月25日公告『釣魚台島由琉球地方政府管轄』。美國於1972年將沖繩返還日本時，才也一併將釣魚台轉手日本。

李繼宗：「馬英九以前不是常參加保釣運動嗎？怎麼這次撞船事件發生後卻低著頭不敢出聲？」

曾吉木：「馬英九一貫只在危險過後才裝英雄的，何況受損害的是台灣人民，他才不願惹麻煩呢！」

洪阿土：「最可惡的是，他身為台灣總統，竟然在第一時間下令前去護民的和星艦撤退，眞是丢盡台灣的臉。」

李繼宗：「既是丢台灣的臉，他有什麼好遲疑的？馬英九認為丢台灣的臉並不是丢他的臉。」

洪全示：「但蔡明耀及時出來認帳了，說是他要和星艦撤退的。」

曾阿淡：「眞愛說笑，以一個日本事務會執行長，蔡明耀僅是外交部裡一個司長的位階，若不是傳達總統命令，哪能下令海巡署，要和星艦撤退？這僅是騙騙台灣呆奴而已。」

洪阿土：「這是馬英九的一貫手法，他當英雄，英雄有罪，就由手下狗熊去頂。遠的說不完，近的特別費案之余文，不是完全如出一轍嗎？」

曾吉木：「可笑的是，馬英九竟為了一個撞船事件，縮頭躲了兩天半以上。人家說『膽小如鼠』，看來馬英九是『膽小得不如鼠』。」

李繼宗：「除了是膽小得不如鼠外，也因為他實在不知要怎麼辦才好。」

曾阿淡：「等日本放了人，道了歉，也要賠償了，馬英九開始又出來說大話了，劉兆玄更要『不排除開戰了』。」

洪全示：「奇怪的是，劉兆玄早上剛講出口『不排除開戰』，一副熱血中年的樣子，爲什麼一到下午就吞了回去？趕緊說：『沒講不惜一戰』。有沒有人能告訴我，『不排除開戰』和『不惜一戰』到底有什麼不同？」

洪阿土：「哪有什麼不同，這是蔣幫壓霸集團呆奴化台灣人民的咒語之一而已。就像『中華台北』、『中華台灣』、『中國台北』、『中國台灣』、『中國的台北』、『中國的台灣』、『中國人的台北』、『中國人的台灣』，這幾句用詞的意思，不是完全相同嗎？但蔣幫壓霸集團卻能利用『台灣受虐症候群』，把它們拿出來騙台灣呆奴，再將台灣呆奴更呆奴化。這些都是他們的咒語而已。」

李繼宗：「其實，這『不惜一戰』，劉兆玄是吞了馬英九的口水而已。在釣魚台之爭中，『不惜一戰』是馬英九最先講過的，也是最常講的。馬英九講的是要別人去戰。現在馬英九當主帥了，劉兆玄竟然把它再吐出來獻寶。」

洪全示：「我知道了，劉兆玄在此時把馬英九『不惜一戰』的口水吐出來，分明是要把馬英九這隻一下子硬嘴、一下子嘴軟的百變鴨趕上架，那還得了。所以在馬英九怒目之下，劉兆玄下午就趕緊把這口水又吞回去了。」

洪阿土：「是沒錯，但這只是劉兆玄趕緊把這口水吞回去的原因之一而已。最主要的原因是蔣幫壓霸集團見到駐日代表許世楷的努力有成，日本態度已軟化，每個人都爭著要趁日本態度軟化的這個時刻，前往釣魚台裝英雄，上台表演一下，過過癮。此時劉兆玄吐出『不排除開戰』這樣的口水，若不即時叫他呑回去，誰還敢去釣魚台作秀一番？萬一日本受到刺激再硬了起來，怎麼辦？他們可沒人願意冒險把自己曝露在可能的戰爭現場。那就白白喪失了一次過足表演戲癮的機會了。」

曾吉木：「那就對了，所以下午時劉兆玄就被立即叫到立法院，非叫他把這吐出的口水趕快公開硬呑回去不可。」

曾阿淡：「我對許世楷先生最敬佩，他一生爲台灣拍拚。馬英九上台後他已辭職，只是尚未交接。若是別人的做法，我既是看守代表而已，就等你新政府指示嘛！你要我怎麼做，我就怎麼做，攤子擺爛了，你自己去收拾。但是許世楷爲了台灣，當天一得知釣魚台糾紛再起，聯合號海釣船被撞沉。他就立即利用自己在日本的關係，聯繫日本相關單位主管，以及日本政壇有影響力人士，全力斡旋，並使日本首相瞭解相關訊息。許世楷努力達到促使日本放人、道歉及賠償的目標。」

李繼宗：「也就是因爲許世楷的努力有成效，和馬幫團隊相對照之下，馬幫顏面無光，非得要重重羞辱一下許世楷不可。一時找不到罵詞，竟說許世楷是台奸。」

曾吉木：「哈！馬幫團隊不是找不到罵詞，以自己的齷齪塗抹別人是蔣幫壓霸集團一貫的伎倆。遠的說不完，就舉幾個近例好了：他們侵入了別人的地方，卻指責別人來到他們的城市；他們公然貪贓，卻指別人貪腐；他們怯懦無能，卻責怪別人不夠努力；他們自己不是人，卻指著別人說『把你們當人看』，還要訓練別人如何當人；他們掌控司法來陷害別人，卻說自己受到司法迫害；現在他們腐蝕台灣、出賣台灣尚在進行中，看到有人護衛台灣有這麼好的成效，當然要先指爲台奸了。這是他們這批人習慣性的心理反射動作。」

洪全示：「他們同時間指責許世楷擁有日本居留權的『櫻花卡』也是基於同樣的心理反射了。」

洪阿土：「當然，蔣幫壓霸集團自從來到台灣之後，就一直處心積慮做好隨時落跑的準備，不是自己先入了美國籍，就是把子女先變成美國人，至少也要弄個外國永久居留權。當然也要厚著臉皮羞辱一些當年爲了逃避他們的迫害才不得已尋求外國庇護的人士了。」

曾阿淡：「許世楷先生就是最好的例子。許先生年輕時留學日本，獻身台灣救國運動，被蔣幫壓霸集團吊銷護照，成了國際孤兒。爲了能繼續留在日本奮鬥，不被押回台灣，不得已才接受等同日本政府榮譽狀的『櫻花卡』居留證。這些在台灣仗勢養尊處優，還準備好隨時捲款潛逃的壓霸集團，竟臉皮厚到敢指責許世楷對台灣不忠！」

洪阿土：「許世楷先生眞是才德兼備，在蔣幫集團丟了和日本的外交關係之後，還一直在中國打壓下，僅擔任駐日代表的短短幾年內，即做到『台灣人民赴日免簽證』、『日本承認台灣駕照』以及『東京都對台灣的正名』。確實不簡單。」

曾吉木：「許世楷先生當然不簡單！大家看看，以前釣魚台海域發生台灣漁船被日本逮捕事件時，都是只能由台灣駐沖繩辦事處人員在當地處理，日本政府根本不理會駐日本代表處的交涉。結果大多是繳了四百萬日圓保釋金，船員才能回到台灣。日本法院審理時也都棄保不出庭，直接被沒收保釋金而結案。以前有哪次不是丟盡台灣顏面的？此次釣魚台事件，本來也是由那霸分處人員在處理，但許世楷一看結果肯定也和以前相同，他雖已辭職，但尚未交接，仍出面奮勇斡旋，親自直接向日本政府的重要人士交涉，終於首次為台灣贏得了一次小小的外交尊嚴，也沒有讓一貫想從旁插手的中國得逞。」

李繼宗：「也就是因為他們看到許世楷先生為台灣做了這麼好的表現，要打壓他又找不到較適當著力點，才只好由已惡化成無可救藥的標準重型中國躁鬱症患者蘇安生用偷襲方式，打擊許世楷先生來出氣。」

第55章

馬腳下的2008年呆奴教育

1月23日台北市中山國中解聘於2007年11月12日出面指控台北市長郝龍斌一綱一本「重建標準教科書呆奴式教育」之政策的蕭曉玲老師。

3月份雲林縣斗南高中段考，社會科第36題「林重謨仗著自己是立法委員的身分，屢屢濫用個人言論免責權在立法院內以未經證實的傳聞攻擊他人。可以何種力量制裁他？」。

4月份台南縣永康國小百年校慶，在校長詹長衛的主導下，因見馬英九代表的中國國民黨已在立委和總統大選中全勝，竟卑躬屈膝地邀請中國國民黨縣黨部主委爲主貴賓，在台上合演政治交心戲，甚至不讓縣長蘇煥智或其他地方人士上台參與。

5月4日患了重中國躁鬱症的在台「中文學者」余光中、張曉風以另一個李慶安方式譏笑台灣人民語文程度低落，強力要把「中國文化基本教材」全面列爲必修課程，並執意要讓中國古文占有語文課程的百分之五十五以上。

6月19日政治大學以莊國榮引用報章不雅語詞稱馬英九父子，是「行為不檢，有辱師道」為由，不續聘莊國榮；卻對李桐豪叫囂要糾眾「槍斃陳水扁總統」大加讚賞。

曾阿淡：「去年(2007年)11月12日台北市中山國中教師蕭曉玲控告台北市長郝龍斌『重新鞏固一本標準教科書』的呆奴化政策違法。在『台灣受虐症候群』毒化最嚴重的教育界，出現了一位精神清明的教師。我當時還以為教改的刺激有一點點成效了呢！」

洪全示：「壞就壞在立法委員選舉，蔣幫壓霸集團又在操弄『台灣受虐症候群』成功下大獲全勝了，他們的馬英九總統之位又即將到手，原來稍微收斂的教霸、教奴又囂張起來了，他們不在此時趕快向蔣幫壓霸集團交心諂媚更待何時？見獵心喜，趕快打死蔣幫壓霸集團在教育界的眼中釘，可是大功一件。中山國中校長曾美蕙率領的學校教評會可是搶得了頭香啊！他們哪能放過？」

李繼宗：「為了打壓清明教師向蔣幫壓霸集團邀功，堂堂為人師表的曾美蕙校長和一群教評會教師，竟然偽造『家長、學生投訴蕭老師不適任』、『沒有使用測驗卷』、『蕭老師帶媒體闖校園』、『使用盜版光碟』、『更改教師日誌』等假證據進一步陷害蕭曉玲教師。眞是教育界敗類中的大敗類。」

洪阿土：「哈！阿宗，你既知曾美蕙校長及所主導的中山國中教評會是敗類中的大敗類，你怎麼還用『堂堂為人師表』稱之？」

李繼宗：「啊！對不起！我內心總存著對我們這裡純樸學校裡的教師有十分的敬意，一時口快，脫口而出。那些人應稱之爲『教霸』、『教奴』才對！」

曾吉木：「台北市中山國中校長較機靈，先搶走了向蔣幫壓霸集團諂媚、邀功的頭香。台南縣永康國小校長詹長衛則等到馬英九正式當選總統後，趕緊搶二香朝拜。馬英九一當選總統，詹校長就壯起了膽，不要臉地請來中國國民黨台南縣黨部主委，讓他在永康國小的百年校慶及百年紀念碑揭幕禮上好好出一番鋒頭，並刻意冷落所有的地方有關人士，還故意阻止縣長蘇煥智上台講話的機會。從這樣的表現看來，詹長衛是站穩了第二教霸、教奴的地位了。」

李繼宗：「在我看來，曾美蕙和詹長衛兩位校長，是因爲已經有人宣示過『法院是中國國民黨開的』，他們一見蔣幫壓霸集團又已完全掌控台灣，又能再把『台灣受虐症候群』精神之毒深化，遂趕快明示『學校教育也是中國國民黨開的』。」

洪阿土：「事實上，『是中國國民黨開的』只是一種壓霸、狂傲、恐嚇式的宣示。在台灣各行各業中，有哪一樣是蔣幫壓霸集團的黑手沒伸進去的？」

曾阿淡：「講到中國國民黨在教育界的黑手，當初蔣經國帶領蔣幫壓霸集團在台灣煉製『台灣受虐症候群』時，就是從學校教育打下永固基礎的。不論是僞造台灣歷史、消滅台灣傳統文化、催眠台灣人民成爲次等邊疆華人、腐蝕台灣人民的人格和自尊心，都是從學校教育向四周推展的。現在一見教改起了頭，深怕改得讓台灣人民有了清醒的機會，先藉由美國籍的在台狂妄華人李慶安，繼續率領蔣幫壓霸集團在立法院大叫『台灣學生語文能力低落』，開了幕，再由集團內的所謂『文學家』余光中、張曉風借力要提高中國古文的中學教育份量至55%以上，就是怕在台灣教育現代化的改革中給了台灣學生清明思考能力的提升，萬一『虛幻的大中國意念』被毀，他們在台灣的尊貴假象就會崩解。當然要以中國古文壓制台灣學生的現代化思想。」

洪全示：「現在世界上有哪一個國家還在國民教育中教古文？古文都是在大學語文學系或研究所中才有的課程。」

曾阿淡：「我不反對在高中語文課程中保留一點點古文，但竟然爲了維護他們的『大中國幻象』，要使古文占有高中語文課程的55%以上，眞是現代的大笑話，太扯了！」

洪阿土：「更扯、更大的笑話是，他們自稱中文學者，卻在5月4日利用五四文學紀念茶會，要台灣人民學習古文。難道余光中和張曉風都不知道，『中國的五四運動是提倡白話文學的新文化運動？』眞是呆奴人者源自呆奴！」

曾吉木：「其實這也和他們大罵今日台灣學生語文程度低落類似。台灣學生的語文程度眞的低落了嗎？完全相反，現在的台灣學生語文程度比二、三十年前好太多了，只是因爲現今學校廣設。學校招生困難，沒繼續上學意願的人都被拉進學校了，有部分學生語文程度較差或差得離譜，有何好奇怪的？就連美國也有不少學生唸完了高中，連America都寫不完整呢！」

李繼宗：「事實上，他們罵台灣學生語文能力差，除了消遣台灣外，就只是做爲『要利用中國古文鞏固其大中國幻象』的假藉口而已。」

曾阿淡：「多學中國古文能促進學生語文能力？又是呆奴人者源自呆奴！」

洪阿土：「這些都是教育界在『台灣受虐症候群』中煉製『台灣受虐症候群』的因果循環，因煉製成果，果再被利用爲因，繼而惡化其果。」

曾吉木：「出現在雲林縣斗南高中3月份段考社會科第36考題也是，該出題的黃姓老師也是於呆奴意識下在呆奴化學生，題目中『林重謨仗著自己是立法委員的身分，屢屢濫用個人的言論免責權在立法院內以未經證實的傳聞攻擊他人』。已利用肯定句把林重謨定罪，並暗示在立法院捏造事情攻擊他人的都是林重謨。事實上，林重謨在立法院之言論都不只是傳聞，林重謨只是把事實用不客氣的語氣說出來而已。反而是蔣幫壓霸集團及附庸的假中國人，經常在立法院捏造事端攻擊別人。這是學自蔣幫壓霸集團的『以自己的齷齪塗抹他人』的轉移和嫁禍手法。」

李繼宗：「這和2002年全國師範學院學士後國小師資班聯合招生考題，出現的『汙衊台灣國家正常化』如出一轍。都是『台灣受虐症候群』的受害呆奴，自己在煉製『台灣受虐症候群』。」

洪全示：「再看看緊接著的第37題，故意以宋七力事件來做爲利用宗教騙財騙色的開場白。總統大選將到，謝長廷曾爲宋七力事件所波及，又是候選人，意圖原由太明顯了。」

曾阿淡：「現在馬英九坐穩了台灣總統之位，教育界的蔣幫壓霸集團也開始殺一儆百了。於是政治大學就拿莊國榮開刀，以『行為不檢，有損師道』為由，不續聘莊國榮為教師，更斷了莊國榮到其他學校教書的資格。」

洪全示：「什麼叫『行為不檢，有辱師道』？馮滬祥強姦女傭蜜娜，才眞的叫行為不檢、有辱師道呀！馮滬祥卻在蔣幫壓霸集團袒護下，繼續安然在中央大學擁有教職。」

李繼宗：「馮滬祥那『重中國躁鬱症』的壓霸份子哪有資格在大學任教？全是壓霸特權的現象，不要提他，提到他我又想吐了。」

曾吉木：「那就看看也是政大教職的蔣幫壓霸份子李桐豪，李桐豪叫囂要糾眾『槍斃陳水扁總統』，這是意圖殺人，唆使殺人。要殺的對象還是國家元首，不只行為不檢了吧！不僅司法沒有追查偵辦，還繼續在政大囂張。莊國榮只是引用報章不雅語詞，竟非打死不可。」

曾阿淡：「要說不雅語詞，所謂的『中正』大學裡的教職主管更髒。6月26日在學校被貼『請莊國榮來教學』的告示後，校方竟對一群採訪記者大聲說：『這是鳥新聞』，算不算粗話？雅不雅？應不應該也來個不續聘？」

洪全示：「究其癥結，是因為莊國榮提到的對象是蔣幫壓霸集團新共主馬英九，他們正在為馬英九化裝成繼蔣介石、蔣經國之後的神化偉人，任何損及馬英九的人、事，他們都必然要殺一儆百。」

洪阿土：「唉！這只是大學『台灣受虐症候群』的新例證之一而已啊！」

第56章

「台灣受虐症候群」埋在台灣家庭的不定時炸彈，炸了第一顆

台北市劉姓男子的女兒在2007年8月15日出生，其林姓岳父趁劉姓女婿外出的短暫時間裡，在女嬰出生證明的姓氏約定欄位，僞造劉姓男子簽名，同意女嬰從母姓。10月25日劉姓男子發現女兒姓林，對妻子和岳父提告，檢方依僞造文書罪起訴劉姓男子的岳父，女嬰改姓劉。不知這家人以後如何相處？

洪全示：「阿淡，去年(2007年)5月時，台灣開始實施台灣呆奴立委配合通過的『從摧殘家庭制度破壞台灣社會根基』之『父母須於嬰兒出生時書面約定姓氏』法律時，你不是沒我這麼悲觀嗎？還說這顆不定時炸彈不會很快爆炸。才過了三個月，就發生了台北市劉姓男子之岳父僞造其簽名，暗中將其女兒從母姓的事情，劉姓男子向法院提告，現在檢察官已對其岳父起訴。經過這種疙瘩，看這家人以後過的日子會是怎樣的生活？」

曾阿淡：「唉！我當時是對台灣人民善良的本質和智慧太過自信，也對『台灣受虐症候群』的毒性低估了。」

李繼宗：「當時我就說了嘛！造成的糾紛和芥蒂就不用講了，即使都相安無事，如此下去，一個四代的子孫就可能有十幾個姓氏，還可能有數十個姓氏，因為不論母系家庭或父系家庭。姓氏都是家族之名，失去了家族之名，家庭制度就瓦解了，家庭觀念也會逐漸敗壞，這將會是多麼可怕的人倫毀滅啊！」

洪阿土：「更糟糕的是，已引爆了第一顆家庭炸彈，這些民進黨聞達人士還是沒有任何人有所警覺。現在台灣又已受到蔣幫壓霸集團的完全掌控，看來短時間內想要解除這台灣社會的家庭危機已難了。我一想到此就心驚難眠。」

第 57 章

中國國民黨開的法院更囂張、更不要臉了 (2008)

4月，張碩文賄選被抓，檢察官已掌握張碩文賄選證據票數達兩千多票，張碩文卻仍當選有效。

立委選舉中江連福以鉅款賄選被錄音、錄影，證據齊全，法官判無罪。

5月20日陳水扁總統剛卸任第一天，最高檢察署特偵組檢察官吳文忠竟對著眾多媒體大聲說：「槍斃陳水扁」，蔣幫集團霸心大悅。6月份李凌銘在中國國民黨網站貼上「刺殺馬英九」字樣，很快被逮捕。

6月，一位十三歲少女被強行舌吻五秒，法官判侵犯者無罪。

總統選舉前，費鴻泰、羅明才、陳杰及羅淑蕾四人到謝長廷競選總部踢門，見無人在內，轉往了三樓侵入女性工作人員住宅，叫囂一陣後，準備離去時被趕回的男性工作人員堵在電梯裡。檢、警接報後，警方先到，已先一步趕到的李應元、李俊毅、莊瑞雄、謝欣霓、林國慶、洪健益見警方欲先逕自保護費鴻泰等四人離去，以費鴻泰等四人是現行犯爲由，要求警方等候即將趕到的檢察官勘察現場，瞭解費鴻泰等人侵犯路徑及過程後再離去。警方在費鴻泰等人要脅下執意保護費鴻泰等人即刻先走。雙方遂在交涉中僵持。隨後費鴻泰等四人竟在警力強加保護下，逕至警局接受趕到的檢察官詢問。

7月18日台北地檢署以「妨害公務及妨害自由」起訴李應元六人；不起訴費鴻泰等攻擊對手競選總部、侵入女性寢居的行爲。

在台灣少校退伍，轉行做對台軍火掮客而暴富的楊棟，由於是尹清楓命案，和所引爆出轟動國際之「拉法葉艦軍購弊案」的重要涉案人，一直避居海外。就在馬英九上任總統不滿兩個月時，即駕著一艘價值三十億的遊艇進入台灣，還滯留三天兩夜，大搖大擺上報紙、上電視，囂張一番才離去。不見有任何司法人員利用此良機加以拘押或偵訊。

曾吉木：「張碩文選舉時，被檢舉買票，檢警查獲二千多件賄選證據，檢察官卻不提當選無效之訴。理由竟是『張碩文被查到的賄選票數僅二千多票有證據，不足影響選舉結果』。」

洪全示：「該檢察官也太會用呆奴藉口了吧！違法賄選就是賄選，哪有一票或多票的差別？只要賄選證據齊全，就是當選無效。該檢察官的意思是在鼓勵候選人，要買票就買多一點才能當選，萬一被抓到一部分，就可以無罪。因爲買票買多了，是不可能全部抓得完的。」

李繼宗：「這檢察官用的是模糊焦點強辯法替張碩文脫罪的。」

洪全示：「看看2006年的三合一選舉，屏東縣第六選區的董啓仲贏徐啓智一千多票，但被抓到賄選三百多票，當選無效定讞；台南縣第四選區方一峰贏了蘇秋全一百九十一票，但被抓到曾送八個鍋子給選民，也是當選無效確定。……」

曾阿淡：「好啦，阿示，你要舉例舉不完啦！僅那次三合一選舉，因被查到的賄選行爲，就有十四個鄉鎮市長被法院拉下台，三十五名縣議員被判解職。」

洪全示：「以張碩文的被查獲那麼多賄選證據還當選有效，要如何對眾多因賄選被判當選無效的人交代？」

李繼宗：「何須交代呢？蔣幫壓霸集團自侵台以來，即是在選舉時結合地方惡勢力，利用飢寒人民的弱點，以賄選、作票來腐蝕台灣人民的良心。其御用司法早配合得習慣了。近幾年來強力查賄選反而成爲司法界一種心理扭曲的負擔。現在好了，蔣幫壓霸集團又完全掌控全台了，張碩文的賄選當選有效，以後會再成常態的。」

曾吉木：「所以當江連福在立委競選時，買票的金錢、錄影、錄音證據齊全時，檢察官視而不見。後因電視上一直重播，對手一直叫罵。檢方無奈，才表演一下起訴動作，法官還不是以這是『違法取證』判無罪。」

洪全示：「什麼？這是違法取證？什麼叫違法取證？」

曾阿淡：「意思是說未經法院同意或當事人同意所做的錄影、錄音是違法的，違法取得的證據不得做爲定罪證物。」

洪全示：「那就怪了，爲什麼到處裝了很多監視器呢？這些監視器有經過來往的民眾同意嗎？」

曾阿淡：「其實就法論法，所謂『違法取證』不得做爲犯罪證據，是用來限制執法人員的，以免執法人員濫權侵犯一般民眾的人權。個人自我防衛是不適用的。否則的話，等於是要民眾向法院說：『今晚八點有某人要來勒索或搶劫，請法院准許今晚八點打開監視器和錄音機』，經核准後才可到時錄音、錄影了。世界上哪有這種事？」

洪阿土：「其實這和張碩文的賄選當選有效一樣，都是利用呆奴語詞騙取呆奴的做法。就是以錯誤的訊息模糊事實的方法。」

洪全示：「我知道了，就如一個人搶超商得手後立即被抓，法官爲了判他無罪，就說『這個人不是眞要搶超商，他只是在測試超商的防搶能力。他搶了錢後，明天就會再還給超商的。他眞要搶劫，會去搶銀行的，因爲銀行錢多，超商錢少，所以判他無罪。』用超商錢少來轉移搶銀行不易得手的事實。」

洪阿土：「不完全是，但很接近了。」

曾吉木：「同樣的司法囂張事例其實很多，最近就又有彰化地方法院三位女法官判決『強行舌吻少女五秒無罪』，理由是『被強行舌吻五秒，尚未構成強制罪，且該少女應該還來不及感受到性自主受壓制。』」

曾阿淡：「這和去年判『強行撫摸女人胸部十秒』無罪同樣囂張，去年是說：強行撫摸女人胸部十秒尚未構成強制罪，撫摸女人胸部十秒的侵犯者還未起性慾；今年是說：強行舌吻少女五秒也是尚未構成強制罪，還來不及感受性自主受壓制。」

李繼宗：「我眞的要吐血了，不強制能舌吻少女五秒？能撫摸陌生女人胸部十秒？少女未感受性自主受侵犯、壓制，會提告？強摸女人胸部十秒，侵犯者還要自己承認已引起性慾才有罪？眞不知這三位女法官是在藉機告訴她們的男人，舌吻她們五秒是不夠的；還是在告訴大家，她們樂於被舌吻？請大家隨時強吻她們五秒以上、撫摸她們胸部十秒以上。」

洪全示：「我原本以爲去年『摸女人胸部十秒無罪』上新聞後，類似司法垃圾事不會再有了，想不到今年就再發生了！」

洪阿土：「唉！現在馬英九的蔣幫壓霸集團又完全掌控台灣了，司法囂張氣焰當然燒得更旺了，他們怕什麼？」

曾吉木：「以上這些還不算司法的囂張再起，至少他們還拐彎抹角，講一些似是而非的話來搪塞。最近有一位李凌銘電腦工程師，在僅接受點閱(並不主動對外放送)的中國國民黨自家網站，貼上『刺殺馬英九』字樣，就被逮捕了；最高檢察署特偵組檢察官吳文忠對著眾多媒體大言「陳水扁應槍斃』卻沒事；政治大學教師李桐豪公開煽動『槍斃陳水扁總統』更被當『英熊』；馬英九更向陳水扁總統叫囂『子彈已上膛』也是被當『英熊』。這些才是司法的直接囂張！」

李繼宗：「最近楊棟駕著三十億造價的私人遊艇，大搖大擺的進入台灣，他可是尹清楓命案、拉法葉艦弊案的重要涉嫌人。楊棟敢來台灣消遙，就是自信馬英九已當總統，且完全掌控了台灣(當然包括司法)，沒人敢動他了。因爲動了他，就會驚動那『怕會被供出的馬英九壓霸集團老大哥』。」

洪阿土：「其實楊棟是惡人無膽，馬英九未上任當總統前，他膽子不夠壯而已。事實上『一直是中國國民黨開的司法』早就不敢再往上辦，抓了郭力恆這個小角色就交差了事。若眞的要辦，早就偵結而將一干妖魔鬼怪一網成群而繩之以法了。因爲早在2005年11月，特調組就已取回軍火商汪傳浦在瑞士保險箱保存的帳冊和資料，內容是高達九億二千萬美元回扣的分配去向。眞要往上辦早就眞相大白了。」

曾阿淡：「說到馬英九一上任總統，司法就恢復直接囂張的，還有中國國民黨在總統選舉前的3月12日晚間，對謝長廷競選總部的踢館和侵入女性寢居事件。當時正在競選熱烈階段，新聞一報出來後，人在嘉義的馬英九立即道歉；爲了選舉形象，更連夜著令帶頭攻擊的費鴻泰辭去立法院黨團書記長之職；隔天(3月13日)，中國國民黨花瓶主席吳伯雄更率領費鴻泰、陳杰、羅淑蕾、羅明才四人正式舉行記者會道歉；羅明才也立即辭去立法院財政委員會召集委員之職，以示自罪；3月14日中國國民黨做出四人停止黨權一年的處分；費鴻泰更進一步宣布，爲了不影響馬英九競選總統形象，退出中國國民黨；並說若還影響到馬英九，他願結束生命謝罪。」

洪全示：「對，這件事最能代表『在馬英九上任後，中國國民黨開的司法，不必再做陳水扁主政時的假意遮掩了。』」

曾吉木：「司法已放膽再露出『主子要我辦誰，我就辦誰；要如何辦死他，我就如何辦死他』的御用奴才嘴臉。」

李繼宗：「還要領會上意呢！不必主子明示就做得讓主子滿意，更能討得主子歡心呢！那才騰達可期！」

洪阿土：「所以承辦的台北地檢署主任檢察官黃謀信特別選在馬英九上任滿六十天前夕，以此案當交心賀禮。」

曾阿淡：「黃謀信表示：『費鴻泰四人直搗謝長廷總部後離開時，總部大門是關好的，表示他們是去禮貌性的參觀，並無入侵的意圖或行爲。』」

洪全示：「哼啊？那以後小偷、強盜被抓時，只要離去時屋主大門關好沒壞，就可以脫罪了？」

李繼宗：「那也不盡然，要那位小偷或強盜是蔣幫壓霸集團份子或走狗才行！」

曾阿淡：「那他們四人侵入三樓女性寢居一事呢？不用交代啊？」

李繼宗：「這時馬英九已上任，我檢察官故意不提的事還須交代啊？」

曾吉木：「相對的，當時站出來理論的李應元、謝欣霓、林國慶、李俊毅、洪健益及莊瑞雄就要倒霉了。由於他們的出面，害得費鴻泰等人爲了馬英九的選舉形象，又是道歉，又是辭去名位的，檢察官不替他們出一口氣哪能了事？」

洪全示：「所以主任檢察官黃謀信就以『妨害自由及妨害公務』起訴了李應元六人？」

洪阿土：「是呀！這樣的交心賀禮才算完整啊！」

曾阿淡：「可是現行犯不是人人可抓嗎？」

李繼宗：「在蔣幫壓霸集團眼裡，現行犯是一般台灣民眾可以叫的嗎？他們御用的檢察官承認是現行犯才是現行犯，他們說不是，就不是了。」

洪全示：「那刑案現場呢？不是應在第一時間保持包括在場人員的原狀嗎？何以在檢察官即將到場的時刻，警方還急著保護犯人離開現場，而不理會應做的現場採證？也不理會目擊者有誰，及受到驚嚇的三樓女性工作人員？」

李繼宗：「因爲當時謝長廷競選總部並沒人在，女性人員在三樓。若保存現場，萬一硬著頭皮查出門上有被闖入的手印、腳印，或總部內有費鴻泰四人遺留的痕跡，那就增添麻煩了。更不用說已有人證的侵入三樓女性寢居了。警方對這些當然都不能理會。」

洪阿土：「所以李應元等人才上前交涉啊！」

洪全示：「那麼警方是接受指示才急著把人帶離開現場？」

李繼宗：「是有可能，但也可能警方人員是自己領會上意！」

曾阿淡：「事後檢方縱放費鴻泰等四人也就算了，爲何還要多事起訴李應元等六人呢？李應元等六人主張警方應留在當地，保持犯罪現場和相關人員的原狀，等即將抵達的檢察官做必要的指揮蒐證，是正確的刑事法律常識啊！怎麼反而以『妨害自由及妨害公務』之罪名起訴李應元等人，而留下可能被踩到的狐狸尾巴呢？」

李繼宗：「主要是需替費鴻泰等四人出氣以討歡心。而且馬英九已主政，台灣民主化後，執法人員被壓抑已久的那種『隨慾橫行』之快感，迫不及待地要發洩出來。何況這些擺脫不了呆奴之毒的台灣聞達人士，並不一定能明辨這露出的狐狸尾巴哩！即使萬一有清明之士看見了，這些司法人員也已自信沒人能奈他何！」

洪全示：「難怪這時費鴻泰、羅淑蕾、羅明才囂張起來了，一臉得意地大聲說：『司法已還清白』、『是主持公道』、『不能不尊重法律』。」

李繼宗：「誰叫台灣人民到這時候還自甘把票投給那些壓霸份子呢？台灣人民自己找死嘛！」

洪阿土：「阿宗，你這樣說不太公平，多數的台灣一般民眾，都是『台灣受虐症候群』之毒的受害者，十多年來這些台灣聞達人士沉溺在一點點的政治成就裡，無心掃毒，一般民眾能自我醒覺的不多，這也不是他們的本意。就像被餵食了大量搖頭丸，必然隨放出的音樂節拍擺動，那是不自主的啊！」

李繼宗：「是呀！對不起，我是一時無奈，才口不擇言。」

曾阿淡：「我們瞭解的。」

第 58 章

不再遮掩的變色蜥蜴馬英九(2008)

洪全示：「馬英九這隻變色蜥蜴，以前還有做一點遮掩，自從當定了總統之後，變起色來還高傲地向世人展示他的變色超能力呢！」

李繼宗：「唉！早知道的事說它做什麼？」

洪全示：「我是想：今天下午反正大家都閒著，這奸猾的蜥蜴當了三個月的台灣總統，大家也苦悶了三個月。不如我們拿這隻蜥蜴來玩個遊戲，湊點錢買些酒、菜，大家喝點小酒，硬逼身心舒暢一下。我怕大家都一把年紀了，很快會悶出病來，拖累了子女，也是罪過。」

曾吉木：「我贊成，怎麼玩呢？」

洪阿土：「嗯！我看就以每個人說出這隻蜥蜴變色的次數做爲排名，說出最多變色項目的出五十元；次之一百元；再次之一百五十元；第四名二百元；說得出這隻蜥蜴變色次數最少的二百五十元，加起來就有七百五十元，夠大家微醺了。」

曾阿淡：「這主意不錯，問題是這蜥蜴爲大家熟悉的變色項目不少，怎麼搶先提出呢？」

李繼宗：「這容易，我進去拿一個碗公和五粒土豆，碗公蓋住土豆，大家輪流做莊，做莊的伸手入碗公任意抓出土豆，按順時針方向猜土豆數，猜中的人先講。但要在三秒內講出來，超過三秒即跳過。」

洪全示：「可行，現在就開始。」

曾吉木：「哈！我猜對了，嗯，3月18日馬英九說：『如果中國鎮壓圖博(西藏)情勢繼續惡化，我當總統後，將要停止派選手到北京參加2008年奧運，加以抵制。』3月20日中國即大幅增兵鎮壓圖博，單軍車就逾四百輛，挨家挨戶搜捕；單拉薩一地當天就十九人被射殺。由於中國的再度血腥鎮壓，3月29日大昭寺前又有數千人抗議、示威，中國武力鎮壓，中國自稱十八人死亡，西方報導則爲一百三十五人至一百四十人喪生，千人受傷，被捕人數不知。從此馬英九不再提及西藏(圖博)，並否認說過要抵制北京奧運。」

洪全示：「選前的去年(2007年)9月15日，馬英九說：『無論從人口數、國內生產毛額或對外貿易額看，台灣都超過一百五十個以上的聯合國會員國，所以台灣當然有資格參加聯合國。聯合國必須接納台灣爲會員國』；『捍衛台灣主體性，持續推動台灣重返聯合國』。當上總統後即不加入聯合國了，更於8月15日要求友邦改以『請求准許派代表參與聯合國所屬機構的活動即可』爲提案。是國家的主張不見了。」

曾阿淡：「選前馬英九說他『燒成灰也是台灣人』，

就職演說就講『是中華民族』，更派由吳伯雄等多人到中國多次強調『同是中華民族人』，不敢再提『台灣人』三個字。」

李繼宗：「選前，馬英九愛將吳育昇到中國說：『馬英九只是在選台灣的領導人，不是選總統。』馬英九爲了選舉形象，趕快在台灣說：他是眞的在參選總統。上任總統後，竟公開說，他見到中國官員只能稱『先生』，連領導人都不是了。」

洪全示：「阿宗提的這項蜥蜴變色有點牽強，馬英九面對台灣人民還是自稱總統呢！」

洪阿土：「不對，馬英九已以行動向台灣人民表明他只能算統治者，不是總統。阿宗算是得分。」

洪全示：「哪有啊？」

洪阿土：「他這次出訪中南美，是搭民航班機到美國後，再轉機的。哪有一個國家的總統出訪不是搭專機的？馬英九僞稱是爲了省錢。其實，搭既有專機出訪，花的只是油錢，他搭班機的前後安檢準備所需花費，再加上隨行人員的機票錢，遠遠超過專機所需的油錢。這只要會算數的人都算得清楚，這謊話只能騙騙『台灣受虐症候群』的重症呆奴。馬英九這麼表演，除了向中國表示他不敢自稱總統，所以不敢搭專機出訪外，也等於以行動告訴台灣人民，對外他不能稱爲總統。還特別將多明尼加友邦的我國掛牌名稱，改成中國台灣。先參選總統，再改說只是在選台灣的領導人，並非在選總統；當上總統後，又不敢自稱總統。基於事實勝於雄辯的原理，阿宗得分算。」

洪全示：「對喔！我怎麼沒想到？」

曾阿淡：「不只你沒想到啦！大概百分之九十的台灣人民都沒想到的。」

曾吉木：「換我了，去年(2007年)6月3日馬英九痛批中國打壓台灣國際空間的做法，是對台灣民意的粗暴踐踏，主張『台灣要走出去』、『台灣前途由台灣人民決定』。今年(2008年)5月20日就職演說中就向中國諂媚，主張『面對中國打壓時就撤退』的『外交休兵』；隨後出訪中美洲友邦時，便將台灣的正式邦交使館名稱改成中國台灣。」

洪阿土：「去年(2007年)9月7日馬英九發表『國旗國歌』五原則，表示未來在國際比賽時，萬一主辦國禁止我國觀眾攜帶『國旗』進場，將據理力爭。並在討論奧運聖火傳遞問題時，大聲說他會帶頭拿『國旗』迎接；今年(2008年)8月初即著令公開警告台灣民眾，不得攜帶『國旗』爲台灣選手加油。『首次在台灣辦國際比賽時拔掉場外他們的那面假國旗，並禁止觀眾攜帶那假國旗』的是馬英九；後來爲了選舉形象大聲說要高舉那假國旗的也是他；當上總統後，禁止帶那假國旗的又是他。變來變去的都是馬英九。」

李繼宗：「事實上，北京奧運是要求禁止攜帶『非奧運會參賽國或地區的旗幟』，無論是依中國或奧運會或馬英九的說法，台灣都是奧運會參賽國或地區，那麼台灣觀眾攜帶任何台灣旗幟進場，只要合於其規定的大小，均是可以的，馬英九何必非做其變色表演不可呢？」

洪阿土：「唉！因爲民主選舉太辛苦了，馬英九急著向中國諂媚。急著向中國表示他會自己管好台灣呆奴，不會讓他的中國老哥操心的，是在懇求中國老哥將來爲他保留『特首』的職缺。馬英九就職演說的『台灣外交休兵』也是這個意思。」

洪全示：「暫停一下！」

曾吉木：「怎麼了？阿示，馬英九這隻變色蜥蜴不好玩嗎？」

洪全示：「不是不好玩，只是這隻蜥蜴的變色表演太過頻繁，我覺得這樣玩下去有點浪費時間。不如我先拿出這七百五十元去買來酒菜，邊小酌邊玩，結束後再清算。」

李繼宗：「這個主意好，就由我去採買。」

洪阿土：「哇！酒菜來了，我看看！台灣菸酒公司葡萄酒兩瓶、新港土豆一包、鴨舌一包、豆干一包、毛豆一包、杏仁果一包。太好了，苦中作樂開始！」

李繼宗：「總共花了六百二十元，還剩一百三十元。」

洪全示：「等一下再算，開始了。」

曾吉木：「馬英九在競選總統時堅定地說『以台灣爲主』、『台灣向前行』，更在4月1日保證會用生命捍衛台灣主權；一上任後，立即把原在總統府、外交部、駐外館處加註的台灣拿掉，並通令所有駐外單位，不准再提台灣二字，有外賓來台訪問，一律改稱訪華，不准用訪台二字。」

洪阿土：「馬英九競選時及4月1日都大聲地說，與中國談判時，如果只有一中說法，沒有『各自表述』，那就不談了；上任後的各項會談，連馬英九自己都不再提『各自表述』了。」

李繼宗：「選前馬英九在3月6日保證不會出賣台灣，但會把台灣的農產品賣到中國去；選後立即開始做出賣台灣的準備工作，向中國屈膝，所有選前賣台灣農產品到中國的做秀路線全部切斷。」

曾阿淡：「選前馬英九強調『和中國對談前，中國必須先撤除對準台灣的飛彈』，於3月20日再強調一次；6月4日就玩起文字魔術，改成『中國撤走針對台灣的飛彈是和平協商的前提條件』。6月11日台灣海基會與中國海協會就開始協商了，中國針對台灣的飛彈不但未撤，還在增加並改良。明白表示了『現在開始的工作是我馬英九單方面向中國屈膝獻貢的開始和賣台的準備工作，並非兩方對談，更不是和平式的協商』。」

洪全示：「馬英九本來不避諱地大聲主張『終極統一』，競選總統時則一直強調他在父親骨灰罈上寫『化獨漸統』是父親的意思，他主張的是『不統、不獨』；上任總統後，於7月8日派關中到中國參加台灣週活動，向中國表明『未來四年需要中國協助降低過去幾年台灣"去中國化"造成的影響』，並說『和平統一(中國入侵台灣)將水到渠成』。」

李繼宗：「3月9日在總統候選人辯論會中，馬英九說：『跑到國外的經濟罪犯，在我當總統後將立即強力引渡回國，包括在中國的』；馬英九上任總統後已不追緝在逃經濟罪犯，因爲這群掏空台灣的重大經濟要犯，當時都是他們的勢力操作，才得以逃出台灣的。」

曾阿淡：「暫停一下，我提議到此爲止。因爲馬英九這隻變色蜥蜴的變色表演太頻繁了，要玩出個最後結果，可能到半夜都沒法結束。」

洪阿土：「我贊成，酒菜也差不多用光了，再添酒菜的話，可能大家都要醉倒。何況我們的本意是想硬逼身心舒暢一下，想不到苦中作樂的結果，大家酒越喝越凶。現在我已有三分酒意，平常已微醺神怡，但由於玩的是這隻變色蜥蜴，卻使得我仍覺得悶。」

洪全示：「我也是。現在結算一下，阿木、阿宗各得三分，其餘我們三人各得二分，酒菜錢是六百二十元，阿木、阿宗出一百元，其餘三人各出一百四十元。」

曾吉木：「好了，阿宗，請你放一點幽雅的樂曲，幫助大家放鬆一下。」

洪阿土：「嗯！太好了！微醺神怡的感覺來了！」

第59章

蔣幫壓霸集團和中國聯手，藉2008年奧運強化出賣台灣的陽謀

現今國際奧林匹克運動會創立的宗旨，是在倡導全世界人類的善意、公正、和平交流，意含人道精神。故於1960年羅馬奧運、1964年東京奧運、1968年墨西哥奧運時，見蔣幫壓霸集團以偽名「中華民國」蹂躪台灣，即在公報、文件上更改以台灣(Taiwan)稱呼台灣代表團。蔣幫壓霸集團因擔心台灣之名可能破壞他們以厚黑學在台灣煉製的「台灣受虐症候群」精神之毒，不停抗議耍賴，要以Republic of China之名使用。至1979年的「名古屋決議」，國際奧委會通過中國奧委會的合法權利，1981年的洛桑協議確認接受「名古屋決議」，中國合法擁有China之名，任何其他國家不得再使用。蔣經國遂下令以Chinese Taipei之名與國際奧會簽署協議，以排斥Taiwan之名的重現。這段時間裡，蔣幫壓霸集團仍以武力高壓控制台灣，配合「台灣受虐症候群」的精神病症，台灣國內並不見有抗爭。而海外從事台灣復國的流亡人士，又多分散而無團結力量，使不出有力的抗議。所以

Chinese Taipei之名延用至今而被定型。其實，Chinese Taipei的意思就是中國的台北或是中國人的台北。蔣幫壓霸集團卻利用「台灣受虐症候群」玩弄文字遊戲，稱Chinese Taipei是中華台北，痲痺台灣呆奴。而國際奧運會在出場序的排列上仍將台灣以Taipei或Taiwan的T排入，而對Chinese這個字不予理會。2008年馬英九爲首的蔣幫壓霸集團，操弄「台灣受虐症候群」，再度完全掌控了台灣，但對台灣的民主化選舉感到吃力而厭煩，更期待另一形式的坐享壓霸特權，遂進行向中國獻貢求助的明謀，乞求的是指定特首的恩賜。2008年奧運又在北京舉行，給了蔣幫壓霸集團和中國聯手把台灣當猴子耍的時機。

自7月份以來，中國開始一連串以中文「中國台北」做爲台灣參與奧運的名稱，由蔣幫壓霸集團在台灣演出抗議的戲碼，中國再假裝配合讓步，改回「中華台北」之名，讓馬英九等人在台灣裝勢邀功。中國則藉此事件向國際大力宣導台灣是Chinese Taipei，是Chinese Taiwan的印象，在國際炒得沸揚。蔣幫壓霸集團份子——台灣奧委會委員吳經國更配合中國，將台灣代表隊的出場序一改慣例，改爲以C隨中國之後，和香港相連出場，明示把台灣帶入中國之列。於是，已有不少不明就裡的國際人士，開始誤以爲馬英九上任台灣總統後，台灣已歸降中國，也開始把台灣歸入中國。馬英九踏出了他當年所說「中國國民黨和中國共產黨聯手時，看你們台灣人怎麼活下去？」的第二步(其第一步是早在當選台灣總統後即已踏出——對中國的朝拜、獻貢)。

曾阿淡：「唉！台灣被馬腳這一攪，復國的元氣又大傷了。馬英九眞不愧是蔣幫壓霸集團的厚黑嫡傳弟子，眞懂得利用操弄『台灣受虐症候群』來加重『台灣受虐症候群』之毒。」

李繼宗：「明明Chinese Taipei要翻譯做中國台北或中華台北均可，而國際奧運會一直技術性忽視Chinese一字，以台灣、台北的T凸顯台灣。在2008年北京奧運會中，馬英九爲首的蔣幫壓霸集團卻和中國聯手操弄Chinese一字，先由中國稱台灣代表團隊爲中國台北，藉媒體透露訊息，讓國內配合憤怒抗議，中國隨即假裝姿態軟化，恢復中華台北名稱，再由馬英九等蔣幫壓霸集團份子僞稱他們交涉有成，維護了台灣尊嚴。事實上，此時馬英九等人和中國聯手，已在國際上把台灣接受Chinese一字的情形炒熱，廣增國際人士對『台灣是中國的』或『中國人的』之誤解。」

洪全示：「我知道了，奧運會原本是在技術上故意忽視Chinese一字的存在。基於國際人士長期鄙視蔣幫壓霸集團的侵台作爲，以及奧運會的人道精神，藉以維護台灣的實質尊嚴。所以在台灣接受『Chinese Taipei』稱號下，仍將台灣以T字列入出場序。」

曾阿淡：「現在更糟了，經中國和蔣幫壓霸集團聯手這麼一鬧，更多國際人士加深『台灣是中國的』或『中國人的』之誤解了。」

洪阿土：「蔣幫壓霸集團更進一步配合中國，將出場由T改成C，讓台灣代表隊跟在中國之後，和香港相連出場，使這種誤解再加深化。」

曾吉木：「原來這是以馬英九爲首的蔣幫壓霸集團和中國勾結，出賣台灣所搞出來的陰謀啊！」

洪阿土：「所以，當有些較清明的台灣聞達人士深感憂心且憤怒時，馬英九卻在7月3日表示『可以接受』，跳出來對台灣人民催眠，還說：『感到欣慰』。」

曾阿淡：「蔣幫壓霸集團份子的吳經國更說『是依照主辦國語文出場序』。眞是笑話，中文又不是字母組成，那能排什麼出場序？即使用注音符號，台和中也是離得遠遠的。」

李繼宗：「眞是可怕！這蔣幫壓霸集團和中國聯手的毀台、賣台陰謀馬上見效了。美國一家航空公司立即誤會，以爲到台灣需中國簽證而拒絕一位美國人士登機。」

洪阿土：「美國大學的學校網頁也在8月初開始以『Chinese Taipei』稱呼台灣。」

曾吉木：「澳洲政府網站也同時用『Chinese Taipei』講述我國護照名稱。」

洪阿土：「加拿大溫哥華等各國國際機場也陸續將台灣改名爲中華台北。」

李繼宗：「泰國外交部更除了跟著稱我國爲中華台北外，還將中華台北納入中國之下。」

曾阿淡：「這些都出現在馬英九上任台灣總統之後，尤其是在2008年北京奧運會啓動之後。那個早已準備去當美國人的『馬上任』外交部長歐鴻鍊，雖然在8月29日承認『稱我國爲中華台北的情形，有擴大的趨勢』，還『此地無銀三百兩』地說『好像有些已存在很久』。」

洪阿土：「那個歐鴻鍊還假意地說『外交部已洽請更正中』。」

曾吉木：「『洽請更正中』？馬英九出訪友邦時，不正是他們自己把國名改掛『中國台灣』的嗎？騙誰啊？」

李繼宗：「唉！蔣幫壓霸集團在未得到中國確定任命爲『特首』之前，當然還要繼續在國內騙騙台灣這群呆奴了。」

曾阿淡：「其實，台灣早就應該以『退賽』抗議、抵制奧運，以凸顯台灣尊嚴。」

洪阿土：「是有台灣清明人士莊善皓及尹廷峰在《自由時報》投稿，呼籲『退賽護國格」。可惜在『台灣受虐症候群』的精神病症下，激不起迴響，起不了作用。」

曾吉木：「那個『連台灣何處有空軍基地都不知道』的空軍出身國防部長陳肇敏，都在8月26日承認了『中國對台灣瞄準的一千四百顆飛彈，在馬英九5月份上任後，最近還在持續增加中』。直接證實了蔣幫壓霸集團和中國唱和的陰謀。」

李繼宗：「馬英九這隻變色蜥蜴眞可惡，更在8月28日派發言人王郁琦出來講：『中國說“台灣連以地區名義參與聯合國機構活動的資格都沒有”這句話，不能解釋爲“非善意”，露骨地消遣台灣人民』。」

洪全示：「不能解釋爲非善意？那麼，這樣對台灣趕盡殺絕之言語，是善意囉？眞是混蛋！」

洪阿土：「唉！對蔣幫壓霸集團而言，當然是善意了！」

曾阿淡：「所以當中國故意整台灣棒球代表隊，把台灣隊排在8月14日晚上出戰強敵日本隊，再排中國隊在8月15日早上對上台灣隊，讓台灣隊在扣除準備與交通時間後，剩下不到五小時的時間可睡眠。連戰、宋楚瑜、吳伯雄三人還和中國笑談『有主場優勢』，眞是不要臉到了極點！」

李繼宗：「尤其吳伯雄，眞是台灣之恥！」

洪阿土：「所以囉，這一切全在中國和蔣幫壓霸集團的算計之中，以中國的實力，不這樣怎能以一分之差，險勝台灣呢？這只是一連串藉奧運打死台灣陰謀中的一小段而已啊！」

曾吉木：「可憐的是，賽前還有人小聲對這陰謀抱怨，待眞的打輸中國後，全體隊職員及體委會反而在受到蔣幫壓霸集團的嚴厲警告下，沒人敢對這『睡不到五小時』再吭一聲。」

洪全示：「既然台灣體委會副主委曾參寶敢公開表示『這樣的賽程安排沒有不利台灣』；『台灣棒球選手還可睡足七個半小時』這樣的話，就表示蔣幫壓霸集團早已有肯定的信心，能叫體委會及全體台灣棒球隊職員全部噤聲了。」

曾吉木：「難怪8月14日晚間，奧運棒球賽台、日大戰，一大群台灣民眾在台北信義商圈廣場觀賽，馬幫行政院長劉兆玄進場時，民眾好意請劉兆玄一起喊『台灣加油』時，劉兆玄竟狠狠拒絕。」

洪阿土：「難怪馬英九敢說『當中國國民黨和中國共產黨聯手時，看你們台灣人還能活下去嗎？』這樣的話了。」

第60章

馬英九在國際上發布賣台訊息之際，同步著手毀台工作

馬英九一當選台灣總統之後，即配合中國，發表一些似是而非的叫衰台灣說詞；著手經濟壞台政策，嚇跑外資對台投資。再以准許金馬地區對中國的落地簽證，做爲實質毀台的開始。

李繼宗：「自從馬英九於5月20日上任後，由就職演說開始，迫不及待地向中國屈膝、諂媚，首先確認了蘇起勾結中國所僞造的賣台契約——『一個中國原則』，嚇跑在台外資。台灣股市就一路大跌至今三個多月，平均每位股民資產損失一百多萬元。其所造成的經濟緊縮，等於台灣人民每人直接損失八十多萬元。」

曾阿淡：「自5月20日馬英九就職當天起，由於外資的大量撤走，不但股市狂跌。還由於資金的緊縮，更連帶使經濟活動緊縮，造成百業蕭條。馬英九等人還不肯罷手，繼續推動投降式的外交單方面休兵、直航、開放中國人來台、解

除赴中國投資的管控、解除中國入侵台灣經濟的限制，還配合中國向國際宣傳『Chinese Taiwan』。造成國際上對台灣前途更深一層的憂慮。馬幫集團每宣布一項傾中政策，股市就大跌一次，國際股市下跌時，台灣固然下跌；國際股市上漲時，台灣股市也逆向慘跌。連帶的工商緊縮，使得民生困苦。他馬英九仍是一副壓霸嘴臉地咆哮：『我不是被嚇大的』。眞是欺台灣人民太甚！」

洪阿土：「馬英九就職日起，台灣股市就一路狂跌，起初我還覺得奇怪，以台灣人民在『台灣受虐症候群』的精神毒化下，應該不會那麼快感覺出馬英九那幫人的惡毒，不然也不會讓蔣幫壓霸集團在立委和總統選舉都大獲全勝。怎麼會在馬英九一上台就信心全無？後來才知，原來是外資才有的敏銳。原來是外資感覺到，在馬英九那幫人的操弄下，台灣前途堪慮，率先落跑。」

曾吉木：「外國人來台投資，爲的是能賺錢，一見台灣前途危殆，當然走爲上策。其實，在3月22日馬英九確定當選以後，外資曾以爲蔣幫壓霸集團既已再完全掌控台灣，他們的權與利一把抓，台灣必會有一段長時間的政情安定，對安定的台灣投資，當然獲利可期。所以有連續四天的大量外資湧入台灣，形成一股繁榮氣氛。不料馬腳逐漸顯露，才嚇走了外資。」

李繼宗：「台灣的投資者也是有些精明的，在探知外資急退的原因後，也信心垮了。」

洪全示：「油價的上漲，造成的全球經濟衰退，不是對台灣也有影響嗎？」

洪阿土：「是沒錯，台灣當然也會受到全世界經濟不景氣所波及。但糧食和油價的上漲自去年底已開始。在520以前，美、日受到衝擊都比台灣來得大，在520之後，則以台灣最慘。人民經濟的損害，不但遠超過較落後的印尼和馬來西亞，甚至比畸形經濟制度的印度和中國還糟。這都是馬英九一幫人毀台、賣台意圖所造成的結果。」

李繼宗：「就在7月底美國股市連漲兩天，帶動亞洲股市上揚之際，蔣幫壓霸集團本欲藉勢掩蓋其經濟毀台的伎倆，於7月31日宣布開放中國公司和資金侵襲台灣產業，他們沒想到，在全世界股市上漲之際，台灣股市還是在盤中下挫105點，最後再度成爲亞洲股市唯一收黑者。」

曾阿淡：「8月30日出來向馬英九抗議的人竟然有三十萬人之多，表示清醒的人已不少，馬英九一幫人也就應該不會得意太久的。」

洪阿土：「那可不一定，這三十萬人也不全然是清醒的台灣人士，有不少參與者純是因爲覺得受騙，或是生活痛苦指數上升才出來抗議的。」

曾吉木：「可是，應該有更多清明人士，只是因爲各種因素沒走出來而已。」

洪阿土：「是的，但是台灣人民若不能有大多數從『台灣受虐症候群』眞正覺醒，仍不能避免繼續受騙、受玩弄。蔣幫壓霸集團仍可藉操弄多數呆奴，繼續在台灣囂張妄爲的。」

李繼宗：「是呀！看看最近蔣幫壓霸集團爲了遮掩他的毀台、賣台行爲，奸巧地扭曲陳水扁輕忽放縱的海外存款，操弄成罪大惡極的洗錢罪名，大多數台灣人士很快就被催眠，不但深覺恥辱，還配合追打。足見『台灣受虐症候群』的呆奴化，並未有復甦的跡象。」

洪全示：「於是馬英九那幫人就趁此時再提出，要給持中國護照進入金馬地區的中國人落地簽證；並準備興建金廈大橋，連結金門和中國廈門。」

李繼宗：「中國和北韓這兩國的護照，在世界上是最被瞧不起的。各先進國家對中國人都非常謹慎，中國人要申請簽證，都必須先到外國人辦理的醫院做健康檢查，還要繳交幾十萬元的保證金。去加拿大觀光，更要先交一百多萬保證金才行呢！馬英九爲了向中國屈膝求歡，竟然把台灣降格爲極端落後的未開發國家了。」

洪阿土：「先前由中國滲透近來的口蹄疫和SARS兩次危機，台灣是幸運渡過了。現在被馬英九大開門戶，下次再流進來的災難會更長驅直入，台灣人民要有全面承受的心理準備了。」

曾吉木：「在層層管制下，中國客的犯罪率都近十分之一了，現在要進來從事犯罪可輕易了。」

曾阿淡：「馬英九更宣布不再發展及製造可打到中國的雄二E飛彈，以向中國表示眞心稱臣。」

李繼宗：「在最近幾次中國對台灣飛彈演習的恐嚇中，台灣能讓中國不敢大意的憑藉，就是放出風聲，若中國輕舉妄動，台灣可一舉將香港和上海摧毀，中國須三思。現在雄二E飛彈不再製造，連讓中國皺一下眉頭的本錢都丟了。」

洪全示：「馬英九更在9月3日宣稱對中國而言，『台灣是地區，不是國家』。眞是明目張膽，膽大妄爲。」

李繼宗：「唉！看看今年的立委和總統大選，台灣人民自己在投票時做了什麼抉擇？明明是自己拿出繩子請搶匪來綁嘛！」

洪阿土：「這還是『台灣受虐症候群』這精神疾病在作祟啊！」

第61章

抹黑入罪，司法追殺，以陳水扁的血水，腥臭全體台灣人民

2008年1月份，總統大選正熱，蔣幫壓霸集團利用艾格蒙聯盟向調查局提供陳水扁家屬在海外開曼群島有存款帳戶，指示調查局長葉盛茂以貪汙洗錢密帳之罪名公開調查。再藉由家奴化媒體加以炒熱，以臭倒民進黨選情。葉盛茂一想，只是一個具名的存款帳戶，就要硬扣人一個貪汙洗錢的罪名？如果有一、兩位頭腦清明人士告他侵犯人權或洩密罪，得利的是馬英九那幫人，受罪的則是他。而他已即將退休，何必再蹚這趟渾水呢？葉盛茂心想，他即將退休，不如就將這項情資向陳水扁總統報告，以防有人願意出頭，藉抹黑此海外帳戶向蔣幫壓霸集團邀功時，再將罪孽推給他。他自己先兩邊撇清，有誰異想繼續升官發財，願當走狗殺手就去當吧！於是公文隨手一丟，安心等退休。在當時，由於馬腳踢出的陣陣「台灣受虐症候群」毒浪，毒性已發揮作用，得意在望，蔣幫壓霸集團遂暫時將此事放下。葉盛茂沒料到的是，在他退休後，還是被踢出場，做為對陳水扁趕盡殺絕

的序幕。

5月20日以後，馬英九爲首的蔣幫壓霸集團毀台、賣台以向中國屈膝求歡的陽謀一一上路，卻怕馬腳露得太招搖，國內會聚積怨氣。即著令先抹黑陳水扁家族的海外帳戶，再由家奴化媒體加以熱炒，在「台灣受虐症候群」掩護下，希望能藉以遮掩賣台馬腳。

於是，蔣幫壓霸集團就於6月初向瑞士洛桑聯邦檢察署及瑞士的銀行檢舉「陳水扁家族藉瑞士的銀行做贓款洗錢」。瑞士檢察署鑑於國際洗錢防治共識，依例行工作方式，以普通函件寄給台灣駐瑞士代表處，要求台灣政府協助提供陳致中、黃睿靚家庭成員職業概況。文是6月16日即已擬好，但遲至7月8日才寄給台灣代表處。因是普通函件，台灣駐瑞士代表處以每週例行的郵袋送回台灣外交部處理，7月24日送抵外交部。外交部第一時間即呈報馬英九。

馬英九親信先研究要如何操弄？選在何時間點？效果才能發揮到最好。至7月31日將函文轉交法務部。法務部歷經數日的研究，認爲照陳水扁家人都以實名開戶，資金轉移也算正常看來，若以規矩情況下據實回覆瑞士檢察署，必會讓瑞士方面以查無實質相關犯罪紀錄而先行結案。若要達到目的，必須先在國內以密帳、洗錢罪名抹黑陳水扁，造成犯罪假象，再大動作請求瑞士配合調查，才能將之形成全國沸騰，吸走全國目光。此時不但可遮掩馬腳，還可趁此池混水，繼續擺爛台灣。

此時行政院祕書長薛香川因見8月30日民眾向馬英九抗議的遊行將至，必須適時鬥臭陳水扁，連帶抹黑民進黨，使懂得反抗的台灣民眾抬不起頭，藉以壓低830向馬幫抗議的集會氣勢才可。認為事不宜遲。於是薛香川找上中資控制的家奴電視台TVBS，希望藉由江岷欽先在政論節目中，以「陳水扁在瑞士洗錢被查獲」抹黑陳水扁。江岷欽一看資料，僅是普通的存款紀錄，並無可議之處，要據以扭曲成贓款、密帳、洗錢，頭腦清明之人，一看即穿，加以拒絕。薛香川不死心，再找上主持人張啓楷，張啓楷厚黑學本領是夠，但一看是被行政院列為「極機密」的文件，薛香川又不願承擔是極機密文件的提供者，張啓楷不願冒洩密罪責(雖然薛香川擔保司法不敢追究)，還是加以婉拒。

最後薛香川想到了一個完美的手法，先提供消息給壹週刊，由壹週刊先行於8月13日報導「陳水扁利用媳婦為人頭匯出鉅款」做為開場。再由敢於利用立委免責權之患有「斯德哥爾摩症候群」的洪秀柱，於隔日(8月14日)以「陳水扁透過媳婦黃睿靚在瑞士設立兩帳戶，以及在國外成立公司進行洗錢」為指控，召開記者會，做司法抹黑的起點，硬將瑞士「因受檢舉，請求提供黃睿靚、陳致中家庭之職業、收入等狀況資訊」，扭曲成「遭瑞士聯邦檢察署查獲洗錢罪行」。更以誤指駐瑞士代表壓案、拖延，來加深抹黑的假象。

藉由洪秀柱的先抹黑再爆料後，在「台灣受虐症候群」毒性催化下，大多數台灣民眾，果眞頓時感到憤怒、失望，信以為陳水扁已貪贓罪證確鑿。尤其一些台灣聞達人士，不知是妒恨情結未歇，還是呆奴化眞的那麼嚴重，隨著蔣幫壓霸集團，「偷國家錢」、「密帳」、「洗錢」皆朗誦如儀，一副欲置陳水扁一家於死地而後快的樣子。蔣幫壓霸集團的陰謀得逞了。一方面遮掩了他們繼續毀台、賣台，藉以向中國諂媚、求歡的陽謀；另一方面給了御用司法可用的藉口，以對陳水扁趕盡殺絕。

8月15日陳水扁發表聲明：錢匯留海外是夫人吳淑珍女士私下所為，他在今年(2008年)1月份才知情；金額是二千萬美元，非訛傳的三千萬美元；此款項在2007年以前早已存在，是各次選舉結餘款，不要硬抹黑為與巴紐案有關；資金是由理財專員操作，用的都是家人本名，會由荷蘭銀行轉標準銀行，再轉瑞士銀行，是因為承辦經理人異動，隨其個人經營路線不同所造成。但是，在已先被抹黑，及「台灣受虐症候群」精神毒化下，似乎少有人聽進去這些事實。

馬英九不要臉地在同日宣稱，他競選經費均據實申報。

同日，蔣幫壓霸集團法務部長王清峰表示：「陳水扁兒子陳致中已出境，未留下來協助檢方釐清案情真相，感到難過和遺憾。」事實呢？人家陳致中夫婦和其他博士班新生一樣，早在8月9日赴美國安排住宿和註冊準備，那是在他們故意將自列為極機密的資料洩露之前多日了。王清峰故意誤指陳致中夫婦潛逃，藉以深化對陳水扁一家的抹黑。

就在駐瑞士代表劉寬平已出面詳述，駐瑞士代表處收到瑞士聯邦司法部函文、函文性質及轉送回國程序等的時間點，一切都是按正常程序。尤其該函文所書的6月16日，是瑞士司法部擬文日期，此文在瑞士司法部遲疑要不要發出就已停留近月，實際送達代表處已是7月9日，一切都有簽收人員簽名及押上日期、時間，所以並無延誤。馬幫外交部還故意表示，已在調查劉寬平故意積壓公文之責，並將送交司法單位或監察院查辦。執意扭曲駐瑞士代表處以加深抹黑伎倆。

蔣幫壓霸集團更由所養如惡犬般的邱毅，硬將連時間點都不對的巴紐案說成十億元贓款，二次金改也說成九·三億元賄款。再由代表馬英九領銜赴中屈膝獻貢的吳育昇，指示檢方「立即收押陳水扁」。檢方商量後，想到已調查半個多月，並未查出陳水扁家庭海外帳戶有任何不法之處，一時舉不出收押陳水扁的法條，但為了讓蔣幫壓霸集團高興，即在17日發布將陳水扁限制出境。並指示，陳水扁連登上觀光船都不允許，藉以深化抹黑及羞辱。

8月17日檢方更放出煙幕彈，說：「還有很多未爆彈，會在未來連環引爆。」連藉紅潮之亂翻身的施明德也被利用來虛構「二次金改有位企業家給了陳水扁二十七億元。」

8月18日陳致中岳母抱著他才一歲多的女兒先行返台，在機場即遭暴力推擠。

同日，民進黨中央說出「所有涉貪黨員一併清查」，明示已隨蔣幫壓霸集團先將陳水扁定罪為「貪汙」。連向來頭腦還算清楚的力挺台灣音樂人Freddy都被迷昏而傷心大叫：「阿扁你給我出來！跟我決鬥！」

蔣幫壓霸集團再令邱毅持偽造資料，硬指「2004年3月19日槍擊案發生後十一分鐘，陳水扁的機要陳鎮慧存了五千萬入台新銀行陳水扁戶頭。三分鐘後，就又匯出八千萬到第一銀行董事長張兆順幫忙設立的007056xxx祕密帳戶，是支付槍擊案的酬勞。」第一銀行怕被拖下水，趕緊立即查明，該銀行並無此帳戶。一銀前董事長張兆順也因被邱毅指名，出來指責「邱毅說謊不打草稿」，因爲當時張兆順還不是一銀董事長，張兆順是2006年才上任的。

8月19日陳水扁說：「吳淑珍是否還有沒對我說的？我也不知道。」叫選他當總統的人情何以堪。

8月21日，台北市長郝龍斌藉著打扁混仗正熱鬧之際，宣布派任連勝文爲市府主導的悠遊卡公司董事長，單月薪就坐領三十萬，並說出「連勝文有國際金融專業」的瞎話，用打扁黑幕遮掩他們狼狽爲奸的醜行。

蔣幫壓霸集團打扁打瘋了，法務部長王清峰爲了不讓行政院長劉兆玄以長官姿態搶鋒頭，竟高傲地對劉兆玄吐口水。劉兆玄20日說：「行政院已成立跨部會小組全力幫助調查。」王清峰21日隨即嗆說：「由特偵組偵辦，法務部不介入，沒有跨部會小組。」20日劉兆玄說：「王清峰每天都會回報新進展，一天不只好幾回！」王清峰又嗆說：「法務部沒有向行政院長報告查案進度這回事。」

8月25日陳致中夫婦回台，立即接受特偵組傳訊。之前陳致中曾被誤指沒去註冊，其實他是在註冊後，才因被蔣幫壓霸集團的司法以「潛逃」汙名化，而遭註銷入學資格的。因陳致中僅出示維吉尼亞大學法學院學生證，以爲他已入學，還故意將他限制出境，以斷他求學之路。等得知陳致中早已因蔣幫壓霸集團派人到維吉尼亞大學去鬧而遭註銷學籍，再以「將你限制出境並未影響你的學業嘛」加以消遣。

8月27日，受蔣幫壓霸集團指示找罪名追殺陳水扁的最高檢察署特偵組，竟僞造前總統府參議郭文彬證詞，說「陳水扁給謝長廷四千萬元，給蘇貞昌二千萬元」。

美、日兩國看到蔣幫壓霸集團賣台向中國求歡，已到了明目張膽的地步，美國不得不令美國在台協會主席溥瑞克向馬英九表示：不能再明示或暗示中國對台灣有主權；以及台灣的國際活動不能經由中國同意再做。

邱毅於找來邱彰編造陳致中在美國有四座豪宅的謊言被揭穿之後，於8月29日再咬陳其堯已因牽涉陳水扁案逃出國，但陳其堯人在高雄養病，已有多年未離家。

8月30日，台灣社發起「護台灣主權、顧腹肚、要陽光」向馬幫毀台、賣台行爲抗議遊行，有三十萬人站出來擠爆凱達格蘭大道。馬英九則因自信已乞得中國撐腰，完全不看在眼裡，中午和蔣幫壓霸集團退役將領會餐；晚上再利用國務機要費作東，於西華飯店替連戰祝壽。席間馬英九、連戰、吳伯雄、王金平頻頻敬酒乾杯，開懷高談「中國」。離去時，在外等候的媒體，追問他對台灣民眾「抗議馬英九毀台、賣台」的看法時，他一路笑臉，只上車前回頭丟下一句「『謝謝大家關心』我的酒量」；也表示「我不是被嚇大的」，但還是謝謝大家關心。

9月3日馬英九宣稱台灣和中國之關係不是國與國之關係。馬英九說台灣是地區，並說他在競選總統時所說「633保證，保證年經濟成長達6%；國民所得達三萬美元，失業率降到3%以下」，並不是眞心話。馬英九說他當時雖這樣講，但心裡想的是八年後的2016年再看看。在馬英九這兩項宣示後，嚇得外資撤退，台灣股市三天連跌391點，跌破十年線與二十年線。馬幫財政部長李述德在9月4日被問及有人因台灣經濟慘況而自殺時，竟嘿嘿乾笑數聲，才說：「台灣經濟差，個人投資失敗，是個人問題，須自己負責，怎能要政府負責呢？」在國際油價回穩之際，台灣股市竟一週連跌738點。外資全面撤離台灣，單8月份外資就從台灣淨抽走八十八億美元，是歷史上最多的一次，連台灣被趕出聯合國或台美斷交都沒這麼嚴重。這次撤走的不只是股市資金，還包括外國人在台灣買的公債及新台幣存款。9月4日，特偵組傳喚總統府前出納陳鎮慧偵訊，陳鎮慧證稱：「我負責總統或辦公室交辦的公務支出，若錢不夠，就會向總統夫人吳淑珍女士取款來用，國務機要費不夠用，總共還超支了一千二百四十四萬元。」

李繼宗：「這次蔣幫壓霸集團利用陳水扁對吳淑珍的慣縱與輕忽，先抹黑再趕盡殺絕；一舉壓滅台灣人民的銳氣，又同時遮掩毀台、賣台的惡行。這樣奸巧的伎倆，會不會又是出自台灣假中國人蔡正元的獻策？」

洪阿土：「以蔡正元設計出脫國發院土地與『三中』假買賣的手段看來，蔡正元是有策劃出這種陰謀的實力。但是，馬英九似乎已對蔡正元的奸巧有懼慮，不再讓他太親近了，會還在暗中用蔡正元當軍師嗎？」

曾吉木：「那就表示蔣幫壓霸集團裡，還有一些在奸巧與狠毒上可媲美蔡正元的人在。那這些台灣聞達人士必定無力招架，台灣的眞正危機已降臨。」

李繼宗：「難怪外國人在台灣的投資和理財儲蓄都已全部撤走。」

洪全示：「當洪秀柱表示，瑞士司法部請求台灣提供陳致中、黃睿靚家庭之職業、收入及司法紀錄時，我就覺得奇怪。瑞士是世界上五個辦有密碼帳戶存款國中的主要國家，其密碼帳戶僅有帳號及密碼而無存款人姓名，怎麼會對一個以眞實姓名登記的理財專戶，發出請求提供個人及家庭資料的公文？原來是蔣幫壓霸集團利用國際艾格蒙聯盟，以先抹黑再追殺的手段，對陳水扁趕盡殺絕。」

曾吉木：「是呀！本來艾格蒙聯盟的成立，是爲了防止犯罪集團在國際間隱匿其犯罪(如販毒)所得，是爲了遏止國際犯罪。而蔣幫壓霸集團向瑞士檢舉陳致中夫婦名義之存款是犯罪所得，瑞士銀行基於艾格蒙聯盟協議，就得依例行辦法呈報。」

洪全示：「我知道了，當瑞士司法部接到這件呈報公文時，一定一頭霧水。想想一個以眞實姓名公開登記的理財帳戶，怎麼會需要請求加以查詢呢？所以瑞士司法部才會擬好文件後，遲疑了二十多天，受到催促後才以普通文書方式出文給台灣駐瑞士代表處。」

曾阿淡：「假中國人外交部長歐鴻鍊一接到瑞士函文，立即轉告馬英九等人，他們如獲至寶。開始研商如何操弄瑞士函文，以發揮先抹黑，再追殺陳水扁的最大效用。這一研商就研究了二十天，期間一直保密中。」

李繼宗：「等一切已算計好了，才透露一點消息給壹週刊，8月13日先報導『陳水扁利用媳婦爲人頭匯出鉅款』，以吸引目光。8月14日再由患有『斯德哥爾摩症候群』的洪秀柱假造『陳水扁洗錢在瑞士被法辦』爲題，把瑞士司法部

『請求提供資訊』的例行公事，扭歪爲『瑞士已定罪爲洗錢』，先把陳水扁抹黑，再由王清峰令御用檢察官持已抹黑的『洗錢』罪名，據以偵辦。此時中國國民黨開的法院總算有了假羊頭做成的假令箭，可以對陳水扁展開追殺了。」

洪全示：「原來如此，我還奇怪，洪秀柱手上怎麼會有行政院已列爲『極機密』的文件，而且還有其中法文漢譯的版本。原來這是蔣幫壓霸集團一步一步算計的走法。是蔣幫壓霸集團故意交給洪秀柱的。而且指控『洗錢』，須先有犯罪事證，且此有汙點的款項，是經由不相關人士之戶頭，做假買賣交易，再流進犯罪者帳戶，漂白爲正當所得才叫洗錢。個人眞姓實名的理財帳戶，再怎麼講也和洗錢無關。」

曾吉木：「此時他們爲了強化抹黑效果，還誤指台灣駐瑞士代表處扣押瑞士司法部函文，暗示連駐瑞士代表劉寬平都認爲是醜聞了。」

洪阿土：「蔣幫壓霸集團更掀出蔡盛茂拒絕合作的舊案，誤指前調查局長葉盛茂替陳水扁掩飾，說成早在1月份就隱匿陳水扁涉及洗錢之公文。」

洪全示：「這個葉盛茂也很奇怪，他經手的公文只是個據實登記的眞名帳戶，也未見不法鉅款，哪能據以查辦？他大可以理直氣壯地反駁抹黑。」

洪阿土：「所以葉盛茂就說了，他向檢察總長陳聰明報告過了，要不要辦？還是有誰要去辦？隨它去！」

洪全示：「那葉盛茂爲何又改口說他『並沒向檢察總長陳聰明報告過，而公文則交給陳水扁了』？這樣前後不一的講，不是更配合了蔣幫壓霸集團對他的指控了嗎？」

李繼宗：「唉！在葉盛茂接到轉呈上來的陳致中夫婦開曼群島帳戶公文之前，這公文是經一般程序轉來的，早有不少人看過，眞能輕易據以成功抹黑陳水扁一家人，早在當時大選期間就掀出來了，何必等到8月份？連瑞士來函文件，在7月份文件流程鐵證還在，蔣幫壓霸集團都硬要誤指駐瑞士代表劉寬平壓延文件了！這時爲了強化對陳水扁一家的先抹黑、定罪再追殺的伎倆，哪會放過葉盛茂這更好用的工具？何況在1月份大選期間，葉盛茂因即將退休，不配合指示再當打手，他們必然懷恨在心。葉盛茂替蔣幫壓霸集團服務幾十年了，當然知道他們的手段，知道他們一發動打擊，絕不會手軟的。葉盛茂知道此時不配合他們，只會死得更慘。人一恐懼，就會失去理智。」

曾吉木：「馬英九那群人這次先抹黑定罪，再追殺陳水扁一家人，藉以轉移他們毀台、賣台陰謀的注意目光，算是非常成功了。」

曾阿淡：「是呀！連各國開始把台灣改名中國的台北(Chinese Taipei)，馬英九把駐外館處改名爲中國台灣(China Taiwan)，都沒有引起太多台灣人民的疑懼。」

洪全示：「其實，中國政協委員胡鞍綱曾大膽公開指出：以台灣對中國的經濟輸誠情況，根據他們沙盤推演的結果，若中國一發動對台灣經濟勒緊脖子，只要七天，台灣就倒了。這樣的警訊，也沒引起台灣人民的警覺。」

李繼宗：「陳水扁也眞是混蛋，歷經國務機要費和紅潮之亂後，在今年1月份得知他夫人吳淑珍經由理財經理人，在海外設有帳戶時，即應當機立斷，清查所有吳淑珍的帳款，做出妥善處置，就不會今日被踩住尾巴，任人宰割了。」

曾阿淡：「陳水扁出身貧窮佃農，由寡母扶養長大，雖勵學有成，當上律師，但仍僅是一個人穿著一身衣服，別無他物。吳淑珍是富家女，看上陳水扁而嫁他，陳水扁原來就對她有感激之心。加上後來又因陳水扁從政而傷成半身截癱，陳水扁更對她深覺虧欠。而且吳淑珍的小姐脾氣大，陳水扁一有不從，就要撞牆，所以才對她事事忍讓。」

李繼宗：「我認為這不是理由，陳水扁不是如我等隅居小民，他自己出來競選總統，當選後擔負的是全體台灣人民之所託和希望之所寄，就必須有犧牲個人和家庭利益的心理準備。他要縱容他妻子，就不應該出來當總統。」

洪全示：「可是，不論是國務機要費或選舉款項的申報，或是錢匯海外，蔣幫壓霸集團不是做得更過火了嗎？遠的就不說了，馬英九近的就亂報競選經費，還將罪證確鑿的貪汙款項，匯了五十萬美元給他那美國人女兒，那可不是理財人頭戶，是眞正的贈與，連贈與稅都沒申報呢！」

曾吉木：「話不能這樣講，陳水扁擔負的是台灣人民的希望，怎可拿自己和蔣幫壓霸集團比呢？那不但不倫不類，還更傷台灣人民的心。他竟然敢說『吳淑珍是否還有事沒對他講，他也不知道』，連競選募款總額和結餘，都只有吳淑珍一人清楚；從事投資和聘請理財專員之事，他也蒙在鼓裡。他要縱容妻子，就必須承擔妻子得到縱容所做出的一切錯誤。」

曾阿淡：「但是，隱匿財產也不是大罪(全是自家人實名帳户，事實上並非眞的隱匿財產)，請人做個海外理財，也被抹黑爲密帳、洗錢而追殺，確也有點冤。」

李繼宗：「這冤是他自找的，他縱容妻子把鉅款匯出海外，雖不是什麼罪行，但太傷台灣人民的心了，枉費台灣人民對他的信任和支持。」

曾吉木：「這就是我說的，台灣人民每個人都可以出來罵陳水扁，再給他一巴掌。蔣幫壓霸集團哪有資格批評陳水扁一家人？蔣幫壓霸集團的法院更沒資格辦他。」

洪阿土：「其實這些事從陳水扁當上總統後就可料到了，陳水扁一上了政治生涯的最高峰，就表現出得意和輕忽，還擁抱『中華民國』，掉以輕心地隨著『中華民國』開的路走，一心只想安穩地做完八年任期。以前當立委、任市長的精神全走樣了。『中華民國』是蔣幫壓霸集團用來欺壓台灣人民所掛出來的羊頭，哪是一個台灣人民可以抱的？抱了當然燙手，還會被追殺。」

李繼宗：「最可惡的是，馬英九當著台灣人民向他抗議『毀台、賣台』的同時，還故意公開拿著『須用於公務』的國務機要費大宴賓客，替連戰祝壽，還謝謝大家關心。擺明了『哈！哈！我馬英九就是要私自挪用國務機要費，看你們台灣呆奴能奈我何？』」

曾阿淡：「阿木剛才講的，司法沒資格查辦陳水扁家庭的這種海外理財案，事實上這些特偵組檢察官也是知道的。」

曾吉木：「那些爲蔣幫壓霸集團服務的呆奴化檢察官會知道？」

曾阿淡：「是的，他們知道，所以才要畫蛇添足地逼陳致中和吳景茂補簽『查帳同意書』。」

洪全示：「對喔！在沒犯罪證據前，法律是不許官員任意對個人查帳的，那是侵犯個人隱私權。」

曾吉木：「但是那些檢察官不是早已利用蔣幫壓霸集團所事先所抹黑的『密帳』、『洗錢』罪名在大張旗鼓地查了嗎？不但在國內查，還派專人到瑞士、新加坡查呢！」

洪阿土：「那些司法人員是被蔣幫壓霸集團逼上梁山的。他們學過法律，他們當然知道，要指人涉及洗錢，必須先有犯罪事實以及假買賣交易。沒有犯罪事證而指人洗錢是誣賴、是栽贓。所以這些檢察官知道他們是在違法辦案，所以就想要逼陳致中和吳景茂補簽查帳同意書，以求有萬一時可自保。」

李繼宗：「可惜多數台灣聞達人士，到了今天仍盲目地隨蔣幫壓霸集團起舞，跟著把『洗錢』罪名掛在嘴邊，稱呼陳水扁一家人。全然不知蔣幫壓霸集團是在藉搞爛陳水扁，以熏臭所有台灣人民。陳水扁是該打他一巴掌，但陳水扁的被搞爛，有哪一位台灣人民能避開這汙臭啊？蔣幫壓霸集團的眞正目的，是要摧毀台灣人民的士氣；要使台灣聞達人士一蹶不振，元氣長期無法恢復，以達到他們能繼續長期壓霸台灣的目標。」

曾阿淡：「唉！這多數是因爲在『台灣受虐症候群』毒化下，失去了理性和邏輯思考能力；少數則更由於妒恨情結太過嚴重而精神分裂。以前的代表人物是施明德，後來是沈富雄，現在則是李文忠。李文忠在見到有部分清明人士以法律觀點解說『吳淑珍錢匯海外理財案』時，竟以『這樣的貨色』來罵鄭新助、南社社長鄭正煜及眾多與會人士。我倒想問問，李文忠在中國以反分裂法威嚇台灣時，還跑去中國朝晉；紅潮亂台時隨之起舞；民進黨在努力於選舉時更用辭立法委員之職來扯黨內同志的後腿，李文忠你又是什麼貨色？」

第 62 章

千錯萬錯都是台灣人的錯——蔣幫壓霸集團的一貫咒語

洪全示：「馬英九在當選總統第二天就告訴台灣人民，你們選我當總統，『只要高興一天就好了』，似乎沒人聽懂！」

李繼宗：「在『台灣受虐症候群』毒化下，怎會有人聽得懂呢？」

曾阿淡：「馬英九他們一定是在偷笑，他的選前政見，主張台灣對中國大開供養中國通路的直航；解除資金移往中國的管控；開放中國入侵台灣產業，都是斷台灣生機的做法，竟也能以『可改善台灣人民生活』把台灣人民騙得團團轉，說『他一上任股市可達2萬點』，竟也有多數人相信。他一上任當然就要眞的賣台向中國求歡了，所以才會在一當選即警告這些呆奴，你們只能高興一天，第二天你們就得哭了。只是聽懂的人不多罷了。」

洪阿土：「馬英九一上任，就立即起用『急著要當美國人』的假中國人歐鴻鍊當外交部長；一個連空軍基地在哪裡都不知道的假中國人空軍司令當國防部長；以及一個半夜和年輕女記者上陽明山幽會談論『國事』的眞中國人當行政院長。這些其實都是在嘲笑台灣人民，你們眞是呆奴啊！」

曾吉木：「接著還起用一個代表馬英九到中國報告『中國要入侵台灣已"水到渠成"了』的關中當考試院長，那才是賞了台灣人民一大巴掌呢！」

李繼宗：「先是向美國表示不添購自衛武器了；再向中國表示『會打到中國的雄二E飛彈也不製造了』，軍事演習也不實彈演練了。這是繳械投降的儀式啊！」

洪全示：「先是藉北京奧運會向世界大力宣傳台灣是Chinese Taipei，是Chinese Taiwan，再將駐外館處改名爲中國台灣。9月3日更說出台灣(他們所謂的中華民國)對中國來講僅是個地區，不能算是一個國家。這些即使對蔣幫壓霸集團的所謂憲法而言，也是叛國行爲啊！怎麼沒見所謂的監察院出來彈劾呢？」

李繼宗：「監察委員都是蔣幫壓霸集團的御用人員，怎麼會呢？何況那個監察院院長，又是特地從中國回來台灣監督馬英九賣台過程的王建煊！」

洪全示：「那檢察官呢？總統叛國時，不是應該立即逮捕偵辦嗎？」

曾吉木：「唉！阿示啊！你又忘了，法院是中國國民黨開的啊！也許他們宣示太久了，你有點淡忘。」

洪全示：「咦？我眞是有些淡忘了，眞糟糕！所以就在蔣幫壓霸集團下令要檢察官詳查陳水扁當總統時的國務機要費是否眞都用於公務時，馬英九竟在830大群民眾向他抗議時，還大剌剌地拿著國務機要費在五星級飯店大宴賓客，替連戰祝壽。」

李繼宗：「那是馬英九在提醒這三十萬名在當天向他抗議的台灣人民：『法院還是我們開的，你們小心一點！』」

洪全示：「啊！所以內政部假中國人部長廖了以就下令追究參與集會的台灣社了，還恐嚇『限十天內答覆說明』。」

李繼宗：「台灣人民也眞鎭靜，蔣幫壓霸集團毀台、賣台都已經是進行式了，居然還能不痛不養。反而是美、日兩國有些按捺不住了，美國更指派在台協會主席溥瑞克向馬幫警告：『一，不能再明示或暗示中國對台灣有主權；二，台灣的國際活動不能由中國同意。』」

曾吉木：「馬英九那幫人在賣台以向中國求歡的工作尚未完成前，仍是對美國有所顧忌的，所以對美國的警語仍會緊張的，一緊張就胡言亂語了。」

洪阿土：「是呀！先是馬英九趕快明確地說：『台灣並沒放棄防衛，台灣的採購七項武器，美國政府會很快通知國會，完成法定手續。』總統府官員卻說：『並沒有向美國提出採購意向書。』那個連空軍基地在哪都不知道的國防部長陳肇敏又說：『是八項軍購，98年度已編列預算。在準備中。』國防部官員則說：『已至少兩度向美國國防部送出要價書(LOR)，但都遭美方拒收，導致軍售流程中斷。』全語無倫次了！」

李繼宗：「不過，面對台灣人民時，就再由語無倫次變成厚顏無恥了。馬英九爲了向中國屈膝求歡，一當選後就加速毀台、賣台的腳步，僅上任一百天，就把台灣搞得百業蕭條，民生苦不堪言。當民眾向他問及，選舉期間馬英九所提633保證，保證年經濟成長率6%以上；每人國民所得達到平均三萬美元；失業率低於3%，是不是只是爲了騙台灣呆民選票，隨便說說而已？馬英九竟然答稱『誰叫你們相信呀！想633嗎？就等我總統當到2016年再看看吧！』」

曾阿淡：「馬英九那幫人也眞敢，一上台三個月就把台灣搞爛成這樣，他還敢說他總統非當到2016年不可！」

曾吉木：「馬英九他們有何不敢的，在操弄『台灣受虐症候群』之毒下，2008年他們輕易就玩弄了台灣人民的選票，他們當然自信2012年大選也能依樣畫葫蘆地再玩弄一次。何況到時說不定也不用民主選舉了，他可能早已眞的賣台成功，被中國任命爲『台灣特首』，眞的以他向中國自稱的『馬先生』在台灣當『領導人』了。」

洪阿土：「所以囉，現在中國毒奶事件爆發，引起全世界恐慌，台灣受害最深，無數商家倒閉，人民聞奶色變，一想到曾接觸任何與中國有關的商品，即嚇出一身冷汗。馬英九不但無視於『人民有免於恐懼的自由』，沒做出有效的應變措施，還拒絕向中國要賠償，也不敢向中國抗議，馬幫政府更在此時，令由新聞局長李亞萍向國營中央廣播電台下令，不准報導中國骯髒事，不可批評中國。」

曾吉木：「其實，早在今年7月份，馬幫政府就已把一份中國官方媒體的罵台文章傳給中央廣播電台，警告中央廣播電台不可造次了。」

洪全示：「這都是毀台、賣台的叛國行爲啊！」

李繼宗：「唉！中國厚黑學是蔣幫壓霸集團的一貫伎倆，看看馬英九選前的年經濟633保證，一當選即警告『大家高興一天就好』；隨後馬幫行政院長劉兆玄就說『等四年吧』；現在馬英九再表示『等我總統當到2016年再看看吧』及『我不是被嚇大的』；馬幫財政部長李述德更出來嘿嘿乾笑幾聲：『台灣人民要自己負責啊！』」

洪阿土：「更詭譎的是，台灣物價指數年增率5月爲3.71；6月爲4.79；7月爲5.92，增加幅度驚人。而同時間的國際小麥價格卻是已滑落3成以上，但是台灣的麵粉及各種麵粉製品的價格，在7月份竟然還比6月份高出2.53‰，這代表什麼意思？不是馬幫調控失責，就是馬幫政府在配合商人操縱物價圖利！」

李繼宗：「我較奇怪的是，在2007年及2008年初，由企業主『查理』裝成臨時工向陳水扁總統叫囂『活不下去了』之後，媒體一直密集報導台灣人民叫苦的畫面。現在馬幫上台，百業嚴重蕭條，台灣人民生活眞正苦不堪言的時候，反而不見叫苦聲了。」

曾阿淡：「唉！台灣人民本質善良且耐忍成性，若非被煽動，不易挺身叫囂的。那個『查理』不知是個人問題，還是有躁鬱的蔣幫家奴？我是不知道。但後來經家奴化媒體推出的叫苦畫面，全是蔣幫壓霸集團唆使一些台灣假中國人裝扮演出的。唯一可能例外是那位賣豬肉的阿珠，她應該是愛出風頭的個性加上同化效應所致。」

洪全示：「其實，溫和的叫苦聲現在是眞的在台灣到處可見了，更有些人已受不了而自殺。只是蔣幫壓霸集團的家奴化媒體為了掩飾，眞見到時才不報導哩！而少數本土媒體則不忍心用報導來對他們做二次傷害。」

李繼宗：「我只希望今天的台灣人民永遠不要忘了馬英九說的，你們台灣人在馬英九眼裡根本不算是人，馬英九只是『把你們當人看』；以及藉由李述德口中說出的『你們自己去負責』，這兩句話才好。事實上，這才是所有蔣幫壓霸集團在台灣，吃台灣肉、啃台灣骨的同時，眞正的心思和嘴臉。」

洪阿土：「可憐在『台灣受虐症候群』毒化下，大多數台灣人民仍不知不覺，反而是美國警覺了。美國政府在今年9月上旬(2008年)，以國務卿萊絲名義通令美國駐各國使館，不得以中華民國ROC稱呼台灣，要直稱台灣(Taiwan)。因為ROC僅是蔣幫集團掛出來的羊頭，並非眞實的國家名稱。並規定所有美國政府官員不得出席台灣的所謂『雙十國慶』；美國官員也不可和馬幫當局直接通訊，必要會談時，也須在雙方官方機構以外的地方舉行。顯示美國政府已不承認馬英九那群人在台灣統治的正當性。世界各國早就不承認中華民國了，只有台灣呆奴才還在擁抱中華民國。」

第 63 章

給在台灣自認為是三種不同身分之人的三封信

李繼宗：「我決定寫三封信給尚未覺醒的台灣住民，一封給心靈尚未復甦的台灣原住民(包括早漢化的客語系、河洛語系和近六十年才漢化的高山住民)；一封給尚未落地生根的華裔移民；一封給執迷的蔣幫壓霸集團人士。」

洪全示：「你看會有多少效果？」

李繼宗：「盡『人』事呀！盡一個華裔台灣人的責任。至於效果嘛，不做怎麼知道呢。」

致心靈尚未復甦的早漢化河洛語系、客家語系台灣住民以及近六十年才漢化的山地台灣住民

在同一塊土地共甘苦的朋友們：

我是華裔移民第二代(算是半個華裔移民)。我父親在少年時即不幸被中國國民黨黨軍抓兵而四處流離，卻有幸在1940年代誤撞至台灣。我父親初抵台灣即知返鄉無望，很早即在台灣落地生根，成為完全的華裔移民台灣人。又深知蔣幫集

團的壓霸和陰狠，私下查閱了不少真實的台灣史料，又及早定居在最慢遭受心靈汙染的鄉間，瞭解台灣人原本善良、勤奮、和諧及敬天地而與大自然共榮的本質，也知道台灣人是一支被迫漢化的原住民族。在蔣介石、蔣經國父子指揮蔣幫壓霸集團在台灣煉製「台灣受虐症候群」、呆奴化台灣人民的過程中，我父親全程看在眼裡，除了他自己不被蔣幫壓霸集團家奴化外，還幫助我保持清明的心靈。但也因他自己來自中國，而常保一份羞愧和對台灣人民的歉意。

我父親常告訴我，中國人並不是全部那麼厚黑、醜陋和阿Q。只是因為近代中國長期受戰亂的影響，極端厚黑和壓霸之人，趁隙各顯神通，憑藉暴力和奸巧各霸一方，各方勢力再弱肉強食，才會厚黑學當道、壓霸者得逞。而蔣幫集團在中國時曾一時得意而過度狂妄，並貪腐無道，才會落得在中國無容身之處，逃竄到台灣。他們不知從在中國得到的教訓中反省，反而變本加厲，更陰狠、壓霸，在台灣煉製「台灣受虐症候群」；呆奴化台灣人民；家奴化中國難民。這就是為什麼近代中國人看起來都那麼厚黑、壓霸和阿Q的原因。

台灣人民歷經一連串的苦難，但以近六十多年來的心靈凌辱為最。不但受到欺壓，還被迫認賊作祖、認盜作父。就華裔移民而言，我父親是少數未被家奴化的人之一；就台灣人民(包括部分華裔的移民)而言，我是少數未被呆奴化的人之一。現在看到台灣人民在二十一世紀裡，「台灣受虐症候群」所中的精神之毒竟還在惡化，讓我覺得既不忍又難過。

蔣介石、蔣經國父子率領蔣幫壓霸集團呆奴化台灣人民的第一步是消滅台灣歷史、文化，再重新偽造。將台灣人民洗腦，使台灣人民信以為是邊疆漢人，他們為正統宗主。再以半強迫、半誘騙的方式使台灣人民呆奴化，接受其壓霸橫行。

台灣人啊！醒來吧！你們絕非漢人，你們都是台灣平地原住民及山地原住民。已有多位醫學學者從人類淋巴球抗原的研究發現，台灣人民根本沒有漢人血緣，占極少數的早期來台漢人，早已在清廷侵台時，連帶整個家族被趕回中國。且河洛語系台灣人與客家語系台灣人在體質DNA上並無差異，只是因引進漢文化對象的不同而語音有別而已，這和中國客家人與中國河洛人是不同的。我知道，在被洗腦六十多年之後，定有不少人心存懷疑。我翻開台灣未被燒光的真實原始歷史典籍給大家看：鄭成功因在中國敗逃(一如蔣介石、蔣經國父子)而侵入台灣的1661年，當時據台荷蘭人統計，台灣平埔族人口數為六十五萬人，閩、客漢人僅為三千二百人。漢人因全屯居在交通便利之地，三千二百人應是正確數字，平埔族人散居各角落，必有很多遺漏，應至少已有近八十萬人。就以七十萬人來算好了，在多子多孫的年代繁衍至今，大家算算看應有多少人口了，哪還有什麼外來人口？

也許有人會問，鄭成功帶來的漢人呢？大家看看被蔣幫壓霸集團隱瞞而不見於所謂「標準教科書」的史料：鄭成功侵台時帶來三萬七千人，病死及遭台灣人抵抗而被殺的有六千人。二十年後歸順清廷時，帶回中國四萬二千人。所繁衍的子孫及其在台灣所招用的原漢人移民也都一併全數撤走。連病死在台灣者的墳墓也都挖走了。除了一、兩座無主孤墳，有誰在台灣見過鄭氏當時留下的陵墓了？一群連家族陵墓都挖走的人，當然不會留下任何子孫的。依鄭克塽降清降表記載，其戶籍登記為民者六萬，其餘六十五萬仍註明為番。多出的一萬八千人，是原居台的三千二百名漢人及二十二年來其擁有的子女。然而根據清廷記載，總共將十多萬人驅逐出台灣。多了數萬人被驅離台灣，應該是清廷怕有漏網者，在「寧可錯殺一百，不能放過一個」的心態下，包括了一些在台灣入贅者的所有家族，只要聽懂一點漢人語言，就全被趕走。

而且清廷是禁止中國民間人士來台的。藍鼎元於〈經理臺灣疏〉中說：「文武差役、誠實良民，必將赴臺何事，歸期何月，敘明照身票內，汛口掛號，報明駐廈同知、參將存案，回時報銷。倘有過期不還，移行臺地文武拘解回籍。」而且嚴密到：「再令有司著實舉行保甲，稽查防範。凡臺灣革逐過水之犯，務令原籍地方官收管安插，左右鄰具結看守。如有仍舊潛蹤渡臺，將原籍地方官參處，本犯正法，左右鄰嚴行連坐。庶奸民有所畏懼，而臺地可以漸清。」有人也許會問，可能有偷渡來台的呢？當時大型官船在橫渡黑水溝(台灣海峽中)都常翻船沉沒，以致派台官使都視為畏途。民間小船更是九死一生，若非逃避迫害、追殺，有誰會偷渡台灣？何況台遊日記卷二有云：「海洋禁止偷渡諸制頗詳——海洋禁止偷渡，犯者照私渡關津，律杖八十，遞回原籍。人數至十名以上者，官役分別責罰。」又云：「再令有司著實舉行保甲(需相互告密，否則連坐治罪)，稽查防範。」「台灣不准內地人偷渡。拏獲偷渡船隻，將船戶等分別治罪；文武官議處兵役治罪。」再云：「如有充作客頭，在沿海地方引誘偷渡之人，為首者充軍，為從者杖一百、徒三年。」「互保之船戶、歇寓知情容隱者、偷渡之人、文武失察者、沿海村鎮有引誘客民過台者等，均加以重處。」意思是：「查獲偷渡者時，所搭船隻沒收；偷渡者所經過港口的所有船戶、休息與住宿過的當地人、路經地區的所有文武官員，全要被施以重刑嚴處。」當時在中國有嚴禁渡海令；台灣又有禁絕漢人入台的嚴厲封鎖令。又敢講說引進漢人移民台灣，真是睜眼說瞎話。縱使有逃犯偷渡成功，在官兵必須連坐嚴懲下，必然嚴密搜捕，有幾人能真的落戶屯墾？

清廷占領台灣期間，強制漢化。將已漢化住民登記為民；將尚未漢化者登記為番。1811年登記為民的台灣平地原住民已有1,944,737人；至1893年全台灣人口才2,545,731人。足證台灣平地原住民事實皆早已完成漢文化之維新，因為這期間內，台灣人民之登記為民者，除人口之正常繁衍增加外，並無新增漢化人口或任何漢人移入。

也許還有人會問，那為何台灣人民都有漢姓、漢名；還有源自中國的祠堂和族譜呢？台灣人民本質善良、勤奮；兼具和諧進取的精神；以及敬天地而與大自然共榮的性靈。傳統上並不發展有違自然的物質功利文明和武器，安樂於順應天地的儉樸生活。當鄭成功和清廷入侵台灣時，澈底消滅台灣文明，再強制漢化，並限制台灣人僅能從事農耕。在遭武力鎮壓及時勢所趨的清況下，平地台灣人民，並被迫受漢姓、改漢名(山地住民則因高山險阻及受封山令所困，直到蔣幫侵台時才發生)。但仍保留不少傳統習俗，如先生嬤和祭拜地基主，至今純樸鄉間仍可見到。先生嬤是傳統女醫。而祭拜地基主正可看出台灣人原有的善良、謙恭本性。台灣人民認為，我所使用的土地，若是新開墾而無舊主，也可能有先人足跡；即使是買來的，也應對前輩開墾者的功勞心存感激，所以在祭拜自己祖先的同時，也必須祭拜目前為我所用土地的往日拓荒者，以示知恩。這種傳統信念，在今日台灣仍到處可見，這是何等高貴的人性啊！

由於被迫漢化，台灣人民學漢文，隨執行漢化者族群的不同，部分使用河洛語，部分使用客家語。立漢姓、取漢名，隨所立漢姓而設祠堂。少數基於和「拜地基主」相同的良善、謙恭本性，更留存其姓氏源流之記載，也留用其家族祠堂的名稱。蔣幫侵台時，更強推漢人族譜，騙取台灣人民連接漢人族譜。

也因為如此，蔣介石、蔣經國父子才能率領蔣幫壓霸集團篡改台灣歷史，澈底毀滅台灣人文精神，在台灣煉製「台灣受虐症候群」，呆奴化台灣人民，輕易令台灣人認賊作祖、認盜作父，造成今日在台灣所見的「絕世悲慘」。

台灣文明、文化、文書被消滅後，除了清廷官方的強制漢化，台灣人民更申請引進中國福建地區的優秀漢文學者，隨官船來台講學、授藝(三年一任，任滿遣返)。因為台灣土地肥沃、人民勤奮，物產豐富，中國福建地區百姓又長期受官吏貪腐之苦，學有專精的人士，皆爭相受聘來台以改善生活。當漢文化在中國各地因區域差異而雜變之時，台灣卻反而保存了較質樸實在的漢文化。

也許還有人因蔣幫壓霸集團洗腦的影響，還是難以對本人所找出的歷史真相完全接受。我再查詢近四百年來中國福建地區的官方典籍，並無任何明顯人口外移台灣的紀錄，中國福建地區的人口數也一直按正常繁衍率在增長。本人更詳查台灣姓氏族系源流和宗祠，發現河洛語系皆源自漳州、泉州及鄰近村落，客家語系也皆源自兩三鄉鎮而已。這些城鎮若真是曾大量移民台灣，照數字算來，即使有十倍、百倍的市鎮，也早已成空城。

事實上，台灣人民本來就知道自己僅是如韓國、日本般接受過漢文化而已。直到我十歲以前，我所居住的鄉里民眾，還一直稱中國人為「唐山人」；遇厚黑、醜惡的中國人則稱「阿山仔」。可見在台灣人民尚未被蔣幫壓霸集團完全呆奴化之前，台灣人民本是清明無礙的。

大家不要以為台灣沒有自己的高尚文明才做漢文化維新的。事實上，台灣早在五千多年前即有很進步的文書傳承；古早就有很科學化的台灣數字。計算機發明前的通用算盤是史上和台灣數字同時發明的台灣算籌。在四千多年前，台灣就有世界上最早的煉鐵工業，還對中國輸出文明、物產。但這些文明與文化，在鄭、清入侵台灣時，被全面澈底摧毀。而且，台灣人民原本的精神文明才是高尚的。台灣人民本性善良、勤奮、和諧；敬天地而與大自然共榮，這才是真正的人性價值所在啊！只是因為這種人性價值排除了物質功利主義和爭鬥武力，在遭遇侵略時，缺乏抵抗力量。當有功利文明侵入時，易為功利文明所侵蝕。

早年我父親被中國國民黨軍隊抓兵後，隨軍走過廣東、福建沿海，見這些地方的商家使用的是一種可以神速心算的高邏輯數字，他們稱之為番仔碼。當我父親隨著蔣幫壓霸集團的入侵而被帶來台灣時，我父親驚訝地發現，全台自古使用的數字碼正是廣東福建沿海商家新近使用的番仔碼。真正的名稱是「台灣數字碼」簡稱「台灣碼」。是配合台灣算籌(算盤)所發明的台灣數字，用於心算比阿拉伯數字高明太多了。中國古算盤也是依台灣算籌改良成今日算盤的。中國算盤是上兩珠下五珠，台灣算籌(今日算盤)是上一珠下四珠。真是可笑，學習別人的優良文明，還敢鄙視之是「番」。

蔣幫壓霸集團有計劃地呆奴化台灣人民、施放「台灣受虐症候群」精神之毒六十年，剝奪了台灣人民理性邏輯思考的能力，腐蝕了台灣人民心靈和人格的本質。現在台灣人民短時間內想要排除這精神毒素而醒覺，確實已不容易。但可以先從「丟棄蔣幫壓霸集團煉製『台灣受虐症候群』的咒語」做起。

所以，我在此誠懇的請求台灣的兄弟姊妹們：不要再稱台灣使用的官方語文為國語。國語為普通名詞，非語言名稱。稱漢語或台灣漢語均可(台灣通用漢語經過六十多年變遷，已有異於北京話)。

世上本無永遠不變的語文，一種語文使用的人多了，自然較易演化成適應時代的需要，當一種語文先一步適應時代需要時，使用的人就會更多，這是一種相乘性的循環。所以台灣人民不必執著於要完全恢復台灣原來使用的語文，只要不忘母語就好(其實，原始台灣平地母語文已難尋)，多學外語也是好事。只是因為蔣幫壓霸集團六十多年來刻意消滅台灣語文、歷史和文化，藉以合理化其狂妄和壓霸的邪惡企圖心，這是台灣人民不可不清楚明瞭的。

不要再稱「青天白日滿地紅旗」為國旗。事實上台灣至今並無任何由政府制定的國旗，「青天白日滿地紅旗」是當年蔣介石在廣州時，發誓要利用中國國民黨黨軍血洗中國時所制定的軍旗，所以是用中國國民黨踩著血染的大地來象徵的。

不要再唱中國國民黨的黨歌當國歌。中國國民黨從來就不唱國歌的，他們在自己黨內都只大叫「唱黨歌」。因為他們知道，那不是中華民國的國歌。原中華民國政府在被消滅之前的國歌是卿雲歌。大家想想看，拿別人的黨歌當國歌在唱，和叫他人阿爸有何差別？這是莫大的羞辱啊！

不要再叫在台中國人為外省人。叫在台灣的中國人為外省人，即意指同意台灣是中國之一省，那是認賊作祖啊！就照蔣幫壓霸集團的說法來看好了，既是外省人，怎會在台灣參政呢？若有一個紐約州籍的人要到夏威夷參選州長或投票，可以嗎？在台華人只有三種：一是清明的華裔移民台灣人；二是被蔣幫集團家奴化的華裔移民；三是蔣幫壓霸集團中國人。

不要再稱中國為大陸；不要再稱兩國事務為兩岸。台灣既不屬於中國，怎會稱中國為大陸呢？夏威夷美國人才會稱美國本土為大陸。兩國就是兩國嘛，怎麼被賣台者牽著鼻子走，也兩岸、兩岸地叫著？台北市和三重市才能稱兩岸。

要拒絕使用中華民國名稱，只稱台灣。中華民國的字面意思就是中國，說中華民國和中國意思不相同，完全是呆奴化想法。這點是蔣幫壓霸集團一直「此地無銀三百兩」地叫著。所以他們偶爾就會說一遍「中華民國地圖是隻老母雞或秋海棠」。「中華民國在台灣」或「台灣就是中華民國」，都是呆奴式想法。以中華民國稱台灣，以前是蔣幫集團壓霸台灣的藉口；現在則是中國想侵略台灣的合理化謊言。就像華航明明就是中國航空(China Air Line)，卻用文字遊戲搞出個中華航空之名；玩弄台灣人的良知。

拒絕稱「中國國民黨」為國民黨。就如黨歌一般，他們自己不唱國歌，卻叫台灣人民唱他們的黨歌當國歌。這和「你們叫我阿爸」同樣壓霸。他們對內自稱「中國國民黨」，面對台灣人民時只稱「國民黨」故意隱藏「中國」的壓霸意味。其實在台灣沒有國民黨，只有中國國民黨。

見到中國鋼鐵、中國石油、中國(華)航空、中國學院、中華電訊、中國青年反共救國團(「救國團」的正名是中國青年軍，他們都是以China Youth Corps之名向外國宣傳)、中國電視公司、中華電視公司、中華隊、中國台灣、中華台北等這些帶有中國、中華的字眼出現在台灣，以及什麼遼寧街、重慶路、中山路、中正路、西藏街、徐州路等街路名稱，絕不可再習慣成自然。這是台灣的傷痕，是對台灣羞辱的印記，要不忘臥薪嘗膽的感受，台灣才有康復的希望。敬祝

早日心靈復甦

致尚未在台灣落地生根的非蔣幫集團華裔移民

和我同樣是華裔移民的朋友們：

不論您是過了中年的老移民或已是第二代、第三代年輕

人，既然在台灣已完全民主化的今天還留在台灣，表示真的捨不得台灣的人性生活型態和社會制度，也表示並未真的為虛幻的大中國民族主義所束縛。既然家在台灣，就應在台灣輕鬆過活。要輕鬆過活，當然要先認同這塊土地，完全融入這裡的社會；自外於當地社會，日子怎能過得輕鬆呢？心裡怎能踏實呢？不少未被蔣幫壓霸集團以虛幻大中國民族意識家奴化的清明華裔移民，都早已是完全的台灣人，並沒人會對華裔身分有任何不良的感覺。以我自己為例，因我父親很早就自然是華裔移民台灣人，有部分朋友知道我有一半華裔血緣，而我父親與我，和他們相處卻完全沒有華裔的異樣感覺。這是台灣人民善良、和諧的本質，我們是有幸才能在這塊土地生活。想想我們來到別人的家園，人家接納我們，我們應該惜福。

人類自古以來，不論由於自然因素或人為因素，本來就是不斷遷移融合的。何況我們自己或父母都是逃中國之難而來台灣的，不是不願和中國殘暴集團同流合汙，就是不願任其擺佈。己所不欲勿施於人嘛！怎麼會來到台灣還自甘要做蔣幫壓霸集團欺壓台灣人的幫凶呢？究其原因，是中國難民初來台灣時，在陌生之地自然會欠缺安全感。蔣幫壓霸集團據台的強勢武力，乍見就像熟悉的城堡，大家不由自主地靠了過去。蔣幫趁勢賜與「大中國民族主義」的烈酒，讓大家喝醉，再以「反共抗俄」、「光復中華」的咒語讓大家心靈沉淪，使大家被催眠成為其家奴而不自知。並同時篡改台灣歷史，煉製「台灣受虐症候群」，全面消滅台灣的人文記憶，將台灣人民貶為邊疆次等華人的錯覺，頌揚大中國虛榮以自抬身價。其實，若是第一代來台難民就應該清楚知道，當時的台灣，不論是人文精神或物質文明，台灣都強過中國百倍，這也是大家挑台灣為避難之地的原因。當時還居他地的難民或壓霸份子，後來不也都轉而移居台灣？

只要大家靜下心來睜眼看清楚，蔣幫集團在台灣壓霸得意，不就是一本全套的中國厚黑學？

《厚黑學》是李宗吾先生於1917年時，眼看中國的所謂「中、上」階層，為爭權奪利，除了燒殺擄掠的明槍利劍，內心更加厚黑、陰狠，他感嘆而發的諷刺著作。初時李宗吾還奢望他所諷刺的中國人能退為非主流，故而寫後等了十七年並未完整發表。直到1934年已感絕望，才正式出版。

厚黑學的旨意是「臉皮要厚如城牆」，詐騙取巧時才能臉不紅；凶狠豪奪時才能氣不喘，不被看穿、毫無歉意，才能無往不利。「心要黑如煤炭」，燒殺擄掠絕不手軟，更必趕盡殺絕，完全斷絕可能的後患。厚黑學的最高境界和最終目的是「害完人後還要令受害者跪在地上感謝你」。

蔣幫壓霸集團逃到台灣後，就是以這套厚黑學在台灣煉製「台灣受虐症候群」，將我們大部分的華裔移民家奴化；將大部分的台灣人呆奴化，以遂其在台永久壓霸的野心。但是，悲慘的不只原台灣民眾，華裔移民也因為被蔣幫壓霸集團家奴化而世世代代無能在台灣真心落地生根、認同台灣這塊土地，而成為漂浮在台灣的無根浮萍，更得了中國躁鬱症，部分更惡化為精神分裂症。心理上的悲慘程度，並不亞於原台灣民眾。

台灣已民主化了二十年，大家還留在台灣，表示心理上已不願再回去當中國人，因為大家在台灣生活是和原台灣人民一般，並無特權、暴利。緊抓特權、暴利的只有蔣幫壓霸集團份子，他們利用「台灣受虐症候群」在台灣坐享貴族權勢。稱心如意時囂張妄為；稍一不順心，就執意擺爛台灣；汙衊台灣，甚至出賣不屬於他們的台灣。他們是在台灣搜括權與利六十多年了，早已捲妥款、擺好勢，隨時可以落跑。連因承繼壓霸而現在得任總統的馬英九，他整個家族(包括馬英九自己)不是早就入美國籍成了美國人，就是早已準備好可隨時去當美國人。而大家呢？台灣若真的被摧毀了，我們這些一般的華裔移民又有誰能倖免？是不是要再重新逃難一次？但又能逃到哪裡呢？

所以我誠懇地請求被蔣幫家奴化而尚未完全清醒的朋友們，趕快把從以前到現在的整段人生歷程重新檢視一遍，你的態度對了嗎？你心安嗎？甘心做蔣幫壓霸集團的家奴值得嗎？對台灣民眾公平嗎？你心靈真的踏實而快樂嗎？若你反省過一遍後，還是認為大中國思想是你活著的信仰和唯一目的，也不屑於做一個真正的台灣人。則我奉勸你趕緊放棄台灣公民身分，回到中國去，入中國籍，去做一個至少身分清白，且身心相符的中國人。你才能生活得自在，免去心靈漂浮的煎熬。若是這樣的你留在台灣，必然會繼續受蔣幫壓霸集團利用虛假的大中國榮耀操縱，會繼續自願當其家奴而助紂對台為虐。你還是得不到任何心靈或物質的好處，反而需承擔蔣幫壓霸集團對台灣所造的罪孽。蔣經國在死前都已知懺悔，難道遲了二十多年，大家都還在沉迷嗎？你若是永遠的做客心態，你好意思在主人客廳裡不停地拉屎灑尿嗎？而且你就住在這裡，屎尿不也熏著你？

若你能不被蔣幫壓霸集團繼續迷惑，那我誠懇地奉勸你立即在台灣落地生根，做一個完完全全的實在台灣人，台灣之福也是你之福，台灣之恥也是你之恥，台灣之受欺、受害，也是你之受欺、受害。因為你的根既已在此，必然榮辱與共。要做台灣的主人之一，維護台灣的自主尊嚴和永續的家園。

當然，我們都是尊嚴、善良的普通台灣老百姓之一，我們不必一定要效法良心中國人雷震，或熱血不屈的華裔移民台灣人朱文光先生和鄭南榕先生，為護衛台灣、奉獻台灣而積極犧牲的精神；但至少我們可抗議蔣幫壓霸集團為其私人野心把我們洗腦成其家奴；我們已是落地生根的台灣人，必須要看清蔣幫壓霸集團占盡便宜還鄙視台灣的醜惡面目，為了自己也要防止台灣被腐蝕、被出賣。做一個完全的台灣人，生活在台灣，才能擁有平靜的心靈，才能為子孫成就永續的安定家園，免去罣礙。現在眼前的台灣，就已有很多清明的華裔移民台灣人在點亮我們。我和我父親生活在台灣完全沒有外地人的感覺。當一個中國人並不須自大；當一個台灣人並不用自卑，真心面對才重要。我從小就自認是台灣人、瞭解台灣，現在我以一個台灣人而感到自信、自豪。台灣原先因山川區隔而存在多部落，後因交通進步而又融合成今日台灣族群。台灣人本性善良而好客，人格特質中並無先入為主的敵意，極善待外來者。只要移居者以同理心在此地生活，就會完全被接納。蔣幫壓霸集團侵台六十多年，無論在精神上或生活上的欺壓從不鬆懈；到現在，這些蔣幫惡徒還在高喊他們是霸台的「高級人」。台灣雖有人不斷抗議，仍未見有如世界各被壓迫民族般的情緒性攻擊，可見台灣人有多善良。大家反過來想，若這些蔣幫壓霸集團受到有一半台灣民眾所承受的欺壓，他們會有何種毀滅性的反應？大家並未依勢蔣幫壓霸集團而在台灣坐享特權，又不願回去當中國人，那麼趕快理性地清醒，先承認華裔移民的真正身分，再讓自己和子孫成為真實的台灣人。抗議蔣幫壓霸集團以「虛幻之大中國狂妄」所做的家奴化催眠。這樣子，自己及子孫在台灣生活才是真福氣啊！在世界各地，我們再也找不到像台灣這樣的寶地了。敬祝
早日成為真正的台灣人而安心

致擺脫不了「虛幻之大中國狂妄」的在台蔣幫壓霸集團中國人

受困於貪、瞋、痴深淵的中國朋友們：

我是華裔移民第二代台灣人(算是有一半華裔)，我能理解你們自外於台灣的心態。你們本人或父叔輩曾是中國爭權奪利之殺戮場上的參與者。雖然最終是敗逃來到台灣，究竟曾在中國意氣風發過一時，在名利和權勢上得意過。壓霸習性已養成，只懂得拿外表的囂張遮掩內在的心虛。我父親自我幼年時就一直告誡我，得意勿喜。因為得意之喜易養傲氣；傲氣易成狂妄，此時即是禍不是福。你們或你們的父叔輩即是在中國經歷了得意而狂妄；再因狂妄而受難的因果過程。可惜你們並未因在中國所受的教訓而學得長進，當發現有台

灣這寶地可避難時，竟壓霸習性再起，氣焰更高張，狠勁更惡毒。靠著勾結美國所騙來的強勢武器，利用台灣人民善良、和諧、好客、耐忍的本質，篡改台灣歷史；消滅台灣文化及心靈尊嚴；陰狠地煉製「台灣受虐症候群」；把台灣人民洗腦成次等邊疆華人；再訓練成呆奴。更利用「大中國虛榮」的幻象，把華裔難民訓練成家奴，以遂在台灣永享壓霸特權的野心。你們已在台灣壓霸了六十多年，真是福嗎？你們是氣焰高張、狂妄得意。但是不是在獨處時就覺心浮氣躁，無法心平氣和，無法領略寧靜之美？就像吃搖頭丸或安非他命狂歡一樣，很興奮、很刺激，但藥退了之後身心俱損，又充滿失落感與不安，只得不顧一切地追求再次的搖頭刺激，從此不能自拔。讓自己沉溺在壓霸、囂張的氣焰中，正是在燃燒自己的身、心、靈啊！

我知道，我講這些你們可能已聽不進去，因為得意之時要自省並不容易。要你們相信「報應不爽」也不太可能，因為你們自認第二代、第三代還不是照樣在台灣壓霸、得意。

但是，可能的話，請你們靜心想想。當你們玩弄台灣人民、踐踏台灣民眾時，確實得到不少權與利，以及一時的興奮和發洩的快感。但你們沒有發覺這興奮和快感是那麼的短暫，且又越來越不能滿足嗎？仔細環視一下集團的其他人，是不是觀察到不少人已因而幾近瘋狂？西方人常說：「上帝要毀滅一個人，必先使他瘋狂。」其實，一個人瘋狂時已是在燒灼他的身、心、靈，和毀滅比起來，何者較慘已很難講；而真正的報應並不全然來自老天爺，人在作惡時，就同時已在侵蝕自己的身、心、靈。而且，這種身、心、靈的腐蝕會禍延子孫的。

你們一定會有人提出反駁，蔣幫壓霸集團六十多年來有誰得到報應了？尤其馬英九、郝龍斌不是正在得意橫行，集榮華、富貴於一身嗎？是的，表面上是如此，但報應是整體性的，非指表面而已。你們有沒有想過，為什麼蔣經國霸道一世，臨死前卻恨來不及懺悔、救贖？因為他臨死前才能看清「名利何其不值」；心靈的汙穢又禍害多麼深遠啊！當然，有人會以蔣友柏為例，蔣家罪惡在他身上似乎沒看到太明顯的報應。請看清楚一點，蔣友柏懂得趁早減少壓霸特權的繼承，當然也就減少所需承擔的罪孽。

大家想想，當一個人得意於囂張、壓霸時，其家人不是覺得羞恥，就是沉溺於囂張、壓霸；周遭親友則不是畏而遠之，就是奉承攀附。當然，在「台灣受虐症候群」毒化下，現時你們在台灣的情況會以家人沉溺、親友奉承的情形居多，這又使得囂張、壓霸之人更不知回頭了。但是，不論這四種情況的任何一種，都是人性的極端與邊緣化。邊緣化的極端性格最易自傷和傷人。這個人雖一時擁有權勢和名利，但必須以更積極的囂張和壓霸才能維護這掠奪而來的權勢和名利。並不穩定，且危機四伏。加上周圍又都是容易自傷、傷人的極端性格親友時，這真是人要過的生活嗎？大家靜心細思吧！

當然，以上只是本人基於良心所道出的實情，在「台灣受虐症候群」瀰漫全台的情況下，會聽得進去的人可能不多。我的想法是，即使只有一、兩人能真心理解而得救贖，也是好事；對真心在台灣惜福、生活的民眾也有點助益。

我心裡也清楚，由於你們精心煉製的「台灣受虐症候群」長期毒化台灣，你們已能輕易在台灣繼續壓霸，多數人不會輕易放手的。即使須將台灣拱手讓給過去一直不共戴天的仇人，也絕不願意讓台灣民眾的身、心、靈得到解脫。這是中國人自古以來，「寧給外人，也絕不給所使喚的家奴」之殘暴、自大與心虛相互糾纏的情結。其極端者如王建煊等人，一見民進黨意外主政，及迫不及待地趕緊帶著從台灣擄掠的財寶到一直視為死敵的中國，獻貢而請求收留。但仍伺機回到台灣，重拾那難捨的壓霸橫行和玩弄他人之快感。但你們要記得，世界上沒有一條掘金礦的隧道，歷經不停地濫挖，仍是百年不塌的。一旦垮下，到時壓壞不只是今世的靈體，還會是永世魂魄。

我誠心希望，蔣幫集團的壓霸份子們，盡可能快從瘋狂中回魂吧！中國共產黨的壓霸、殘暴和奸巧，不會輸給你們的。百年來不論是硬碰硬或跪地求饒，你們有哪一次得到便宜過？過去如此，現在還是，將來也必定是。你們看，過去四年來，你們不停地對中國朝拜、獻貢，馬英九上任後更是稱臣，並在為出賣台灣做準備，連駐外館處都改名中國台灣。中國除了對你們假意摸摸頭外，有哪一樣為你們留退路了？你們原先以為，用中華台北之名向中國稱臣，即可得到中國恩賜，進入世界衛生組織「旁聽」，再學中國古代「齊人」的樣子，想回台灣誇示。結果不是被中國吐了一口痰嗎？最近又向中國表明不再以國家之名申請入聯合國，請求中國恩准以地區之名，只要「參觀」聯合國的專門機構即可，以便裝飾成「入聯了」，來騙取台灣呆奴的崇拜。想不到又立即被中國吐了第二口痰。就拿這兩件事，和你們到中國屈膝朝貢時，中國對你們的笑臉摸頭，兩相對照，你們仍無任何感覺嗎？你們還不明白？中國共產黨要的是整桌滿漢全席，你們端上菜即可滾了，別想留下來撿剩菜。剩菜是可餵豬的，怎會施捨給你們呢？假如真有一天，由於你們作內應，中國真的霸占了台灣，你們在中國共產黨眼中，還會有任何利用價值嗎？「兔死走狗烹」是中國名言，你們不會忘了吧？

如果你們這時還繼續自甘沉淪，那是一再重複地自作孽，看來誰也救不了你們了！敬祝

及時回頭岸不遠

9-30, 2008 擱筆

第64章

結語

有些讀者認爲，作者現在還使用「台灣受虐症候群精神病症」、「呆奴化」、「呆奴」這些字眼，太過情緒化。現在，本人就再舉幾個眼前的例子，加以闡釋。希望尚有相似看法的人，能因而認清，這些用詞正是事實，現在還是事實，並非情緒化用語。

馬英九等「蔣幫壓霸集團」繼承者，爲安撫自認功在蔣幫集團之高侵略性的呆奴化假中國人詹啓賢，安排詹啓賢到國光生技公司任董事長。詹啓賢上任後，發現國光生技公司根本已近被掏空，並無大利可圖，遂有怨言。因遇新型流感病毒有流行趨勢，詹啓賢徵得「壓霸集團」同意，要求衛生署長楊志良配合。把「被他們視爲低等」的台灣人民當芻狗，大賺黑心錢。拿人民血汗錢購買由國光生技公司「嘗試製造」的非法疫苗，用在「被他們視爲低等」的台灣人民身上。再向「合格的疫苗製造廠——諾華公司」購買合格疫苗用在「自命爲高級人」和醫護人員身上。會用在醫護人員身上，是因怕萬一有清明的聞達醫師，拒絕施打非法的國光疫苗，又說出馬英九、詹啓賢、楊志良等人拿「被他們視爲低等」的台灣人民當芻狗，狠心謀暴利的惡行。結果，因爲首批國光疫苗的嚴重不良反應率過高，民眾多數裹足不前，剩餘無數國光疫苗。這些剩餘國光疫苗說要免費送給外國使用，可是連落後國家在知情後也不敢要。白白浪費人民納稅的血汗錢。得利的就僅是與國光生技公司有關的那幫壓霸人士。

國光生技公司並無任何生產此等疫苗的經驗。按照醫藥法規，要生產此等疫苗，需先提出申請，經嚴格審查通過後，才可「嘗試製造」。疫苗生產後又需經過一定時間和一定數量的動物試驗。查無任何問題後，才可進行人體試驗。再需經過一定時間和一定數量的人體試驗。再查無任何問題後，才可上市。這是全世界一致的共同規範。身爲醫師，又當過衛生署長，詹啓賢竟敢不要臉地說：「爲加速疫苗生產，這是『繁文縟節』，全可免了。」眞是大膽，又可惡至極。於是，馬英九、詹啓賢、楊志良等人強制完成了史上最大規模的人體試驗，連第二次世界大戰時的希特勒都要自嘆不如。過程中竟無人糾舉，無人能阻止。馬英九、詹啓賢、楊志良等人是犯下官商勾結謀利罪及共同殺人罪(有不少人因而受害及死亡)。這都是檢察官應該立即提起公訴的重罪啊！事後又敢騙說：「台灣施打疫苗的不良反應率，比美國低。」各國的統計疫苗不良反應率，是包括紅腫、發燒的所有不舒服感覺。他們是把「需要上醫療院所治療、急救或已死亡」才算入不良反應率。眞是可惡，又不要臉。而台灣醫界賢達，竟也無人能挺身指出他們的陰狠，讓他們接受應有的司法制裁。

楊志良辭去衛生署長之職後，竟然立即到法院，向當時質疑使用非法國光疫苗之人士提出告訴。楊志良是呆奴到不知自己犯了官商勾結罪及共同殺人罪，還是自信法院是中國國民黨開的，受了指示，就是要利用中國國民黨開的法院，追殺異己？知道就算到法院自爆「犯了官商勾結罪及共同殺人罪」也沒關係？

楊志良去職後，新任衛生署長很快配合檢調單位，清查署立醫院的貪瀆案件。楊志良竟跳出來大罵說：「我楊志良在初任衛生署長時，就已知各署立醫院醫師院長的貪瀆，早爛到根了。」奇怪了，你楊志良任衛生署長，既早知各署立醫院醫師院長在貪瀆，早爛到根了，你楊志良當時爲何還加以包庇，不移送檢調單位查辦。你若不是有分贓貪瀆之罪，也是瀆職罪啊！楊志良事後竟然還強辯說：「在任時有提到啊！」請問：是哪幾個人聽到了？有進行調查嗎？你楊志良有將之移送檢調查辦嗎？爲什麼不要？爲什麼不敢？

食品飲料遭塑化劑之毒汙染，被查出時，楊志良竟又跳出來大罵說：「早就應該成立衛生警察，就可防止食品飲料之被毒化。」奇怪了，你楊志良任衛生署長時，食品飲料遭塑化劑之毒汙染早已存在，你既知應該要成立衛生警察預防，你楊志良是衛生署長，爲何不做？當主管的明知應該做而不做，又是瀆職罪啊！

楊志良不是白痴吧！行政、社會經驗豐富，又在大學教書。怎麼會在民主社會中，自己上法院公開宣告「我楊志良官商勾結及共同殺人，又連續犯了包庇罪及瀆職罪。但是，逆我者就該打，法院應該把逆我者抓起來關」？雖有少數市井小民聽了感到憤怒，並未見台灣賢達做出有效的抗議行動；且他還是能得意快活；而媒體更把他捧做明星似的；他應不能算是「壓霸集團」圈內人，司法檢調還是不敢辦他或不知要辦他。

另外，中國「蔣幫壓霸集團」數十年來，一直是在壓榨窮苦台灣人民。除了供給其繼續在台灣壓霸的本錢，還餵養已偎靠、勾結的坐大商人、富豪及肯賣祖求榮的假中國人。例如：台灣徵收的綜合所得稅中，75%是來自薪資所得(若加入軍、教人員，將達「90%」以上。而薪資所得者大都是金錢收入的中下階層)。根據OECD(經濟合作開發組織)的統計報告，世界各國薪資所得稅收，平均僅占各國綜合所得稅收的49%。馬英九竟詐稱：「有錢人都有依最高稅率40%繳稅，占綜合所得稅收將近47%。」這又是「移花接木」的騙術。因爲馬英九這裡辯稱的所謂有錢人，其實多數只是較高薪資的受僱者。眞正的富豪收入絕非來自薪資所得。「蔣幫壓霸集團」對眞正的富豪有免徵「資本利得稅」和優渥的「租稅減免」，更甭提各種逃稅、避稅管道了。2006年財政部的紀錄，全國最高所得的前四十人之中，有八人不用繳一毛錢的稅，有十七人僅須繳百分之一的稅。

下面是一個更可恥、更可惡的例子：台灣鄉間窮苦農民，辛苦一輩子，好不容易張羅得二百萬買地建屋，但仍家徒四壁。一年須繳房屋稅加地價稅共一萬二千元。反觀住台北市的富豪，買一戶四千萬的豪宅，一年卻僅須繳房屋稅加地價稅共一萬一千元(原因是：窮苦鄉間的政府公告價比實價還高；而台北市豪宅的政府公告價卻不到實價的五分之一)。我不相信世界上任何正常國家會有這種情形發生，在台灣卻能存在數十年！

現在台灣人民之中，有多少人知道有很科學化的台灣數字呢？有多少人知道計算機發明前的通用算盤是史上和台灣數字同時發明的台灣算籌呢？有多少人知道台灣五千年前就有很進化的橫寫式文書呢？有多少人瞭解台灣抵抗鄭成功海盜集團、清廷、蔣幫中國壓霸集團等壓霸外族侵略的眞正血淚歷史呢？又有多少人知道在四千多年前，台灣就已有世界上最早的煉鐵工業呢？又有多少人知道在五千多年前，台灣就已在向外(包括中國)輸出科技文明與文化呢？這些事實，在正常的國家和人民，是不可能不知道的事情。

在二十一世紀的今日，還在把「中國國民黨的黨軍軍旗」當國旗行禮，還在把「中國國民黨的黨歌」當國歌唱(中國國民黨人在自家黨內是從不唱國歌的，他們都是大叫「唱黨歌」)。那些常說「尊崇現有國旗、國歌超過自己生命」的人，在懷有敵意的外國人來到台灣時，竟然強制禁止使用，並暴力取締國旗、國歌。那些平常否認現有國旗、國歌的人，卻指責他們作踐國旗、國歌。而其餘更多的人則漠視這種現象。多數的原平地台灣族人，全無自覺地跟著別人稱山地族群爲原住民，也還稱在台灣的壓霸中國人爲「外省人」(早忘了四十年前台灣族人是叫他們「唐山人」或「阿山仔」)。

台灣在民主化二十年後，竟然還會選出一位「蔣幫壓霸集團繼承人」、「整個家族都早就變身成外國人；他自己和妻子也早拿了美國綠卡，已準備好隨時要去當美國人」、「當間諜職業學生，陷害留美學人成不能回國的黑名單」、「公開大聲說：『當有一天中國國民黨和中國共產黨聯手時，你們台灣人還能活下去嗎？』」、「反對解除戒嚴」、「反對在台灣解散『壓霸的違法中國國會』」、「反對廢除隨便抓人、侵犯人權的刑法第一百條」、「在自己國內、敵人面前，拆下所有的『所謂國旗』，暴力取締攜帶『所謂國旗』及穿戴印有近似『所謂國旗』衣物之人民」、「貪汙罪證確鑿」、「罵台灣人民『趕羚羊』、『LP』、『他馬的』」、「歧視台灣人民不是人，僅在選舉期間暫時騙說『把你們當人看』」、「狂妄地說：『能有非台灣籍的人來當台灣總統是台灣人的福氣。』」、「在國內當囂張總統。對外不敢自稱，也不准被稱總統，僅可叫先生或領導人」的馬英九當總統。竟然還連續當選兩任。

這在正常的國家和人民，是不可能發生的事情。

以上這些現象，在極權暴政下是常見的事。但是，台灣今日表面上已是民主法治社會，這些現象，還是在光天化日下隨處可見。如果不是因爲「台灣受虐症候群」、「呆奴化」，不知要做何解釋？

台灣經典寶庫4

封藏百餘年文獻
重現台灣

Formosa and Its Inhabitants

密西根大學教授
J. B. Steere（史蒂瑞）原著
美麗島受刑人 林弘宣 譯
中研院院士 李壬癸 校註
2009.12 前衛出版　312頁　定價 300元

本書以其翔實記錄，有助於我們瞭解19世紀下半、日本人治台之前台灣島民的實際狀況，對於台灣的史學、人類學、博物學都有很高的參考價值。

——中研院院士 李壬癸

◎本書英文原稿於1878年即已完成，卻一直被封存在密西根大學的博物館，直到最近，才被密大教授和中研院院士李壬癸挖掘出來。本書是首度問世的漢譯本，特請李壬癸院士親自校註，並搜羅近百張反映當時台灣狀況的珍貴相片及版畫，具有相當高的可讀性。

◎1873年，Steere親身踏查台灣，走訪各地平埔族、福佬人、客家人及部分高山族，以生動趣味的筆調，記述19世紀下半的台灣原貌，及史上西洋人在台灣的探險紀事，為後世留下這部不朽的珍貴經典。

國家圖書館出版品預行編目資料

台灣受虐症候群 / 埔農著 . -- 台北市：前衛，2012.07
下冊：15×21公分
ISBN 978-957-801-688-0（上冊：精裝）.--
ISBN 978-957-801-689-7（下冊：精裝）.--
ISBN 978-957-801-690-3（全套：精裝）

1. 台灣史 2. 台灣政治

733.23 101010885

台灣受虐症候群（下）台灣受虐症候群的延燒

作　　者　埔　農
責任編輯　鄭美珠
美術編輯　趙美惠
出 版 者　前衛出版社
10468 台北市中山區農安街 153 號 4F 之 3
Tel：02-2586-5708　Fax：02-2586-3758
郵撥帳號：05625551
e-mail：a4791@ms15.hinet.net
http://www.avanguard.com.tw
出版總監　林文欽
法律顧問　南國春秋法律事務所林峰正律師
總 經 銷　紅螞蟻圖書有限公司
台北市內湖舊宗路二段 121 巷 28、32 號 4 樓
Tel：02-2795-3656　Fax：02-2795-4100
出版日期　2012年7月初版一刷
2013年8月初版三刷
定　　價　新台幣 500 元

Printed in Taiwan　ISBN 978-957-801-689-7